Langue(s) et droit(s)

Logiques Juridiques

Fondée par Gérard Marcou
Dirigée par Thomas Perroud

Le droit n'est pas seulement un savoir, il est d'abord un ensemble de rapports et pratiques que l'on rencontre dans presque toutes les formes de sociétés. C'est pourquoi il a toujours donné lieu à la fois à une littérature de juristes professionnels, produisant le savoir juridique, et à une littérature sur le droit, produite par des philosophes, des sociologues ou des économistes notamment.

Parce que le domaine du droit s'étend sans cesse et rend de plus en plus souvent nécessaire le recours au savoir juridique spécialisé, même dans des matières où il n'avait jadis qu'une importance secondaire, les ouvrages juridiques à caractère professionnel ou pédagogique dominent l'édition, et ils tendent à réduire la recherche en droit à sa seule dimension positive. À l'inverse de cette tendance, la collection « Logiques juridiques » des éditions L'Harmattan est ouverte à toutes les approches du droit. Tout en publiant aussi des ouvrages à vocation professionnelle ou pédagogique, elle se fixe avant tout pour but de contribuer à la publication et à la diffusion des recherches en droit, ainsi qu'au dialogue scientifique sur le droit. Comme son nom l'indique, elle se veut plurielle.

Dernières parutions

Alessio BELLI, *La citoyenneté sociale à la recherche d'un nouvel imaginaire normatif. L'héritage oublié*, 2025.
Ibrahima DIOR, *Le forum non conveniens et les injonctions anti-suit dans les arbitrages d'investissement des États africains*, 2025.
Laetitia DESMONS, *L'autonomie de l'ordre juridique de l'Union européenne sur la Cour de justice. Contribution à l'étude des fondements de la construction européenne*, 2025.
Boubacar EL IDE, *Influence du droit international des droits de l'homme sur le droit des investissements. L'économique au détriment du social ?* 2025.
Adolphe KUMBA SHINDANO, *Introduction au droit congolais de la santé*, 2025.
Marcelle BONGRAIN, *Grands-parents, quels droits ?*, 2025.
Patrick MBOYO BAKAMBO, *La représentation des collectivités territoriales*, 2025.
Jean-Louis SABLON, *Violences et autres infractions sexuelles. Le droit de A à Z pour les connaître et les combattre*, 2025.
Vincent BENELBAZ, *Les doctrines du corporatisme : Vichy et les Républiques*, 2025.

Sous la direction de
Myriam Caressa et Christophe Doubovetzky

Langue(s) et droit(s)

Enjeux et paradoxes en France

L'Harmattan

5-7, rue de l'École-Polytechnique - 75005 Paris

www.editions-harmattan.fr

ISBN : 978-2-336-55319-1
EAN : 9782336553191

Remerciements

Nous tenons à très sincèrement remercier l'ensemble des auteurs pour leur contribution au présent ouvrage.

Toute notre gratitude à notre Laboratoire de recherche, le LIPHA, pour son soutien dans ce projet.

Encore merci au Professeur Thomas PERROUD d'accueillir le présent ouvrage au sein de la collection qu'il dirige.

Liste des contributrices et des contributeurs

Amélie ALBY BONARDI, Maîtresse de conférences en droit privé et sciences criminelles, Université de Rouen Normandie, CUREJ

Aude BERNARD-ROUJOU DE BOUBEE, Maîtresse de conférences en droit privé, Faculté libre de Droit, Institut Catholique de Toulouse, Titulaire de la Chaire Jean Rodhain de Toulouse

Bozena BILLEREY, Maîtresse de conférences en sciences du langage – FLE, Institut Catholique de Toulouse, Laboratoire CERES, Directrice de l'Institut Universitaire de Langue et de Culture Françaises

Philippe BOULA DE MAREÜIL, Linguiste, Directeur de recherche au CNRS, Université de Paris-Saclay, CNRS, LISN

Myriam CARESSA, Maîtresse de conférences en droit privé et sciences criminelles, Université Paris-Est Créteil, LIPHA

Marie CORNU, Juriste, Directrice de recherche au CNRS, ISP

Alice DEJEAN DE LA BATIE, Maîtresse de conférences en droit pénal et procédure pénale, Université de Tilburg (Pays-Bas), Department of Criminal Law

Christophe DOUBOVETZKY, Maître de conférences en droit public, Université Paris-Est Créteil, LIPHA

Yoann FERNANDEZ, Doctorant en droit public, Université Toulouse 1 Capitole, IDETCOM

Laure GALINON, Avocate au barreau de Toulouse

Christelle GARROUSTE, Maîtresse de conférences en économie, Université Paris-Est Créteil, LIPHA

Pascale GONOD, Professeure de droit public, Université Paris 1 Panthéon-Sorbonne, IRJS

Victor GUSET, Maître de conférences en droit public, Université de Rouen Normandie, CUREJ

Claire JOACHIM, Maîtresse de conférences en droit public, Université de la Nouvelle-Calédonie, LARJE, CECOJI

Elena MASCARENHAS, Doctorante en droit privé, Université Lumière Lyon 2, CERCRID

Yumiko NAKANISHI, Professeure de droit, Université d'Hitotsubashi (Japon)

Thomas PERROUD, Professeur de droit public, Université Paris Panthéon-Assas, CERSA

Jean-Marie PONTIER, Professeur émérite de droit public, Aix-Marseille Université, Centre de recherches administratives

Bertrand QUENTIN, Maître de conférences en philosophie, Université Gustave Eiffel, LIPHA

Albert RILLIARD, Linguiste, Chargé de recherche au CNRS, Université de Paris-Saclay, CNRS, LISN

Florent TAP, Docteur en droit et Rédacteur web juridique

Mathieu TOUZEIL-DIVINA, Professeur de droit public, École de Droit de Toulouse, Université Toulouse Capitole, Président du Collectif L'Unité du Droit

Frédéric VERNIER, Maître de conférences en informatique, Université de Paris-Saclay, CNRS, LISN

Avertissement

Les opinions et positions exprimées dans les présentes contributions n'engagent que leur(s) auteur(s).

Sommaire

Avant-propos

Le présent ouvrage s'inscrit dans une démarche de réflexion collective et interdisciplinaire sur l'articulation entre Langue(s) et Droit(s), mêlant les contributions d'universitaires et de praticiens. Celui-ci analyse le renouveau de la dialectique Langue(s) et Droit(s), plus particulièrement son traitement en France. Il s'intéresse à la nature et à l'évolution des rapports qu'entretiennent ces notions en ce qu'elles conduisent à une certaine représentation du monde. Ainsi, cet ouvrage dépasse les simples bilans et perspectives de l'Ordonnance de Villers-Cotterêts, de la loi Toubon et de la révision constitutionnelle relative aux langues régionales. Il va également au-delà de la seule synthèse des débats d'actualité par exemple sur l'écriture inclusive ou la place des langues régionales.

À partir de l'Ancien Régime, la langue française s'est progressivement imposée en France comme la langue du droit puis de la République. Cette uniformisation linguistique est aujourd'hui consacrée à l'article 2 de la Constitution qui dispose : « la langue de la République est le français » - sous-entendu à l'exclusion de toute autre. Aussi, en droit, l'usage du français est souvent impératif, nécessitant alors le recours à des traducteurs ou des interprètes. Pour autant, sous l'influence notamment de la construction européenne et de la mondialisation, il tend dans certaines situations à n'être qu'alternatif. Or le choix d'une langue plutôt qu'une autre est rarement neutre.

Par ailleurs, la langue française du droit présente des caractéristiques propres qui découlent tant de son rôle que de son contexte d'énonciation. Celles-ci se manifestent notamment au regard de son vocabulaire et de sa structure. L'un comme l'autre évoluent avec les époques et les mœurs, dont ils témoignent.

Les droits des langues – entendus largement comme le droit applicable aux langues – recouvrent tout à la fois le droit à la langue et le droit de la langue. Ils tendent à évoluer, dans un contexte national (consécration des droits culturels, du principe de différenciation territoriale, recherche d'inclusion, *etc.*) et international (évolution de la construction européenne, mondialisation, *etc.*) renouvelé. Ces questionnements portent aussi bien sur le français que sur les autres langues de France.

Le droit à la langue française, dont l'existence même peut être discutée, tout comme le droit du français, soulèvent de nombreuses interrogations (modalités de promotion, de protection et d'évolution de la langue, rôle des institutions nationales et internationales, question de l'accessibilité des actions d'apprentissage et de lutte contre l'illettrisme, *etc.*).

Il en va de même des autres langues de France, même si, pour chacune, les questions peuvent se poser en des termes différents. Si les langues dites « minoritaires » restent largement ignorées juridiquement, les langues régionales bénéficient, elles, d'une certaine consécration juridique (Breton, Corse, *etc*.). Pour autant, leur place, face à la langue française, fait toujours débat (portée de leur patrimonialisation, reconnaissance dans l'espace public, modalités de leur enseignement, *etc*.).

In fine, l'exploration des relations entretenues entre Langue(s) et Droit(s) soulève des interrogations au carrefour de nombreuses disciplines que cet ouvrage contribue à étudier. Néanmoins, celui-ci n'a pas vocation à offrir une analyse exhaustive du sujet. Il vise à apporter, dans le prolongement des travaux antérieurs, un éclairage sur les enjeux liés aux liens entre Langue(s) et Droit(s) dans un contexte en perpétuelle évolution.

****

Bibliographie indicative

ARLETTAZ (J.), *L'État-nation à l'épreuve de la constitutionnalisation des langues régionales. Étude comparée : Belgique, Espagne, Italie, Suisse*, mare & martin, Bibliothèque des thèses, 2014.

BASSANO (M.), MASTOR (W.) (dir.), *Justement traduire : Les enjeux de la traduction juridique (histoire du droit, droit comparé),* Presses Universitaires Toulouse 1, 2019.

BAUMERT (R.), GESLIN (A.), ROUSSEL (S.), SCHOTT (S.) (dir.), *Langues et langages juridiques. Traduction et traductologie, didactique et pédagogique*, Institut Francophone pour la Justice et la Démocratie, 2022.

BENTALEB (H.), BOUALI (R.), *Enseigner la langue du droit. Analyses linguistiques et application didactiques*, Éditions universitaires européennes, 2022.

BERTILLE (V.), *Langues régionales ou minoritaires et Constitution. France, Espagne, Italie*, Bruylant, 2008.

BLANC (A.), *La langue du roi est le français, Essai sur la construction juridique d'un principe d'unicité de langue de l'État royal (842 - 1789)*, L'Harmattan, 2010.

BLANC (A.), *La langue de la république est le français, Essai sur l'instrumentalisation juridique de la langue par l'État (1789–2013)*, L'Harmattan, 2013.

BOUDOT (M.), LAUBA (A.), *Langue, langage et droit*, Faculté de droit et des sciences sociales de Poitiers, 2024.

CHAURAND (J.), *Histoire de la langue française*, PUF, Que sais-je ?, 2021.

CORNU (G.), *Linguistique juridique,* Montchrestien, 3e éd., 2005.

DEBONO (M.), *Langue et droit. Approche sociolinguistique, historique, épistémologique*, Éditions Modulaires Européennes, 2013.

GORGOZA (A.), WANDA (M.), *Les langues régionales et la construction de l'État en Europe*, LGDJ, Grands colloques, 2019.

GUILLOREL (H.), KOUBI (G.) (dir.), *Langues et droits. Langues du droit, droit des langues*, Bruylant, 2000.

GUSET (V.), *L'interprétation de la Charte européenne des langues régionales ou minoritaires*, thèse Université de Bordeaux, 2017.

JAYME (E.) (dir.), *Langue et droit,* Bruylant, Bruxelles, 1999.

KREMNITZ (G.) (dir.), *Histoire sociale des langues de France*, PUR, 2013.

LE POURHIET (A.-M.) (dir.), *Langue(s) et constitution(s)*, Economica, 2004.

MAURO (C.), RUGGIERI (F.) (dir.), *Droit pénal, langue et Union européenne, Réflexions autour du procès pénal*, Bruylant, 2012.

MOLFESSIS (N.) (dir.), *Les mots de la loi,* Economica, 1994.

PINGEL (I.), BARBATO (J.-C.) (dir.), *La langue du procès international, Questions de justices linguistiques*, IREDIES, Cahiers européens, 2022.

PONTIER (J.-M.), *Droit de la langue française*, Dalloz, Connaissance du droit, 1997.

POTRIQUET (G.), HUCK (D.), TRUCHOT (C.) (dir.), *« Droits linguistiques » et « droit à la langue ». Identification d'un objet d'étude et construction d'une approche, Actes du colloque international de Strasbourg, 25 - 26 septembre 2014*, Lambert-Lucas, 2016.

SACCO (R.), CASTELLANI (L.) (dir.), *Les multiples langues du droit européen uniforme,* Lharmattan Italia, Turin et Paris, 1999.

SNOW (G.) et VANDERLINDEN (J.), *Français juridique et science du droit,* Bruylant, Bruxelles, 1995.

SOURIOUX (J-L.) et LERAT (P.), *Le langage du droit,* PUF, 1975.

Introduction(s) générale(s)

De quelques problèmes philosophiques ouverts par les langues et le droit

Bertrand QUENTIN
Maître de conférences en philosophie
Université Gustave Eiffel, LIPHA (EA7373)

Chaque discipline universitaire peut avoir des difficultés à s'intéresser aux autres disciplines et à dialoguer avec elles, car cela implique un décentrement par rapport aux exigences méthodologiques strictes de la discipline donnée. Nous ne sommes pas juriste, mais nous allons ici proposer de voir en quoi le droit dans son rapport aux langues pose des questions philosophiques - questions qui nous semblent bien devoir intéresser les juristes.

Il s'agira dans un premier temps d'inventorier en quoi le langage donnerait accès au juste et à l'injuste. Il sera question ici d'un domaine de délibération et d'argumentation plutôt que de démonstrations dogmatiques (I). Sera ensuite étudié le passage du langage aux langues et sur le fait que ces dernières ouvriraient des univers tous différents (II). Enfin, nous verrons que le droit n'est pas neutre mais bien déjà un univers où se crée aussi ce que nous voulons être (III).

I. Le langage donne accès au juste et à l'injuste et rend possible le droit, mais l'interprétation et la contingence du politique prévalent

Aristote attire notre attention sur le fait que les bêtes participeraient d'une manière d'être qui est partagée par l'homme : suivre ses plaisirs et fuir ses peines. Mais il leur manquerait d'accéder à l'universalisation – ce qui limitera aussi la complexité de leur vie (tout comme la vie du petit enfant). Quand la bête hésite entre une côtelette ou une saucisse, quand l'enfant hésite entre une fraise tagada ou un crocodile Haribo, au sens aristotélicien, ils ne *délibèrent* pas, même si on peut les voir hésiter un moment avant de choisir effectivement. Il n'y a pas ici de *délibération* (*bouleusis*) suivie d'une *décision* (*prohaïresis*) mais il y a un *consentement* (*ekousion*) à ce qui nous plaît. L'hésitation se fait sur ce qui nous plaît le plus. Nous choisissons ce que nous sommes sensuellement, dans le droit fil de la pente de nos sens.

Ce qui va spécifier l'humain accompli (pas l'enfant qui est un homme en puissance et pas encore en acte) c'est la délibération (*bouleusis*). Délibérer au sens fort, c'est ce qui va permettre ensuite de décider au sens fort. Délibérer implique autre chose que l'hésitation entre des plaisirs. La raison (le *logos*) va intervenir pour nous amener à choisir parfois ce qui nous déplaît à court terme dans la mesure où cela est juste. Aristote dans *la Politique* dit par exemple : *« seul parmi les animaux l'homme a un langage [logos]. Certes la voix [phoné] est le signe du douloureux et de l'agréable, aussi la rencontre-t-on chez les animaux ; leur nature, en effet est parvenue jusqu'au point d'éprouver la sensation du douloureux et de l'agréable et de se les signifier mutuellement »*[1].

Aristote reconnaît aux bêtes la possibilité de dévoiler aux autres par des sons leur sensation de douleur ou de joie mais ce qui ferait le propre de l'humain serait de dépasser les simples sensations pour accéder à des catégories plus structurées qui relèvent de la pensée : *« le langage existe en vue de manifester l'avantageux et le nuisible, et par suite aussi le juste et l'injuste. Il n'y a en effet qu'une chose qui soit propre aux hommes par rapport aux autres animaux : le fait que seuls ils aient la perception du bien, du mal, du juste, de l'injuste et des autres [notions de ce genre] »*[2].

Le langage amène à déterminer ce qui est « avantageux » ou « nuisible » et de manière encore plus abstraite par rapport aux sensations, à percevoir le « bien » et le « mal ». La société humaine se distinguerait de tout autre groupement animal par son accord sur ce qu'il serait juste ou injuste de faire. Nous sommes donc passés d'une évocation du moyen sonore de transmission, la voix (*phoné* en grec) à l'accession au domaine de la pensée abstraite (le *logos* en grec signifiant selon les contextes le « langage » ou la « raison »).

Le droit va être là pour prendre acte de ce que la raison a défini comme juste dans une société donnée et le « graver dans le marbre ». Cependant, Aristote a bien conscience d'une certaine contingence du monde humain. Contrairement aux sciences, à la géométrie où l'on peut procéder à des démonstrations (certitude absolue), le domaine des affaires humaines est sujet à une certaine relativité (des lieux, des époques, des sensibilités) et l'on devra se contenter d'argumentations, qui auront une certaine rigueur, mais pas celle de pouvoir énoncer la vérité absolue des choses : *« les matières que sont le beau et le juste, sur lesquelles veille la politique, offrent une telle diversité et la marque d'une telle fluctuation qu'elles peuvent sembler tenir à la loi seulement et pas à la nature [...] On peut donc se contenter, lorsqu'on argumente sur de telles matières [...] de montrer le vrai à gros traits, c'est-à-dire en l'esquissant, et lorsqu'on argumente sur des vérités recevables le plus souvent [...] de conclure aussi sur des propositions de ce genre. C'est par conséquent, avec la même tolérance qu'il faut aussi accueillir chacun des arguments avancés. Car un homme éduqué a pour principe de réclamer*

---

[1] ARISTOTE, *Les Politiques,* livre I, chapitre 2, 1253 a 10-19, trad. P. Pellegrin, GF Flammarion, 1990, p. 91.
[2] *Idem,* 1253 a 15-19, pp.91-92.

en chaque genre d'affaires, le degré de rigueur qu'autorise la nature de l'affaire »[3].

La relativité des conceptions humaines sur le bien et le mal peuvent donner l'impression qu'il n'y a pas de Bien ou de Mal absolus et qu'il ne s'agirait en droit et en politique que d'arbitraire (« la loi seulement » et pas « la nature »). En réalité, même avec cette relativité apparente, tous les arguments ne se valent pas et il y a quand même des idées générales qui se dégagent (des « esquisses », des « vérités recevables le plus souvent »). Mais c'est bien avec ouverture d'esprit (« tolérance ») qu'il faut écouter les arguments des uns et des autres, en sachant qu'on ne peut pas exiger une certitude absolue dans le domaine du droit et de la politique, mais qu'il y a bien des arguments qui ne tiennent pas et d'autres qui sont plus solides. Il faut donc réclamer le niveau de sérieux et de cohérence le plus approprié (« le degré de rigueur qu'autorise la nature de l'affaire »).

L'expérience des choses humaines interviendra ainsi que celle de la confrontation politique des citoyens dans le discours. L'homme s'avère ne pas être essentiellement un « animal rationnel » mais beaucoup plus un « animal politique » en tant que le destin de sa société devra se faire via des procédures d'argumentations et de négociations. Dans le domaine du droit, il faudra parfois faire appel à un certain sens de l'équité (*epieikeia*) pour compléter ce qu'une loi dans sa généralité peut avoir d'injuste dans une application particulière[4]. Bref, le droit impliquera de l'interprétation et pas une application mécanique des lois. Quelle que soit la langue utilisée, le droit se constitue par la confrontation dans le langage des différents locuteurs qui établissent dans cette confrontation les valeurs qui seront celles du groupe.

Mais là où Aristote part trop facilement du principe que le grec est la langue de la raison, du *logos* incarné, tandis que les barbares ne posséderaient que des successions vocales anarchiques, il nous faut avancer dans la prise en compte du fait qu'il existe de nombreuses langues et que l'on *crée* le Juste peut-être davantage qu'on y *accèderait* par le langage.

II. Chaque langue produit un univers symbolique différent

A. Cassirer et les systèmes symboliques

Kant a marqué l'histoire des idées en rompant avec l'affirmation d'une accessibilité immédiate aux choses mêmes. La raison n'accède au réel, nous

---

[3] ARISTOTE, *Ethique à Nicomaque*, 1094 b 14-25, trad. R. Bodéüs, GF Flammarion, 2004, p. 51.

[4] ARISTOTE, *Ethique à Nicomaque*, Livre V, 1137a31 / 1138a3, trad. R. Bodéüs, GF Flammarion, 2004, pp. 279-282.

dit Kant, que par la médiation des formes a priori de la sensibilité (le temps et l'espace) et la médiation des concepts *a priori* de l'entendement (réalité, causalité, nécessité, *etc.*). Quoi qu'il en soit de la solidité de ces affirmations, les penseurs que l'on dira « néo-kantiens » réactiveront cette intuition philosophique en réaffirmant par exemple avec Cassirer – mais de manière maintenant culturelle – notre accessibilité aux choses via des médiations qui nous sont imposées par notre milieu culturel. C'est ce que Cassirer appellera les « systèmes symboliques ». Je n'accède pas au réel sans passer par des formes symboliques produites par mon groupe culturel. Cassirer fait alors la proposition suivante : « *Le terme de raison est fort peu adéquat pour englober les formes de la vie culturelle de l'homme dans leur richesse et leur diversité. Or ce sont toutes des formes symboliques. Dès lors, plutôt que de définir l'homme comme animal rationale, nous le définirions comme animal symbolicum* »[5]. Contrairement aux bêtes, Cassirer voit en l'homme un être qui « ne vit plus dans un univers purement matériel, mais dans un univers symbolique. Le langage, le mythe, l'art, la religion sont des éléments de cet univers »[6]. Il évoque plusieurs systèmes symboliques (qu'il analysera plus avant dans son ouvrage) mais nous repérons déjà ici le langage comme système symbolique. En revanche, il n'a pas d'évocation du droit. Il nous reviendra donc d'expliciter ce qu'il en est du langage et des langues et d'envisager le droit également comme un possible univers symbolique.

Les langues vont s'avérer être des univers de pensée et non des simples nomenclatures traduisant un réel qui aurait sa définition absolue préalable. Cassirer va comprendre que les systèmes symboliques ne sont pas des grilles de traduction neutres face au réel mais des grilles qui *produisent* d'une certaine façon un réel. Nous allons, quand nous parlons une langue donnée, voir le réel d'une certaine façon. La grammaire d'une langue – qui pourrait nous sembler si rébarbative lorsqu'il nous faut l'apprendre scolairement – s'avère être tellement fondamentale que c'est elle qui crée « l'esprit » d'un peuple. Hegel le dira en s'inspirant des travaux de Humboldt : *« Celui qui commence à apprendre la grammaire trouve dans ses déterminations et dans ses lois des abstractions sèches, des règles contingentes, et de façon générale une multitude isolée de déterminations qui expriment seulement la valeur et la signification de ce qui se trouve en leur sens immédiat [...]. En revanche, celui qui maîtrise une langue et en même temps connaît d'autres langues en les comparant à elle, à celui-là et seulement alors l'esprit et la culture d'un peuple peuvent se montrer exprimés dans la grammaire de la*

---

[5] E. CASSIRER [1944] *Essai sur l'homme*, Paris, Les Editions de minuit, 2003, pp. 44-45.
[6] *Idem*, p. 43.

langue de ce peuple. Les mêmes règles et formes ont désormais une valeur pleine, riche, vivante »[7].

Lorsqu'effectivement nous apprenons une leçon purement technique de grammaire, les choses semblent parfaitement arbitraires. Il faut apprendre par cœur, mécaniquement ce que fait une langue. En revanche, si nous connaissons une autre langue de manière profonde (bilinguisme), nous comprenons que cette grammaire a quelque chose à voir avec la manière de penser les choses. Je ne pense pas le monde de la même façon en anglais et en français. Quand pour « fais attention à ne pas te cogner la tête » ou « Nous nous sommes fait la bise du soir » l'anglais nous dit *« Mind your head »* et « *we kissed goodnight* », il se passe quelque chose de différent. L'anglais envisage ici le monde de manière plus pragmatique, plus efficace. Il va droit au but avec une structure grammaticale plus resserrée. Cet exemple peut être étendu à toute langue que l'on cherche à traduire dans une autre langue. Quelque chose de l'esprit de l'autre langue ne sera pas traduit, sera plus ou moins perdu. Correspondant à chaque fois à un univers de pensée spécifique, les différentes langues du monde ne sont pas homogènes. Et c'est le locuteur bilingue qui peut le *sentir*. L'esprit d'une langue c'est la façon d'envisager le monde, une manière spécifique d'être au monde. Ce qui amenait Goethe à dire que « *celui qui ne connaît pas de langue étrangère, ne sait rien de la sienne* »[8]. On ne peut pas avoir une idée de la structure spécifique de notre langue sans la possibilité d'en sortir par un comparatisme linguistique. Mais ce comparatisme ne vise pas à hiérarchiser les langues pour en survaloriser certaines et en disqualifier d'autres. Comme le dit Cassirer : *« il n'existe aucune mesure constante pour déterminer la richesse ou la pauvreté d'un dialecte donné. Chaque classification est dictée par des besoins particuliers, et il est évident que ces besoins varient selon les conditions différentes de la vie sociale et culturelle de l'homme. Dans la civilisation primitive, l'intérêt porté aux aspects concrets et particuliers des choses prédomine nécessairement »*[9].

Cassirer écrit ces mots à New York à la fin de la Seconde Guerre mondiale (1944) et a parfaitement conscience des dégâts considérables qui ont été causés par un discours qualitativement discriminant entre les cultures, entre les langues. L'Allemagne nazie que le philosophe allemand a dû quitter en 1933 avait adopté une grille de lecture qui aboutissait à un mépris absolu envers les groupes dits « primitifs ». Leur langue également ne pouvait

---

[7] G.W.F. HEGEL, *Science de la logique* – 1er livre : *L'Etre* [1812] *Introduction*, p. XXV, Paris, Aubier-Montaigne, 1987, pp. 29-30.

[8] *« Wer fremde Sprachen nicht kennt, weiss nichts von seiner eigenen »*, Goethe, *Spüche in Prosa, in Werke*, XLII, 2e part, p. 118.

[9] E. CASSIRER, *op. cit.*, pp. 194-195.

qu'être méprisée. Cassirer reprend les choses à leur départ : une langue est ce qu'un groupe produit pour couvrir ses besoins propres et elle lui donne tout ce dont il a besoin. *« Le langage se conforme et s'accorde toujours à certaines formes de la vie humaine. Il n'est, pour une tribu indienne, ni possible ni nécessaire de ne porter intérêt qu'aux seuls « universaux ». Il suffit, et c'est le plus important, de distinguer les objets par certains caractères visibles et tangibles »*[10].

Il reste que Cassirer conserve peut-être ce préjugé qu'une tribu s'intéresserait davantage à des éléments concrets tandis que les occidentaux s'intéresseraient à des éléments spirituels (finesse logique du débat philosophique médiéval sur les « universaux »). Certes, la pression pour la survie implique peut-être davantage de « pragmatisme » linguistique, mais il n'est pas du tout sûr que ce que vit une tribu d'hommes soit si « concret » que cela. Les systèmes symboliques font rompre tout groupe humain avec l'immédiateté d'un pseudo-concret. Pour abonder dans le refus d'un comparatisme qualitatif des langues, Cassirer avance un argument supplémentaire que nous avons déjà entrevu et qui s'avère fondamental : une langue ne traduit pas le réel, elle le *produit*. *« Si nous voulons comprendre le langage, dit Sapir [...] nous devons [...] nous habituer à considérer l'anglais et le hottentot avec la même impartialité [...]. Si le discours se proposait de copier ou d'imiter l'ordre donné ou pré-établi des choses, il ne serait guère possible d'observer une telle impartialité. Nous ne pourrions nous empêcher de conclure qu'après tout l'une des deux copies doit être meilleure, plus proche de l'original que l'autre »*[11].

Si les langues étaient les copies du réel, on pourrait bien envisager qu'une langue est supérieure à une autre, car plus exacte. *Cependant, notre jugement sera tout à fait différent si nous attribuons au discours une fonction productive et constructive plutôt qu'une simple fonction de reproduction. Dans ce cas, ce qui est de la plus haute importance n'est pas tant l' « œuvre » du langage que son « énergie » »*[12].

Chaque langue manifeste donc une certaine « énergie ». Au niveau de la France, chaque langue dite régionale ouvre à un univers de pensée différent et supprimer ou favoriser l'enseignement scolaire d'une langue a un impact en termes d'enrichissement ou d'appauvrissement de notre rapport au réel. L'État peut vouloir protéger cette richesse, la patrimonialiser. Face à une mondialisation qui semble gommer les frontières et les spécificités de chaque région du monde, les langues répondraient à un besoin fort d'ancrage et de reconnaissance d'une identité propre et spécifique. Les langues régionales

---

[10] *Idem*, p. 195.
[11] *Idem*, p. 188.
[12] *Idem*, p. 188

sont affirmées ici comme vecteurs d'identité et de cohésion. En tout cas l'Europe enjoint la France à les favoriser, affirmant que « *le droit de pratiquer une langue régionale ou minoritaire dans la vie privée et publique constitue un droit imprescriptible* »[13], c'est pourquoi l'Europe impose que des mesures soient prises pour que les langues régionales puissent être utilisées dans l'administration, la justice, l'éducation et la culture. L'objectif est « *la protection des langues régionales et minoritaires historiques de l'Europe dont certaines risquent, au fil du temps, de disparaître, pour contribuer à maintenir et à développer les traditions et la richesse culturelles de l'Europe* »[14]. Mais derrière cet objectif, en apparence consensuel, se cachent des difficultés concrètes[15].

B. L'unilinguisme : vers une seule langue de communication ?

On peut observer que l'unité d'une société se fait largement à travers une langue commune. Un individu peut parler deux langues ou davantage mais il est rare que cela vaille pour un groupe entier. Comme le dit Pierre Martel : « *Le sujet naît dans la langue de ses parents, vit avec elle dans la société dont cette langue est l'instrument normal de communication, la transmet à ses propres enfants, et la parle jusqu'à sa mort. Dès qu'une autre langue se mêle au jeu, il y a fatalement conflit, qui ne peut déboucher que sur la mort de l'une des parties* »[16]. La conclusion peut nous sembler un brin exagérée et fait un saut entre le niveau individuel (où le plurilinguisme ne pose pas de problème) et le niveau collectif (où le plurilinguisme peut atteindre des limites organisationnelles). Béatrice Giblin va cependant également dans ce sens : « *Il y a en effet conflit quand deux langues se disputent le même territoire [par exemple le catalan et le basque]. En vérité, les situations de réel bilinguisme sont extrêmement rares ; ce qui existe, c'est la juxtaposition de territoires monolingues dans un même État, comme en Belgique ou en Suisse* » [17]. Cela peut alors produire de rudes conflits : « *Dans ces situations de reconquête d'une langue au détriment de l'autre, la lutte est âpre et aucune parcelle de territoire géographique, aucune position institutionnelle*

---

[13] Charte européenne des langues régionales ou minoritaires mise au point par le Conseil de l'Europe, 1992.

[14] *Idem.*

[15] Témoin le fait que sur les quarante-trois membres du Conseil de l'Europe, vingt-huit seulement l'ont signée et que seuls huit l'ont ratifiée (l'Allemagne, l'Autriche, le Danemark, l'Espagne, la Finlande et les Pays-Bas, la Suède et le Royaume-Uni), et cela en choisissant dans les articles ceux qui posaient le moins de problèmes.

[16] P. MARTEL, « L'occitan aujourd'hui », *in* J.-F. P. BONNOT (dir.), *Paroles régionales, normes, variétés linguistiques et contexte social*, Strasbourg, Presses universitaires de Strasbourg, 1995, p. 193.

[17] B. GIBLIN « Langues et territoires : une question géopolitique » in *Hérodote*, Paris, La Découverte, 2002, p. 12.

ne doivent être abandonnées »[18]. Sur les dernières décennies, le constat en France est pour Xavier North sans appel : « *À la fin du XX*e *siècle, un Français sur quatre avait reçu en héritage une langue autre que le français (dans la moitié des cas, il s'agissait d'une langue régionale), et au sein de cette minorité, seul un sur trois l'avait à son tour transmise à ses enfants : les langues de France – toutes catégories confondues – ne se transmettent presque plus dans le cadre familial. Leur vitalité repose en grande partie sur l'enseignement.* »[19]. Si la transmission ne se fait presque plus dans le cadre familial, c'est du fait de l'hégémonie de la langue principale du groupe, qui via la télévision, la radio, les réseaux sociaux, l'espace public monopolise le champ du langage. Il faut une grande volonté pour pouvoir résister à cette « puissance de frappe » collective.

C. Un droit qui protège les langues régionales

Les tenants d'une sociolinguistique critique dénonceront alors les méfaits idéologiques et pratiques de la domination ethnosociolinguistique du français. Les deux principes constitutifs de l'unilinguisme comme idéologie sociolinguistique structurante de l'histoire de la langue française : pas de déviance (par rapport à la seule norme légitime du français), pas de concurrence (par rapport à la seule langue légitime : le français). L'unilinguisme s'avèrerait être pour Henri Boyer une « *idéologie* hautement coercitive »[20]. Cela sanctionne la situation de non-pouvoir dans laquelle se trouve une langue dominée. Romain Colonna dira ainsi : « *Les pratiques sociales que nous qualifions de « langues » [...] sont le résultat de rapports de force historiques, sociaux et politiques [...] les langues ne sont donc pas « régionales » ou « nationales » en soi* »[21]. « *il n'y a point de « régional » sans « national ». Cela inclut [...] une relation tutélaire et verticale ou allant du centre vers les périphéries* ». Mais Colonna ajoute : « *À travers le processus de patrimonialisation, il s'agit enfin de procéder à une déterritorialisation compensée par une forme de nationalisation en faisant passer les « langues régionales » du statut de langues privées à langues publiques et de langues de sociétés territorialisées à langues appartenant à la République qui en assure désormais la (non) gestion* »[22]. L'ironie de Colonna sur la « non gestion » de l'État part du constat du processus de

---

[18] *Idem*, p. 12.
[19] X. NORTH, « Langues de France », *in Le Livre d'une langue*, B. Cassin (dir.), Paris, Ed du Patrimoine, 2023, p. 96.
[20] H. BOYER, « Patois », *in Langage et société*, Paris, Ed. de la Maison des sciences de l'homme, 2021, p. 255.
[21] R. COLONNA, « Langues régionales », *in Langage et société*, Paris, Ed de la Maison des sciences de l'homme, 2021, p. 217.
[22] *Idem*, p. 219.

marginalisation des langues de France autres que le français depuis le XVIIe siècle.

Mais l'enseignement véritable d'une langue ne peut se faire que par un enseignement immersif, rompant avec l'illusion d'un apprentissage « à l'ancienne » d'une langue comme nomenclature du réel. C'est dans l'enseignement immersif que l'esprit d'une langue peut se déployer. Mais cette immersion peut aller d'un simple enseignement de la langue, à celui de l'enseignement des autres disciplines (ex. : les mathématiques ou l'histoire seraient enseignées en basque). Mais comment les protéger et même les faire revivre alors que leur enseignement en mode immersif – qui *« vise à favoriser une maîtrise effective de la langue régionale, dans la perspective d'atteindre au bilinguisme »* – suscite des craintes quant à leur supposé potentiel « séparatiste » ?

D. Inquiétude devant un possible séparatisme ou confiance devant l'enrichissement du plurilinguisme ?

Giblin souligne ainsi les *« risques qu'entraîne la revendication d'un enseignement par immersion totale dans la langue comme le pratiquent les écoles Diwan ou Seaska, [...] comment refuser l'enseignement en arabe, en berbère ou en turc et constituer alors des ghettos d'immersion totale dans ces langues »*[23] ? En droit actuel, utiliser une langue régionale comme langue d'enseignement voire langue de communication au sein d'un établissement serait contraire à l'Article 2 de la Constitution (selon laquelle le français est la langue de la République).

Mais l'objectif final de l'enseignement immersif serait au contraire la maîtrise des deux langues (et la remarque de Goethe plus haut nous incite à ne pas voir d'un mauvais œil cet enseignement Diwan, arabe ou berbère qui bénéficieraient *in fine* au français car le comparatisme ouvre à une meilleure connaissance de la langue de communication nationale. Les langues régionales seraient ainsi à même de rassembler et de créer de la cohésion dans une société qui est souvent décrite comme atomisée. Heinz Wismann, philosophe et philologue navigant entre la langue allemande, française et le grec ancien ajoutera : *« c'est dans la langue qu'on est chez soi. Le problème [...] est que pour se réaliser, l'être humain va toujours se séparer, et donc multiplier les nuances. La véritable créativité humaine, c'est cette prolifération de différences. Et la bêtise humaine, c'est de vouloir camper*

[23] B. GIBLIN, « Langues et territoires : une question géopolitique » *in Hérodote*, Paris, La Découverte, 2002, p. 13.

sur l'une de ces différences, ou de vouloir les embrasser, dans un compromis »[24].

Vouloir camper sur l'une de ces différences, c'est vanter l'efficacité organisationnelle en privilégiant par exemple l'unilinguisme de l'anglais ou d'une langue prétendue simplifier les choses : *« Rêver d'une langue unique qui serait la plus pratique de toutes – l'anglais international joue ce rôle actuellement ; on pourrait aussi penser à l'espéranto -, c'est vouloir annuler l'effet Babel. Or pour moi, l'effet Babel est ce qu'il y a de plus productif dans l'histoire humaine. En revanche, il faut que cette prolifération ne nous prive pas de la relation à l'humanité entière »*[25].

Le pluralisme des langues est à penser comme ouvrant à l'humanité des potentialités de sensibilité multiples et il serait donc appauvrissant de tendre à l'unilinguisme. Mais ce que Wismann appelle « relation à l'humanité entière » c'est la capacité également à ne pas être enfermée dans sa langue régionale, où l'on ne pourrait sortir de son « indiénisme ». Avec un unilinguisme régional nous n'avons pas beaucoup à gagner par rapport à un unilinguisme national ou international. La « relation à l'humanité entière » implique en revanche la capacité à aller vers l'autre, à se décentrer, et donc à connaître plus d'une langue.

E. Du droit aux langues à la langue du droit

Par rapport au droit, affirmer que chaque langue manifeste un certain univers de pensée, n'est pas anodin, car cela nous empêche de penser que toutes les langues seraient équivalentes pour traduire le « fait juridique ». Le « fait juridique » va apparaître différemment selon qu'il est porté par une langue ou une autre. D'où la difficulté de penser une société pluri-linguistique avec un droit qui serait unique pour tous. Le droit, pas moins que les autres réalisations linguistiques des humains, est coloré par la grammaire de la langue choisie. Le monde n'apparaîtra juridiquement pas de la même façon quand il sera énoncé en anglais ou en français et le propos sera encore plus probant avec des langues qui nous sembleront davantage « exotiques » encore.

On pourra néanmoins refuser d'en rester à une position de blocage qui considérerait que chaque univers linguistique est hétérogène aux autres. Pour cela il faut mettre en avant la capacité humaine à traduire une langue dans une autre. Certes, on l'a compris, il ne s'agit pas d'une transposition terme à terme, mais l'humain a bien réussi jusque-là, à entrer dans des univers de pensée différents (bilinguisme, plurilinguisme authentique). Il s'agit alors

---

[24] H. WISMANN, *Penser entre les langues*, Paris, Albin Michel, 2012, pp. 101-102.
[25] *Idem*, p. 102.

d'enrichir notre capacité à envisager les problèmes plutôt que de vouloir rester figé sur une compréhension du « fait juridique » qui se prétendrait classique et définitive.

III. Le droit est, comme la langue, un système symbolique et, comme la langue, il s'enrichit par toute application

A. Etendre le sens du goût à l'univers du droit

Nous avions remarqué que dans *l'Essai sur l'homme* (1944), Cassirer ne citait pas le droit parmi les systèmes symboliques. Nous proposons de compléter l'argumentation de Cassirer sur ce point et nous pouvons le faire en allant du côté de Gadamer. Ce dernier part dans *Vérité et Méthode* (1960) d'une investigation qui est redevable à la *Critique de la faculté de juger* de Kant. Il s'intéresse à l'esthétique et à l'idée de jeu, de système de sens clos sur lui-même. Pour Kant le goût est ce mode de connaissance qui me permet à la fois de mentaliser qu'un être de la nature (un animal) est une fin en soi, tout étant orienté dans ce dernier pour que systémiquement il se maintienne en vie et qu'une œuvre d'art (une symphonie, une sculpture) révèle également une finalité, un sens global atteint par l'artiste. Mais c'est à ce moment que Gadamer se sépare de Kant : *« Il n'est nullement exact que la faculté de juger ne soit productrice que dans les domaines de la nature et de l'art, dans l'appréciation du beau et du sublime, bien plus on ne dira jamais comme Kant que c'est là « essentiellement » qu'il faut reconnaître une productivité à la faculté de juger »*[26].

Gadamer propose d'ajouter l'herméneutique juridique à l'herméneutique esthétique qui était son objet jusque-là. « *Il faut au contraire compléter le beau de la nature et de l'art par toute l'immensité de la mer du beau, qui se déploie dans la réalité morale de l'être humain* »[27].

Lorsqu'il étend le sens du goût, qui est cantonné à l'esthétique chez Kant, Gadamer le fait en pensant au domaine du juste et de l'injuste. C'est un domaine où l'on ne se contente pas de constater des valeurs qui nous précéderaient, mais où l'on *crée* le monde auquel nous aspirons. « *l'appréciation du cas [juridique] ne se borne pas à la simple application du critère de la généralité selon laquelle elle se produit, elle contribue elle-même à la déterminer, à la compléter et à la rectifier. D'où il résulte en définitive que toute décision morale demande du goût.* »[28]. Le goût dont parle Gadamer, comme pour Kant, ne relève pas d'un des cinq sens (le goût

---

[26] H.-G. GADAMER [1960], *Wahreit und Methode in Gesammelte Werke*, Hermeneutik I. Tübingen, J.C.B. MOHR, *1986, Vérité et Méthode*, trad. P. Fruchon et *al.*, Paris, Le Seuil, 1996, p. 55 (GW44).
[27] *Idem*, p. 55 (GW44).
[28] *Idem*, p. 56 (GW45).

des fraises). Il fait référence à un mode propre de connaissance chez l'humain grâce auquel on parvient à saisir en quoi un singulier peut être subsumé sous un universel. « *le juge ne se borne pas à appliquer la loi in concreto, il contribue par sa sentence même au développement du droit (Richter-recht). Tout comme le droit, la moralité ne cesse pas de se former, grâce à la productivité des cas particuliers* »[29]. Le goût en matière de droit va consister à saisir en quoi un cas juridique entre dans le cadre d'une loi. Et si Gadamer fait ici intervenir le concept de « goût », c'est bien parce que l'opération n'est pas de l'ordre d'une simple déduction mécanique : « *La mise en ordre intégrale de la vie par les règles juridiques et morales reste [...] incomplète et elle a besoin d'être complétée de manière productrice. Le jugement est nécessaire pour apprécier correctement les cas concrets. Nous connaissons particulièrement cette fonction du jugement par la jurisprudence, dans laquelle la contribution de l'herméneutique qui complète le droit consiste précisément à produire sa réalisation concrète* »[30].

B. Repérer la créativité de l'herméneutique juridique

L'herméneutique juridique consistera à interpréter une situation humaine et voir en quoi elle se rapporte à une loi précédente. Mais en l'y subsumant *elle la précise* et c'est ce qui fait le caractère créateur de l'herméneutique juridique. Nous avons vu avec Aristote qu'il arrivait que l'application stricte de la loi à un cas particulier pouvait mener à une injustice et que l'équité (*epiekeia*) pourvoyait à ce décalage. Mais ici, bien plus, c'est la totalité des situations qui exige un sens de l'interprétation. Il n'y a pas de dogmatique juridique parfaite, au point de réduire certaines sentences à une pure opération de subsomption. « *La tâche de l'interprétation est de concrétiser la loi dans le cas donné, elle est donc de l'appliquer. Sans doute cette réalisation productrice, qui enrichit ainsi le droit, est-elle réservée au juge mais le juge est soumis à la loi comme tout autre membre de la communauté juridique* »[31].

L'application de la loi n'est jamais mécanique. Et pourtant elle ne révèle pas pour autant un arbitraire des juges : *L'idée d'un ordre juridique implique que la sentence du juge ne procède pas d'un caprice imprévisible, mais de la juste estimation de l'ensemble. Quiconque s'est plongé dans la plénitude concrète des circonstances est capable d'une telle estimation* »[32].

---

[29] *Idem*, p. 55 (GW44).
[30] *Idem*, p. 55 (GW43-44).
[31] *Idem*, p. 352 (GW335).
[32] *Idem*, p. 352 (GW335).

Mais cet ordre juridique que le juge doit respecter n'est pas un ordre éternel. Les temps d'une société changent et il faut sans cesse au juge sentir le décalage avec l'époque initiale de promulgation d'une loi : *« Le juge qui adapte la loi reçue aux besoins du présent veut sans doute résoudre un problème pratique. Mais il s'en faut de beaucoup que son interprétation de la loi soit pour autant arbitraire [...] comprendre et interpréter, c'est connaître et reconnaître un sens qui a cours. Il cherche à être fidèle à « l'idée juridique » de la loi en l'accordant avec le présent [...] Ce qu'il cherche à connaître, c'est bien la signification juridique de la loi et non, par exemple, la signification historique de la promulgation de la loi »*[33].

Les changements d'une société humaine au cours du temps font que se détachent progressivement l'un de l'autre le sens premier d'une loi et le sens appliqué dans la pratique juridique au présent : *« L'interprète du droit ne peut pas se sentir lié par ce que lui apprennent, par exemple, les procès-verbaux du Parlement rapportant les intentions de ceux qui ont élaboré la loi. Il lui faut au contraire reconnaître le changement intervenu dans les circonstances et, par conséquent, déterminer en termes nouveaux la fonction normative de la loi »*[34]. Cela est vrai pour le juge mais pas moins pour celui qui ne serait qu'historien du droit : *« l'historien du droit ne peut [...] se contenter de faire appel à l'application première de la loi pour déterminer son premier sens. Il devra, au contraire, en tant qu'historien, rendre également justice à l'évolution historique qu'elle a traversée. Il lui faudra par l'exercice de la compréhension, opérer une médiation entre l'application primitive de la loi et son application présente »*[35]. Devant le sens premier d'un texte de loi, le juriste, exerçant la fonction de juge, se sait autorisé à compléter le droit, mais en le faisant, il fait exactement ce qui a lieu dans tout autre type de compréhension, que ce soit celle du philologue ou de l'historien.

Conclusion

Nous avons vu avec Aristote en quoi le langage ouvre l'homme à la perception du juste et de l'injuste mais le Stagirite reste limité par le fait de penser le grec comme langue de la raison (par opposition à toutes les autres langues). Son affirmation d'un accès à l'être même via sa langue nationale se verra profondément questionnée par un kantisme qui voit la médiation plutôt que l'être. Dans le néo-kantisme d'un Cassirer, les langues sont clairement des systèmes symboliques qui nous amènent à voir le monde différemment. Dès lors on peut prendre au sérieux le fait que perdre une langue régionale

---

[33] *Idem*, p. 350 (GW333).
[34] *Idem*, p. 349 (GW332).
[35] *Idem*, p. 348 (GW331).

c'est perdre une richesse, une manière unique de voir le monde. Et l'on peut comprendre que l'objectif de protéger des langues en voie de disparition via le droit puisse avoir du sens. Le droit est ici envisagé comme neutre, traduisant simplement une volonté politique tout en maintenant la cohérence d'un certain ordre juridique. En établissant un droit qui protège les langues, le juridique est ainsi pensé comme « en dehors du jeu », surplombant les choses par sa neutralité, se contentant de mettre en place une politique décidée par les dirigeants et/ou votée par les députés. Le droit serait un simple outil de protection des langues ou un outil actant le refus de leur assurer protection (servir ainsi l'objectif d'un unilinguisme).

Mais le droit est lui-même rédigé dans une langue. Sa neutralité pourrait ainsi être remise en question. Le droit véhicule de par la langue qui l'énonce un certain univers de pensée. C'est lui aussi un « système symbolique » et comme tel il ne se contente pas de traduire les idées politiques en mots juridiques. Il produit également un univers de pensée. La première lecture des choses pourrait inquiéter en voyant déjà dans le droit un système symbolique qui à l'instar de tout système symbolique produit le réel plutôt qu'il n'en rend compte. L'univers juridique d'une société donnée va donc produire des citoyens différents de ceux d'une autre société. Et si l'on reste concentré sur l'ordre juridique seul, on peut repérer que le droit s'enrichit à chaque application de la loi car une telle application est toujours une interprétation, une herméneutique. Interpréter c'est définir qui l'on est. La philosophie nous aide en tout cas à sentir différents niveaux d'intrication entre les langues et le droit. C'est au sein de la politique que les hommes d'un temps vont décider des liens qu'ils coupent et des liens qu'ils renforcent.

La valeur économique des langues

Christelle GARROUSTE
Maîtresse de conférences en économie
Université Paris-Est Créteil, LIPHA (EA7373)

La question de la valeur économique des langues est cruciale dans le contexte actuel, marqué par le renouveau du multilatéralisme et l'émergence du Sud global. Faut-il favoriser le plurilinguisme ou encourager un monolinguisme supposé plus efficace ? Cette question, à l'intersection du droit et de la langue, appelle une analyse économique. Les similitudes entre langue et monnaie – toutes deux servant de moyens d'échange, de réserve de valeur symbolique et d'unité de mesure – ont été explorées par des penseurs de toutes époques (SCHACHT, 1973 ; GOODY, 1986 ; LEFAY, 2015). Les philosophes du XVIIIe siècle, période marquée par la spéculation économique, conceptualisent ces liens entre langue et monnaie, inspirés par la révolution monétaire et l'essor du commerce. À cette époque, des philosophes comme Rousseau, Adam Smith, Turgot et Locke approfondissent les analogies entre langage et activité sociale. La division du travail, promue par Smith, est facilitée par un langage commun, permettant d'attribuer une valeur marchande aux biens échangés, tandis que Turgot voit les langues comme l'expression et la mesure des avancées de l'esprit humain. Bien que les théories économiques classiques ne traitent pas directement la langue comme un facteur de production, sa valeur économique sera exploitée par les politiques linguistiques dès le XVIIIe siècle, avec par exemple la langue nationale adoptée pendant la Révolution française pour unifier la population et diffuser les principes révolutionnaires.

Au XIXe siècle, la communication devient cruciale dans la division du travail, ouvrant la voie aux néoclassiques comme Menger (1883), qui établit le lien entre langage et coopération sociale. Marschak (1965) étendra cette perspective en introduisant le concept d'« économie des langues », postulant que la langue, en tant qu'outil économique, possède une valeur et des coûts.

Dans ce chapitre, nous retracerons l'évolution de la vision économique des langues, depuis les premières applications empiriques des néoclassiques (I) jusqu'aux apports récents de l'économie comportementale dans la modélisation linguistique au XXIe siècle (II).

I. XXe siècle : Les langues au service de la théorie néo-classique

Parler la même langue facilite la communication et rend les transactions plus faciles et plus transparentes. En cela, l'effet de la langue est similaire à celui de la culture commune, des normes juridiques ou des unités de mesure

: s'engager dans des échanges mutuellement bénéfiques est possible sans eux, mais il est généralement plus coûteux et le résultat est moins prévisible. La complexité supplémentaire inhérente aux transactions sans langage commun et le risque accru d'erreurs et de malentendus impliquent une augmentation des coûts qui peut être suffisamment importante pour empêcher la réalisation d'opérations mutuellement bénéfiques. Par conséquent, la capacité à parler une langue étrangère doit se traduire par des résultats positifs, des retombées économiques individuelles. Ces gains se traduiront par de meilleures opportunités d'emploi et des salaires plus élevés. Dans cette partie, nous explorerons tout d'abord la manière dont les langues sont utilisées comme variables explicatives dans les modèles macroéconomiques de commerce international et de croissance endogène (A), avant de nous intéresser au rôle des langues dans les modèles microéconomiques de productivité individuelle (B).

A. La valeur macroéconomique des langues

Nous nous intéressons ici aux retours économiques de la maîtrise des langues nationales et étrangères au niveau agrégé, plutôt qu'au niveau individuel, au travers du modèle d'économie internationale basé sur l'équation de gravité puis du modèle de croissance endogène. Ainsi, malgré le recentrage de la science économique sur les comportements individuels, les premiers modèles économiques étudiant la valeur des langues furent les modèles de politique économique, notamment les modèles décrivant les facteurs de commerce international (directement dérivés des modèles classiques d'Adam Smith et Ricardo) ainsi que les modèles décrivant les sources de développement, mesuré en termes de taux de croissance (PIB ou PIB par habitant), qui se basaient sur des données statistiques agrégées permettant des comparaisons entre pays. En effet, c'est dans un contexte de reconstruction post-seconde guerre mondiale, que les économistes ont été mandatés par les gouvernements occidentaux pour trouver des solutions afin de relancer l'activité économique le plus rapidement possible sous forme de taux de croissance suffisamment performants pour retrouver les niveaux d'avant-guerre en accélérant le rythme des échanges marchands entre nations. Le choix des partenaires de commerce reposait alors sur l'existence d'une proximité culturelle, historique et linguistique afin de garantir un niveau de confiance optimal. La mesure de taux de croissance proposée par Roy F. Harrod et Evsey Domar, qui fut l'outil principal utilisé pour estimer la capacité des pays à s'élever à un niveau de croissance supérieur sur l'échelle de développement de W. W. Rostow jusque dans les années 1980, ne permettait pas de prendre en compte la qualité de la production, en termes de niveau de capital humain des travailleurs. Il fallut attendre les années 1980 avec le modèle de croissance exogène de Robert Solow, puis les années 1990 avec le modèle de croissance endogène de Paul Romer pour que le capital humain, c'est-à-dire la qualité du travail, soit pris en compte. Grâce aux modèles de croissance endogène, les compétences linguistiques ont pu être introduites de manière distincte dans tous les modèles de croissance subséquents. Dans un souci de respect de la chronologie des apports théoriques sur l'étude des langues, nous commencerons donc cette partie par les apports de l'équation de gravité en économie internationale (1) avant de nous plonger dans les résultats apportés par les modèles de croissance endogène (2).

1. Economie internationale : équation de la gravité

En 1954, Walter Isard transpose la loi de gravitation de Newton au commerce international, suggérant que l'attraction entre deux économies dépend de leur taille et de leur proximité géographique. Ce modèle, largement utilisé pour analyser les déterminants du commerce international, prend en compte des facteurs comme la langue, les frontières et la monnaie, en plus de la distance géographique. Par exemple, il a servi à évaluer l'impact d'accords commerciaux régionaux tels que l'ALENA et l'efficacité d'organisations comme l'OMC.

L'hypothèse est que le partage d'une langue commune simplifie les échanges, les rendant moins coûteux et plus fréquents. La plupart des études qui exploitent ce modèle se concentrent sur les langues officielles communes, comme le français dans les échanges entre la France et ses anciennes colonies (cf. HUTCHINSON, 2002 ; IPSHORDING et OTTEN, 2013). Elles montrent que le partage d'une langue officielle accroît l'intensité du commerce.

Cependant, la langue officielle n'est pas toujours essentielle pour faciliter le commerce. L'anglais, langue d'échanges globaux, est souvent utilisé même en l'absence de pays anglophones parmi les interlocuteurs. Melitz (2008) approfondit l'analyse en incluant les langues autochtones et la proportion de locuteurs dans chaque pays. Par exemple, des langues comme le chinois sont répandues en Asie du Sud-Est même sans statut officiel. Mais cette étude reste limitée aux langues indigènes et n'intègre pas les compétences en langues étrangères des locuteurs secondaires, qui facilitent pourtant les interactions commerciales, comme le montrent Fidrmuc et Fidrmuc (2016) : des échanges entre entreprises grecques et suédoises se font souvent en anglais, langue partagée.

Les recherches de Fidrmuc et Fidrmuc (2009, 2016) ainsi que Melitz et Toubal (2014) incluent à la fois les locuteurs natifs et secondaires. Fidrmuc et Fidrmuc (2016) utilisent des données de sondages pour évaluer la probabilité de communication entre deux personnes choisies au hasard dans différents pays. En Europe, par exemple, la probabilité qu'un individu puisse communiquer en anglais avec une personne d'un autre pays est en moyenne de 22 %. L'anglais domine comme langue de communication, tandis que l'allemand, le français et le russe ont des impacts plus limités.

Ces études suggèrent une relation bidirectionnelle entre langue et commerce : une communication facile stimule les échanges, tandis que des échanges intensifiés favorisent l'apprentissage de la langue des partenaires commerciaux.

2. *Economie du développement : modèles de croissance endogène*

Selon les modèles de croissance endogène de Romer (1990) et Jones (1995), le progrès technique et l'innovation sont essentiels pour la croissance économique à long terme. En plus du capital physique et humain, les chercheurs examinent les influences des contextes institutionnels et culturels. Les variables formelles (droits de propriété, lois, *etc.*) favorisent l'innovation en orientant les ressources, tandis que les variables informelles, telles que les langues, traditions et croyances, influencent aussi les échanges technologiques (ACEMOGLU *et al.*, 2001 ; BECK *et al.*, 2016).

GANG *et al.* (2023) montrent que les langues jouent un rôle notable dans le modèle de croissance endogène en réduisant les barrières de transmission des technologies. Les langues indo-européennes, par leur concision, facilitent les échanges et accélèrent l'adoption technologique entre les pays (CHISWICK et MILLER, 2002 ; LI *et AL.*, 2022). Une *lingua franca* permet de communiquer sans langue maternelle commune, comme l'anglais, essentiel dans les domaines scientifiques et commerciaux. L'adoption d'une *lingua franca* améliore ainsi la productivité globale des facteurs (PGF), comme le démontre le cas de la Chine. En introduisant l'apprentissage des langues étrangères (anglais, japonais) dans son système éducatif depuis les années 1980, la Chine a renforcé son capital humain, réduit les coûts de communication pour les entreprises et facilité l'investissement étranger (LEE, 2012 ; LI *et al.*, 2022).

Cependant, la diversité linguistique, en augmentant les coûts de communication, peut entraver la diffusion des connaissances, influençant les progrès technologiques. Les pays partageant une langue commune tendent à mieux coopérer et commercer, contribuant ainsi à l'innovation et au bien-être économique (KELLER, 2002). Mais avec plus de mille langues réparties en diverses familles, telles que les langues indo-européennes et sino-tibétaines, chaque langue maternelle peut aussi devenir un frein aux échanges transnationaux et à l'innovation (ROBINSON, 2020). La complexité des langues peut affecter les stratégies des entreprises quant à l'absorption des technologies étrangères.

Pour atténuer les problèmes liés à cette complexité, l'adoption d'une langue commune peu complexe peut faciliter la communication et favoriser le développement technologique. Certaines recherches récentes relient le choix des langues et la croissance économique, affirmant que les entreprises de pays avec des langues à forte temporalité future (comme l'anglais) réalisent des investissements plus efficaces (LIANG *et al.*, 2018 ; KIM *et al.*, 2021). De plus, la compétence bilingue, notamment dans les langues internationales comme l'anglais et le français, est cruciale pour les pays non anglophones (LAITIN et RAMACHANDRAN, 2022).

En résumé, les pays en développement bénéficieraient de l'adoption d'une langue seconde simple, favorisant l'absorption des technologies et l'innovation. Dans ce cadre, l'évaluation des politiques linguistiques repose sur une analyse coût-bénéfice intégrant le coût de formation des enseignants et des infrastructures de communication, en visant le progrès technologique et le développement durable comme objectifs principaux (GARROUSTE, 2007).

B. La valeur microéconomique des langues

Lionel Robbins (1932) définit l'économie comme la « *science du comportement humain dans la relation entre des fins et des moyens rares à usages alternatifs* ». L'analyse économique met ainsi l'accent sur l'optimisation individuelle : chaque individu agit pour maximiser sa propre utilité. Cependant, au niveau national, l'agrégation des choix individuels peut masquer des différences d'intérêts, notamment dans le domaine des politiques linguistiques, où certains groupes peuvent être désavantagés.

Les économistes du travail ont rapidement intégré les langues dans leurs études, en particulier pour comprendre l'intégration des immigrants sur le marché du travail et leur productivité, influencée par leurs compétences linguistiques. Les travaux de Gary Becker (1957, 1964) sur le capital humain et la discrimination ont inspiré ces recherches. Becker voit le capital humain comme un ensemble de ressources productives intégrées aux individus, comme l'éducation, la santé ou la connaissance du système économique. Les inégalités salariales, selon lui, reflètent les différences de capital humain entre individus, constituées par des choix d'investissement personnels. Ainsi, les compétences linguistiques deviennent un facteur crucial pour expliquer les différences de revenus entre groupes démographiques, tels que les natifs et les immigrants, les hommes et les femmes.

Les analyses empiriques de ce modèle nécessitent des données socio-économiques individuelles, collectées de manière systématique dans des pays comme le Canada, la Suisse et les États-Unis. Les recherches sur l'influence des compétences linguistiques sur les salaires reposent souvent sur la fonction logarithmique de Mincer (1974), qui évalue l'impact des compétences linguistiques sur les revenus. Pour les États-Unis, on trouve des études de Carliner (1980), Chiswick et Miller (1992), et Borjas (1984). Au

Canada, des travaux similaires ont été menés par Vaillancourt (1980). Garrouste (2008) propose une analyse comparée de l'impact des compétences en langues secondes sur les salaires en Europe et Amérique latine, confirmant l'importance de ces compétences pour le capital humain.

En plus de l'économie du travail, l'économie de l'éducation étudie l'impact des langues d'enseignement sur l'apprentissage et la réussite scolaire. Pour analyser ces effets, des modèles multiniveaux sont employés, comme dans les études de Garrouste (2011) sur les élèves en Namibie ou de Howie (2002, 2005) en Afrique du Sud. Ces analyses aident à affiner les variables linguistiques dans les modèles de capital humain et à calibrer les politiques d'éducation en fonction des compétences linguistiques.

L'intégration des compétences linguistiques dans différents modèles économiques – économie internationale, développement, travail, éducation – s'est intensifiée avec l'apport de la sociolinguistique. Les langues sont ainsi devenues des variables explicatives dans les modèles néo-classiques, contribuant à l'analyse de la productivité et des échanges commerciaux. Dans les années 2000, la langue est redevenue un objet d'étude central en économie, avec une attention portée aux aspects socio-économiques et culturels qui influencent la croissance économique et l'intégration des individus au marché du travail.

II. XXIe siècle : Les sciences économiques au service de la linguistique

A. La théorie des jeux et la pragmatique comme outils d'analyse des langues

Ariel Rubinstein va être le premier économiste à prolonger les travaux des économistes classiques et de Marschak sur l'origine des langues en appliquant la théorie économique au domaine linguistique. Dans son ouvrage *Economics and Language*, publié en 2000, Rubinstein explique en quoi une approche de type économique serait pertinente pour certaines questions linguistiques. La théorie économique est une tentative pour expliquer les régularités dans les interactions humaines, et la régularité non-physique la plus fondamentale dans les interactions humaines est notre langue naturelle. Il rappelle qu'en théorie économique, les chercheurs ont étudié, de manière assez approfondie, des questions concernant la conception des systèmes sociaux ; or la langue est en partie un mécanisme de communication. L'économie tente d'expliquer les institutions sociales comme des régularités issues de l'optimisation de certaines fonctions qu'elles remplissent ; pourquoi ne pas essayer d'appliquer cette méthode à la langue également.

Rubinstein peut ainsi prolonger l'approche de Menger en utilisant les outils développés tout au long du XXe siècle, notamment la théorie des jeux.

Il distinguera syntaxe, sémantique et pragmatique afin de montrer comment les considérations stratégiques interfèrent avec la pragmatique et peuvent l'éclairer. Dans son exemple sur les débats, les règles du débat ont été présentées comme des outils conçus pour permettre la meilleure obtention d'informations possible, compte tenu des contraintes de durée du débat et des intérêts des débatteurs. Son modèle mathématique démontre qu'au cours des débats, l'auditeur tire des arguments plus que ce qui est explicitement dit. Le contenu d'un argument est un phénomène d'équilibre. En particulier, il a été conclu qu'il n'est pas nécessairement erroné que, dans un débat, l'argument *i* puisse vaincre l'argument *j* et, en même temps, que l'argument *j* puisse vaincre l'argument *i*. En d'autres termes, la « logique du débat » n'a pas “besoin” de contenir une règle stipulant que si « *p* vainc *q* », alors « *q* ne doit pas vaincre *p* ». Cet exemple illustre parfaitement l'issue de la plupart des débats politiques dans un système démocratique. Rubinstein poursuivra ces travaux aux côtés de l'économiste Jacob Glazer (GLAZER et RUBINSTEIN, 2001, 2004 et 2006).

Blume (2000) examinera quant à lui les changements dans la structure de la langue en réponse à l'amélioration de l'efficacité. Il suppose qu'une langue doit permettre d'exprimer « *des choses nouvelles dans des circonstances nouvelles* ». Cela donne à la langue la possibilité de rester incomplète à tout moment ou dans n'importe quelle circonstance. Blume explique l'émergence de l'utilisation créative de la langue à partir des connaissances communes par le processus d'optimisation du choix des instruments linguistiques.

L'approche de la théorie des jeux est également utilisée pour discuter de la présence de termes vagues dans le langage naturel (ZHANG et GRENIER, 2012). Par exemple, Lipman (2009) soutient qu'il existe une sous-optimalité en ce qui concerne la vague linguistique, et que la présence de cette vagueur ne peut être expliquée que dans un modèle de rationalité limitée, un état où la rationalité du décideur est limitée en raison de la capacité de réflexion, de la disponibilité de l'information et de la contrainte de temps. Dans un contexte de rationalité limitée, les individus font souvent des choix qui leur semblent satisfaisants plutôt que les meilleurs choix, car la plupart du temps ils ne connaissent pas la meilleure option possible. Les outils de la théorie des jeux peuvent être combinés avec la pragmatique, la discipline qui étudie l'influence du contexte sur l'interprétation du langage utilisé et les contextes dans lesquels il est employé.

Jayawickrama et Nawarathna (2024) rappellent que la diversité linguistique et culturelle est l'un des aspects fondamentaux d'un pays dans le contexte mondial actuel. Le système éducatif, le système judiciaire, les comportements culturels et religieux ainsi que les décisions économiques jouent un rôle important dans le maintien de la diversité linguistique et culturelle. L'agent clé pour préserver et protéger la diversité culturelle est le locuteur de langue minoritaire. Sperlish et Uriarte (2015), en supposant le choix linguistique d'un bilingue pour deux langues (l'une parlée par tous et l'autre parlée par la minorité bilingue), appliquent l'équilibre de Nash stable en stratégie mixte évolutive pour prédire les comportements linguistiques des bilingues. Ils ont constaté que les prédictions correspondent étroitement aux données réelles. Les changements de politique recommandés visent à accroître l'utilisation de la deuxième langue, qui n'est parlée que par la minorité. Comme le note Grice (1989), l'implicature conversationnelle – le principe coopératif de la conversation – joue un rôle important dans l'usage de la langue et le contexte dans lequel elle est utilisée. L'implicature conversationnelle est la description de la pensée d'une personne sur la pensée de l'autre. En intégrant le principe coopératif de Grice dans un cadre théorique de jeux, Parikh (1991) développe la pragmatique des jeux pour examiner la stratégie linguistique optimale en communication.

B. Diffusion des langues, conservation et modification (network externality approach)

La question de la diffusion, conservation et modification des langues sera également étudiée via l'approche des externalités de réseaux (*network externality approach*). Alcouffe (2013) explique qu'au cours des dernières décennies, l'évolution économique a entraîné une transformation des modes de production et de consommation et des phénomènes autrefois marginaux ont pris une importance croissante dans les économies. En même temps, la théorie économique attachée à étudier le fonctionnement des marchés a dû admettre que ceux-ci ne fonctionnaient pas toujours de façon optimale. Les grilles d'analyse élaborées pour rendre compte de ces échecs du marché (*market failures*) que sont les biens publics, externalités, réseaux s'appliquent particulièrement bien aux langues. Les biens publics présentent deux caractéristiques :

(i) la consommation du bien par un agent n'empêche pas sa consommation par un autre. Les agents ne sont pas rivaux pour la consommation du bien (bien non exclusif). Par exemple, le fait que j'utilise le théorème de Pythagore ne prive pas les autres d'en faire autant ;

(ii) tous les agents ont librement accès au bien (bien non rival).

Bien sûr, les économistes sont conscients que ces caractéristiques peuvent être attachées à des degrés divers à différents biens, mais la langue a pu être caractérisée comme un « super bien public » ou un bien « hypercollectif » (De Swaan, 2001 ; Grin, 2022). Le problème des biens collectifs est qu'ils induisent le comportement dit du « passager clandestin ». Comme la production du bien public n'est pas toujours gratuite, les agents auront tendance à le consommer en échappant aux coûts de production. L'attention sur les dangers liés aux biens publics a été attirée par un article célèbre sur la tragédie des communs, dans lequel Garrett Hardin (1968) montrait comment un bien collectif pouvait être surexploité – chaque utilisateur se basant sur son calcul individuel sans prendre en considération les coûts et avantages collectifs. Or si la création d'une langue peut être spontanée et les coûts disséminés entre les usagers, des coûts de développement et de « maintenance » sont inévitables et peuvent jouer dès lors que l'offre de langues est multiple. Les externalités renforcent le risque que les coûts qui devraient être associés à une langue ne soient pas couverts de façon satisfaisante.

L'externalité ou effet externe désigne une situation dans laquelle l'action d'un agent économique influe, sans que cela soit le but de l'agent, sur la situation d'autres agents, alors même qu'ils n'en sont pas partie prenante : ils n'ont pas été consultés et n'ont reçu (si l'influence est négative) ni versé (si elle est positive) aucune compensation. Cette situation est maintenant bien étudiée par l'économie des réseaux. Celle-ci a détecté une forme d'externalité particulière, externalité d'adoption (ou rendement d'adoption ou effet de réseau), quand le fait que d'autres personnes fassent la même action accroît l'utilité/valeur de l'action. Autrement dit, la valeur du produit dépend de son nombre d'utilisateurs. Un bon exemple d'externalités de réseau réside dans l'adoption d'un standard informatique, par exemple un système d'exploitation. Plus il y a d'utilisateurs d'un système d'exploitation, plus il y a de programmes et de documentation pour ce système, ce qui amène d'autres utilisateurs, et ainsi de suite. On a là une logique de cercle vertueux. Le phénomène d'externalité d'adoption permet d'expliquer le fait que le produit le plus utilisé sur un marché ne soit pas le plus utilisé parce qu'il est le meilleur en comparaison de ses concurrents, mais simplement parce qu'il regroupe plus d'utilisateurs.

Plus généralement la transposition dans le domaine linguistique des analyses de l'économie des réseaux est immédiate : plus une langue est utilisée, plus elle ouvre des possibilités d'échange et de communication. Ainsi, quand le nombre de locuteurs augmente, il y a un gain pour l'entrant dans le réseau des locuteurs, mais aussi pour les locuteurs antérieurs qui voient augmenter le nombre des membres du réseau créé par la langue. L'acquisition d'une langue présente un gain pour celui qui entre, mais aussi pour les locuteurs précédents. On peut donc considérer que le gain « social » partagé entre les locuteurs (les anciens et le nouveau) est supérieur au gain privé de celui qui entre. Il y a là une base de réflexion pour la mise en place de politiques linguistiques puisque les comportements individuels ont des effets collectifs non intentionnels. Ces politiques peuvent consister aussi bien en l'édiction de normes que dans la mise en place d'incitations visant à « internaliser » les effets externes.

De nombreux articles traitent de l'économie des langues en utilisant ces outils (SELTEN et POOL, 1991 ; CHURCH et KING, 1993 ; DALMAZZONE, 1999 ; GARROUSTE, 2007). C'est ainsi que Salmon et Breton (2006) introduisent leur étude de la concurrence entre les systèmes juridiques en écrivant : « *Connaitre une langue très répandue permet à l'individu de communiquer avec un plus grand nombre de personnes et élargit l'ensemble des interactions possibles pour lui. Apprendre une langue, dans ce sens, signifie entrer un réseau – c'est-à-dire une communauté constituée d'éléments complémentaires dans lequel chaque nouvel entrant, outre qu'il donne accès aux avantages d'un ensemble d'activités, ajoute aussi aux avantages potentiels de tous les autres membres (c'est-à-dire génère une externalité)* ».

Conclusion

Ce chapitre a mis en lumière la complexité de la valeur économique des langues en démontrant leur rôle crucial dans les échanges commerciaux, le développement du capital humain et l'intégration des individus dans les systèmes économiques globaux. En explorant l'évolution théorique et empirique de l'économie des langues, des premières analogies entre langue et monnaie à la théorie des externalités de réseaux et aux modèles de croissance endogène, nous avons vu comment la maîtrise linguistique peut favoriser la productivité individuelle, stimuler le commerce international et améliorer la compétitivité économique.

L'analyse économique, comme le montrent les études sur le capital humain ou les approches de croissance endogène, permet ainsi de dépasser la simple évaluation des coûts d'une politique linguistique. Elle en fait un outil d'optimisation au service de la performance économique d'un pays. Les langues, en tant qu'actifs stratégiques, ne facilitent pas seulement la communication : elles permettent de structurer les réseaux commerciaux, d'attirer des investissements étrangers et de renforcer le capital humain en facilitant l'accès aux connaissances. Les modèles d'économie internationale, par exemple, ont démontré que le partage d'une langue commune entre nations réduit les coûts d'échange et accroît l'intensité des flux commerciaux. Simultanément, les approches de croissance endogène révèlent que l'adoption d'une *lingua franca* améliore la diffusion des technologies et des connaissances.

Dans une perspective *ex post*, l'économie permet d'évaluer objectivement l'efficacité d'une politique linguistique. Quant à l'approche prédictive, elle identifie les politiques linguistiques optimales en fonction des besoins spécifiques d'un contexte donné, aidant ainsi à anticiper les gains potentiels en termes de productivité et de bien-être économique. Il est possible de synthétiser les dimensions de la construction et de l'impact d'une politique linguistique prises en compte par les différents modèles de la science économique à l'aide du schéma de Garrouste (2007) appliqué à son étude doctorale en économie des déterminants et conséquences des politiques de langues d'instruction (Figure 1).

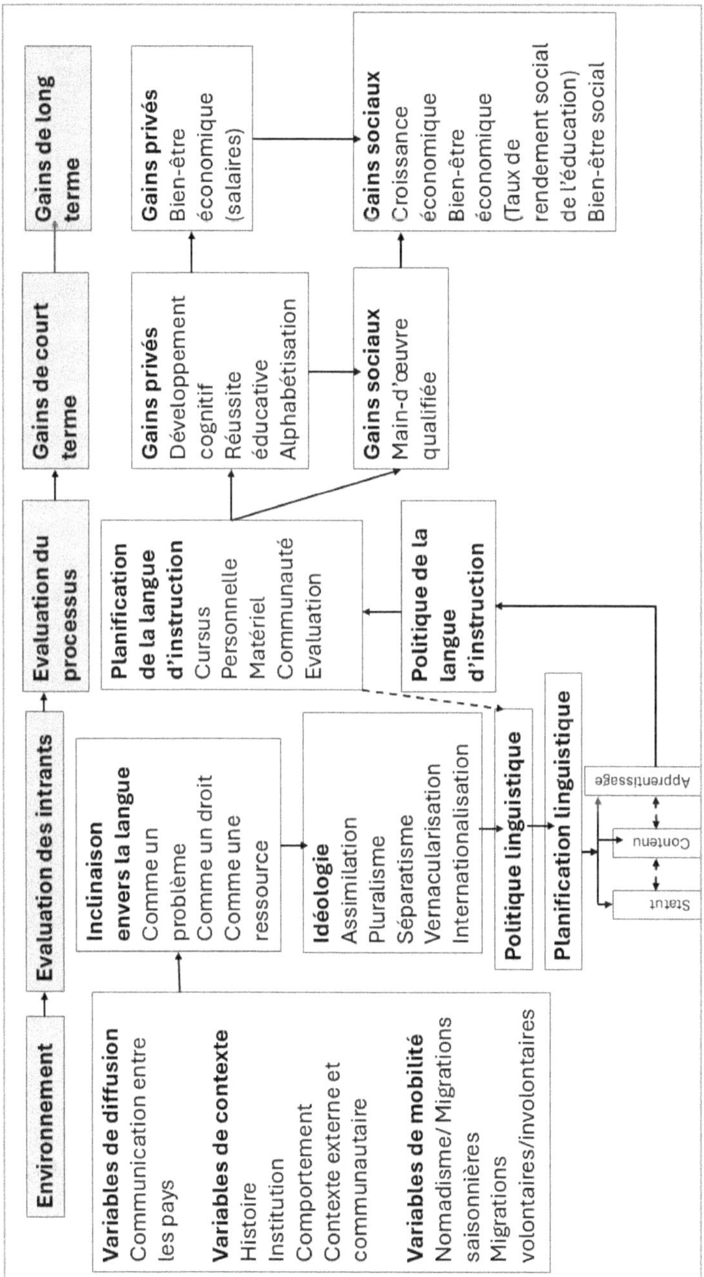

Figure 1. Cadre d'analyse des politiques linguistiques
Source : Garrouste (2007, p. 12), traduit en français par l'auteur.

La Figure 1 permet d'évaluer les politiques linguistiques en tenant compte du cadre environnemental, à travers des variables de diffusion, des variables contextuelles et des variables de mobilité ; pour évaluer les intrants (inclinaison envers la langue : comme un problème, un droit ou une ressource ; idéologie : assimilation, pluralisme, séparatisme, vernacularisation, internationalisation) qui influent sur la politique linguistique elle-même et la planification linguistique. Les intrants ont alors une incidence sur le processus de mise en place de la politique linguistique via la politique de langue d'instruction et sa planification. Les modèles de théorie des jeux et d'externalité de réseaux contribuent spécifiquement à cette étape d'analyse en estimant la rationalité du choix de politique linguistique en fonction de ces intrants. Une fois la rationalité du processus estimée, il est possible d'évaluer les résultats de court-terme et les résultats de long-terme grâce aux modèles néoclassiques macroéconomiques et microéconomiques présentés dans ce chapitre.

Les langues ont donc une valeur significative pour les économistes qui ont eux-mêmes un rôle stratégique à jouer dans les choix de politique linguistique et la normalisation de l'apprentissage et usage des langues.

Bibliographie

ACEMOGLU, D., JOHNSON, S., & ROBINSON, J. A. (2001). *The Colonial Origins of Comparative Development: An Empirical Investigation*. American Economic Review, 91(5), 1369-1401.

ALCOUFFE, A. (2013). Economie des langues et des politiques linguistiques, dans KREMNITZ G. *et al.* (Ed.), *Histoire sociale des langues de France,* Rennes, Presses universitaires de Rennes.

BECK T., DEMIRGÜÇ-KUNT A., LEVINE R. (2016). *Finance, Inequality, and Poverty: Cross-Country Evidence (June 2004).* Available at SSRN: https://ssrn.com/abstract=610382

BECKER G. S. (1957). *The Economics of Discrimination.* University of Chicago Press.

BECKER G. S. (1964). *Human Capital: A Theoretical and Empirical Analysis, with Special Reference to Education.* Columbia University Press.

BLUME A. (2000). *Coordination and learning with a partial language.* Journal of Economic Theory, 95(1), 1-36.

BORJAS G. J. (1984). *Immigrants and the Labor Market.* Carnegie-Rochester Conference Series on Public Policy, 21, 229-296.

CARLINER G. (1980). *Wages, Earnings and Hours of First, Second and Third Generation American Males.* Economic Inquiry, 18(1), 87-102.

CHISWICK B. R., MILLERP. W. (1992). *Language in the Labor Market: The Immigrant Experience in Canada and the United States.* Queen's Economics Department Working Paper No. 784.

CHISWICK B. R., MILLER P. W. (2002). *Immigrant Earnings: Language Skills, Linguistic Concentrations and the Business Cycle.* Journal of Population Economics, 15(1), 31-57.

CHURCH J., & KING I. (1993). *Bilingualism and Network Externalities.* The Canadian Journal of Economics, 26(2), 337-345.

DALMAZZONE S. (1999). Economics of Language: A Network Externalities Approach, *in* A. Breton (Eds.), *Exploring the Economics of Language.* Quebec: The Department of Canadian Heritage.

DE SWAAN A. (2001). *Words of the world: The global language system.* Cambridge: Polity Press and Blackwell, 2001. Pp. xi, 253.

FIDRMUC J., FIDRMUC J. (2009). *Foreign languages and trade.* Discussion Paper No 7228, C.E.P.R. London.

FIDRMUC J., FIDRMUC J. (2016). *Foreign languages and trade: evidence from a natural experiment.* Empirical Economics, (2016) 50, 31-49.

GANG C. *et al.* (2023). *Dynamic co-movement between economic growth and language: A new perspective of technological progress.* International Review of Economics and Finance, 85(2023), 705-721.

GARROUSTE C. (2007). *Determinants and Consequences of Language-in-Education Policies: Essays in Economics of Education* (Doctoral dissertation, Department of Education, Stockholm University).

GARROUSTE C. (2008). *Language skills and economic returns.* Policy Futures in Education, 6(2), 187-202.

GARROUSTE C. (2011). *Explaining learning gaps in Namibia: The role of language proficiency.* International Journal of Educational Development, 31(3), 223-233.

GOODY J. (1986). *La logique de l'écriture : l'écrit et l'organisation de la société.* Malakoff : Armand Colin, [1986] 2018.

GLAZER J., RUBINSTEIN A. (2001). *Debates and decisions: On a rationale of argumentation rules.* Games and Economic Behavior, 36(2), 158-173.

GLAZER J., RUBINSTEIN A. (2004). *On Optimal Rules of Persuasion.* Econometrica, 72(6), 1715-1736.

GLAZER J., RUBINSTEIN A. (2006). A Study In the Pragmatics of Persuasion: A Game Theoretical Approach, *in* K. R. APT and R. VAN ROOIJ (Eds.), *New Perspectives on Games and Interaction.* Amsterdam: Amsterdam University Press.

GRICE H. P. (1989). *Studies in the Way of Words.* Harvard University Press.

GRIN F. (2022). Reflections on Language as a Vehicle of Economic Value, *in* W. McLeod *et al.* (Ed.), *Language, Policy and Territory.* Genève: Springer Nature.

HARDIN G. (1968). *The Tragedy of the Commons.* Science, 162 (3859), 1243-1248.

HOWIE S. J. (2002). *English language proficiency and contextual factors influencing mathematics achievement of secondary school pupils in South Africa.* Enschede: PhD Dissertation. University of Twente.

HOWIE S. J. (2005). Contextual Factors at the School and Classroom Level Related to Pupils' Performance in Mathematics in South Africa, *Educational Research and Evaluation: An International Journal on Theory and Practice,* 11(2), 123-140.

HUTCHINSON W. (2002). *Does ease of communication increase trade? Commonality of language and bilateral trade.* Scottish Journal of Political Economics, 49, 544-556.

IPSHORDING P., OTTEN S. (2013). *The costs of Babylon : linguistic distance in applied economics.* Review of International Economics, 21(2), 354-369.

ISARD W. (1954). *Location Theory and Trade Theory: Short-Run Analysis.* The Quarterly Journal of Economics, 68(2), 305-320.

JAYAWICKRAMA D., NAWARATHNA L. (2024). *An Analytical Review of Language Economics with a Discussion on Language Use, Policy and Planning in Sri Lanka.* Asian Journal of Economics, Business and Accounting, 24(7), 159-175.

JONES C. I. (1995). *R&D-Based Models of Economic Growth.* Journal of Political Economy, 103(4), 759-784.

KELLER W. (2002). *Geographic Localization of International Technology Diffusion.* American Economic Review, 92(1), 120-142.

KIM J., KIM Y., ZHOU J. (2021). *Time encoding in languages and investment efficiency.* Management Science, 67(4), 1993-2656.0

LAITIN D., RAMACHANDRAN R. (2022). *Linguistic diversity, official language choice and human capital.* Journal of Development Economics, 156, Article 102811.

LEE C. G. (2012). *English language and economic growth: Cross-country empirical evidence.* Journal of Economic and Social Studies. 2(1), 5-20.

LEFAY S. (2015). *L'éloquence des pierres – Usages littéraires de l'inscription au 18e siècle.* Paris : Classiques Garnier.

LIANG H., MARQUIS C., RENNEBOOG. L., SUN S. L. (2018). *Future-time framing: The effect of language on corporate future orientation.* Organization Science, 29(6), 1093-1111.

LI Y., TENG W., TSAI L. (2022). *Does English proficiency support the economic development of non-English-speaking countries? The case of Asia.* International Journal of Educational Development. 92(C), Article 102623.

LIPMAN B. L. (2009). *Why is Language Vague?* European Economic Review, 53(2), 273-287.

MARSCHAK J. (1965). *Economics of Language.* Behavioral Science, 10 (2), 135-140.

MELITZ J. (2008). *Language and Foreign Trade.* European Economic Review, 52(4), 667-699.

MELITZ J., TOUBAL F. (2014). *Native Language, Spoken Language, Translation and Trade.* Journal of International Economics, 93(2), 351-363.

MENGER C. (1883). *Investigations into the Method of the Social Sciences with Special Reference to Economics.*

MINCER J. (1974). *Schooling, Experience, and Earnings.* National Bureau of Economic Research.

PARIKH R. (1991). *Communication and Knowledge.* Journal of Economic Theory, 52(1), 178-189.

ROBBINS L. (1932). *An Essay on the Nature and Significance of Economic Science.* London: Macmillan.

ROBINSON D. (2020). *Ethnic diversity, segregation and ethnocentric trust in Africa.* British Journal of Political Science, 50(1), 217-239.

ROMER P. (1990). *Endogenous Technological Change.* Journal of Political Economy, 98(5, Part 2), S71-S102.

RUBINSTEIN A. (2000). *Economics and Language.* Cambridge University Press.

SALMON P., BRETON A. (2006). *Titre de l'ouvrage ou de l'article* (à compléter).

SCHACHT R. (1973). *Anthropologie culturelle de l'argent.* Paris : Payot.

SELTEN R., POOL J. (1991). The Distribution of Foreign Language Skills as a Game Equilibrium. In *Game Equilibrium Models I* (pp. 64-87). Springer.

SPERLISH T., URIARTE M. (2015). *Economics and (Minority) Language: Why is it Hard to Save a Threatened Language.*

VAILLANCOURT F. (1980). *Differences in Earnings by Language Groups in Quebec, 1970: An Economic Analysis.* Laval Univ., Quebec (Quebec): International Center for Research on Bilingualism. ICRB-B-90.

ZHANG W., GRENIER G. (2012). *How can Language be linked to Economics? A Survey of Two Strands of Research,* Language Problems & Language Planning, January 2012.

Langue(s) et droit(s), approche juridique[1]

Marie CORNU
Juriste, Directrice de recherche au CNRS
ISP

Les connexions entre droit et langue sont de haute intensité. Le droit passe puissamment par la langue, dans la mesure où l'acte de nomination juridique est un acte créateur, un acte de langage producteur d'effets de droit. D'aucuns soutiennent en l'occurrence que le droit est né avec le langage, qu'il est né dans le langage ou plus justement qu'il s'énonce et s'ordonne dans cet espace du langage. Si on regarde d'un peu plus près, en réalité, on s'aperçoit qu'il n'y a pas un mais des langages du droit. Toutes sortes de formes langagières cohabitent dans le droit, parfois même coexistent : le langage écrit ou oral – on désignait sous l'ancien régime les pays de droit écrit – le langage des silences – qui ne dit mot, consent – celui des signes matériels du droit – les bornes de mon champ, la frontière naturelle qui se fond dans la frontière juridique – le langage des gestes – la main levée en forme d'acquiescement ou d'interdiction – celui encore des couleurs, des images ou des bruits – la tombée du marteau du commissaire-priseur.

La diversité langagière vient aussi de la pluralité des systèmes juridiques. Ils se construisent autour de ce lien intime entre le droit et la langue. Les formes langagières disent en effet des choses de la culture qui les nourrit, s'inscrivent dans un certain terreau, même si évidemment les systèmes ne fonctionnent pas en vase clos. D'abord ils ont un héritage en commun, celui de la *lingua franca* latine, patrimoine partagé entre de nombreux États européens et extra-européens[2]. Ensuite les modes de circulation des notions, y compris dans les façons de les nommer en droit, sont constants et anciens. Ces mouvements prennent des formes diverses, phénomènes d'emprunts, de calques, de résurgences, de recréations. Il reste que certains mots, si intimement ancrés dans un certain territoire, ne sont guère exportables ; ce que Barbara Cassin, philologue et philosophe a nommé les intraduisibles. Un certain nombre de mots dans le droit peinent à passer d'une langue à l'autre tout simplement parce que l'idée portée par le mot ne s'exporte pas. Il n'y a

---

[1] Ce texte est tiré d'une publication italienne réalisée par des linguistes, faisant suite à un colloque organisé à Milan. Je salue ici la mémoire de Marie-Christine Jullion avec qui nous avons eu des collaborations et échanges si fructueux. Ce texte en constitue un abrégé. Pour la version longue, v. J.-P. DUFIET et M.-C JULLION (éds), *Les Nouveaux langages au tournant du XXIe siècle*, Milan, LED, 2021.

[2] Sur l'idée d'un héritage partagé au travers des *lingua franca*, le latin mais aussi le français, l'anglais, l'allemand, l'espagnol, H. E.S. MATTILA, *Jurilinguistique comparée, langage du droit, latin et langues modernes*, (texte J.-C. GEMAR) ED. Yvon Blais, 2012.

pas d'équivalents possibles ou s'ils existent, leur emploi peut être trompeur. C'est par exemple le cas du *trust,* institution typique de la *Common law*, ou du *waqf* du droit musulman pour ne prendre que deux exemples emblématiques.

Ce qui est sûr, c'est que l'entrée par le langage dit puissamment des choses du fond du droit. Élaborer un langage du droit c'est penser le droit par les mots et par les relations qu'ils entretiennent entre eux. L'activité du juriste consiste pour beaucoup à nommer les choses. Mais, la plupart des ouvrages d'introduction au droit, ou encore ceux qui prennent pour objet les discours du droit, alors qu'ils s'intéressent à l'élaboration du droit, négligent le plus souvent la façon dont il formule ses énoncés, dont il déploie à différents niveaux une activité langagière. La mise en mots du droit est pourtant une des marques de distinctivité de la norme juridique. Et l'on peut soutenir que la façon de désigner les choses a en soi du sens, doit aussi être rapportée à la question de la charge juridique qu'emporte le mot. Les mots sont l'enveloppe charnelle du droit, d'où l'intérêt d'étudier, en propre, le langage du droit comme langue de spécialité[3], ce à quoi s'attelle la linguistique juridique[4]. On trouve une première occurrence de ce terme dans la littérature juridique française dans l'ouvrage magistral de François Gény, *Science et technique en droit privé positif*, somme de trente années de réflexion sur les modes d'élaboration du droit. Dans la troisième partie qui s'intitule *Élaboration technique* du droit positif, il consacre un chapitre entier à cette question du langage[5].

Travaillant sur ce rapport du droit au langage, je voudrais m'intéresser à ses mutations au gré des transformations sociales et politiques qui marquent nos sociétés contemporaines. Je prends le droit compris dans la relation intime qu'il entretient avec le social, le droit compris lui-même comme phénomène social. Sous cette perspective d'interaction entre droit et société, le droit, assurément, par ce canal du langage, est un acteur de ces

---

[3] V. sur cette notion, J.-C. GEMAR, « Les fondements du langage du droit comme langue de spécialité. Du sens et de la forme du texte juridique », *Revue Générale de Droit*, Volume 21, numéro 4, déc. 1990.

[4] Sur ce langage de spécialité que constitue le droit, G. CORNU, *Linguistique juridique*, Précis Domat, LGDJ, 2005. Sur l'histoire déjà longue de cette science même si on ne la nomme pas ainsi, J.-C. GEMAR, « De la lettre à l'esprit. L'épopée de la jurilinguistique canadienne », *Revue de Droit de l'Université de Sherbrooke*, vol. 46, n°2. Pour une perspective savante de droit comparé, H. E.S. MATTILA, *Jurilinguistique comparée, langage du droit, latin et langues modernes*, *op. cit.*

[5] Le chapître ne fait pas moins de 50 pages. F. GENY, *Sciences et techniques en droit privé positif, troisième partie, Élaboration technique du droit positif*, Recueil Sirey, 1921.

transformations. Il en est aussi un révélateur[6]. Quels sont, dans le langage, les signes de ces mutations ? Je me concentre ici sur le vocabulaire, ce que les linguistes désignent comme le corps de la langue[7]. Les mots, en ce qu'ils sont porteurs d'un sens juridique, sont les unités de base de l'esprit juridique[8]. Le pouvoir créateur du droit et sa capacité d'agir sur la réalité sociale s'expriment d'abord dans l'exercice de nomination. Nommer, c'est, d'une certaine façon, normer, c'est-à-dire installer dans les mots une sorte de programme normatif[9]. Avant d'en saisir la portée, avant de questionner ce rapport entre le signifiant et le signifié (II), il faut regarder de plus près cet acte de désignation et les méthodes que déploie l'institution du droit dans cet exercice (I).

I. Modes et méthodes de désignation

Dans cette question du vocabulaire et des modes de désignation, on peut introduire une première distinction entre d'un côté le vocabulaire du droit, ce sont les mots puisés dans les sources du droit, la constitution, les lois, les règlements et de l'autre le vocabulaire de la science du droit. La création langagière est aussi du côté du discours sur le droit, des commentateurs, des chercheurs, de la doctrine, ce qu'on peut appeler un métalangage que le théoricien ou encore le comparatiste utilise ou crée pour décrire des concepts du droit[10]. C'est par exemple la théorie du patrimoine développée par la doctrine allemande (Zachariae) reprise et acculturée aussi en France par les professeurs français Aubry et Rau ou encore la notion d'intérêt juridiquement protégé de Jhering. Il faudrait sans doute aussi distinguer entre le travail de la dogmatique qui cherche à ordonnancer, à systématiser le droit et celui de l'analyse critique du droit, de la recherche en droit. Les deux postures intellectuelles ne sont pas les mêmes. Sous ces remarques, la science du droit est assurément une source de création langagière qui dit des choses de l'évolution du droit. Je la laisserai pourtant de côté pour ne considérer que le discours du droit, dans la mesure où c'est dans ce vocabulaire du droit que se joue la relation entre le mot et la chose, entre le

[6] C'est ce rapport entre droit et mutations sociales qu'explore savamment Jacques COMMAILLE dans un ouvrage désormais incontournable, *A quoi nous sert le droit*, 2015. Ses travaux ont très largement inspiré cette contribution autour du langage et du droit.

[7] A. MAGNANT, *Le français langue du droit*. Actes du colloque international, Poitiers, 6 et 7 nov. 1997 (dir. I. DE LAMBERTERIE, D. BREILLAT), PUF, 2000, p. 26.

[8] Jean-Louis Sourioux dans son introduction au droit, l'un de ceux qui prennent au sérieux la question linguistique dans le droit, évoque cette idée de produits de base de l'esprit juridique à propos des notions juridiques. J-L. SOURIOUX *Introduction au droit*, PUF, 1987, p. 42.

[9] J'emprunte ici aux travaux d'Olivier JOUANJAN et Friedrich MÜLLER, *Avant Dire Droit. Le texte, la norme et le travail du droit*, coll. « Dikè », Québec, Les Presses de l'Université Laval, 2007 ; v. aussi O. JOUANJAN, « Faillible droit », *Revue européenne des sciences sociales*, vol. xxxviii, no. 3, 2000, pp. 5-5.

[10] M. TROPER, *Le droit et la nécessité*, PUF, 2011, p. 266.

mot et le contenu normatif qu'il porte[11]. C'est ce couple du signifiant et du signifié que je voudrais explorer sous cette perspective des transformations de nos sociétés.

Penser le droit, c'est penser les mots pour le dire. Dans le droit français comme dans un certain nombre d'autres droits qui appartiennent à cette même famille de droit romano-germanique, le nominalisme est principalement du ressort du législateur[12]. La création langagière est surtout le fait de la loi, même si elle n'en a pas le monopole.

En amont, le mot a pu naître de la coutume ou de certains usages et ensuite entrer dans la sphère du droit. Par exemple, lorsque la première loi sur les monuments historiques est adoptée en France, dont la protection est arrimée à la notion d'intérêt d'histoire ou d'art, cette notion prise dans la maille du droit a déjà une charge conceptuelle. L'expression est dans la pratique, forgée depuis bien longtemps par les savants, reprise par l'administration en charge de leur protection, et ce alors même que le droit vient plus tard.

En aval, il arrive que le juge crée de nouvelles notions, introduisant de nouveaux mots, en particulier dans le silence des textes. Quand les juges, pour qualifier l'œuvre de l'esprit, font émerger le concept d'originalité dans le courant du XIXe siècle, le mot n'est pas dans la loi, il deviendra pourtant le critère clé dans la qualification de l'œuvre. Même si le codificateur, en 1992, n'a pas introduit le terme, ce n'en est pas moins ce critère qui fait juridiquement exister l'œuvre.

Mais plus précisément quels sont ces mots du droit ? Comment se réalise l'opération de désignation qui marque ce passage dans le droit d'un certain nombre de notions ? En réalité, plusieurs cartographies du vocabulaire du droit ont été suggérées par les juristes ou les jurilinguistes. Une première distinction oppose les termes qui sont en partage avec les mots du langage courant et ceux que le droit crée en propre, les mots dits d'appartenance exclusive[13]. La première catégorie est la plus importante quantitativement. Comme le souligne François Gény, principalement et nécessairement, le droit « *puisera dans le langage courant, qui nous offre le fonds commun, où s'alimentent tous les canaux faisant circuler les idées à travers la vie sociale* ». Le droit tire de ce fond commun une langue spécifique et, l'inféodant à son but propre, parfois en change ou en tord le sens. Il prend

---

[11] Les deux registres de vocabulaire se mêlent parfois, lorsque par exemple le vocabulaire de la doctrine entre dans celui du droit. On peut ici citer la distinction des obligations de résultat et des obligations de moyen dégagée par R. DEMOGUE, *Traité des obligations en général*, t.V, Paris, 1925, n°1237.

[12] G. CORNU, *Linguistique juridique*, *op. cit.*, p. 27.

[13] *Ibid.*, p. 62.

quelque part ses distances. Quand par exemple le droit définit l'œuvre d'art, il ne cherche pas à dire ce qu'est l'art, mais simplement quelles œuvres il entend protéger. Quand il définit le contrat, il en précise les contours de sorte qu'il produise un effet. Il marque ces notions « *d'un cachet proprement juridique* »[14].

Une deuxième distinction a été suggérée entre les termes purement techniques, et les termes renvoyant à un système de valeurs. Les premiers sont selon l'expression de Jean-Louis Sourioux, « *les outils conceptuels élémentaires du juriste (...) pierres angulaires des règles juridiques (elles) ont vocation à la durée* »[15] : la notion de contrat, de prescription, d'action en justice, en voici quelques exemples. Les secondes désignent des notions qualifiées d'idéologiques en ce qu'elles portent une certaine idée du droit. Elles sont aussi structurantes dans nos systèmes de droit, elles en sont les piliers principaux : la famille, le mariage, la propriété, la personne, les droits subjectifs, les sujets de droit, les droits fondamentaux...

Une troisième distinction peut être évoquée entre les mots à sens déterminé et les termes intentionnellement indéterminés. Ces derniers sont encore appelés notions cadre ou à contenu variable, notions ouvertes à une multitude d'applications ou d'interprétations. Elles appellent une nécessaire médiation, celle du juge en particulier. Un juriste allemand évoquait à ce propos les règles légales rigides et les règles susceptibles de construction[16], en somme laissant place à un travail d'interprétation. Ce sont par exemple les notions de bon père de famille aujourd'hui disparue – rayée de la carte du vocabulaire juridique – la bonne foi, les bonnes mœurs, l'ordre public, l'abus de droit, notions par nature évolutives qu'une formulation trop rigide desservirait d'une part et qui d'autre part sont puissamment déterminées par le contexte social et politique. La lecture de Geny est à nouveau éclairante : « *le juriste réserve place à des formations linguistiques, plus malléables et plus souples, qui soient mieux capables de mouler les réalités flottantes et molles, dont les institutions du droit restent, bon gré mal gré, enveloppées* »[17]. Où le réel rattrape le droit, où l'on saisit, au travers de ces mots, à quel point le droit est pénétré, travaillé par le monde réel[18].

Précisément, c'est une autre ligne de frontière qui concerne ce rapport au réel. Le droit a son lot de termes concrets, mais aussi ses abstractions, outils affirmés comme essentiels de la pensée juridique même s'ils sont

---

[14] F. GENY, *op. cit.*, p. 463.
[15] J.-L. SOURIOUX, *Introduction au droit*, *op. cit.*, p. 43.
[16] F. REGELS-BERGER, cité *in* note 1, F. GENY, *op. cit.*, p. 465.
[17] F. GENY, *op. cit.*, p. 464.
[18] Geny distinguait, les termes empruntés à la vie courante, ceux tirés des disciplines vie sociale, notions politiques, économiques, proprement juridiques, Tome III, p. 468.

minoritaires. Ils se rattachent à cette famille de termes que l'on dit d'appartenance exclusive. Jean-Louis Sourioux indique que selon les matières on utilise un vocabulaire tantôt concret, tantôt abstrait. Le droit des biens qui fixe le statut des choses, du foncier, des objets et organise le rapport entre les personnes et les choses s'attacherait plutôt à décrire le réel et en effet la classification majeure des biens entre les meubles et les immeubles – c'est la règle faitière dans le Code civil – est principalement ordonnée autour d'un critère physique, la capacité ou non à se déplacer. Au contraire, le droit des obligations qui concerne les relations entre les personnes mobiliserait davantage le registre de l'abstraction avec, autour de la figure de l'obligation, toute une galaxie de termes et de techniques juridiques.

Au travers de ces différents actes de nomination, de catégorisation, le droit dans sa fonction langagière, prescrit. Il faut se pencher sur la vocation normative du langage du droit.

II. Quand nommer, c'est normer

Le langage du droit est un moyen d'élaboration technique du droit positif[19]. Il est « *l'instrument le plus indispensable de mise à effet des éléments substantiels du droit* »[20], Geny écrit encore que « *l'adaptation linguistique reste (...) la partie capitale de la technique proprement législative* »[21]. C'est dire le pouvoir performatif du langage dans le droit. La théorie linguistique des actes de langage[22] a en l'occurrence connu un grand succès chez les juristes[23]. Le fait est que, chez Austin, les « *premiers exemples d'énoncés performatifs sont justement des performatifs « objectifs », très proches du domaine juridique* »[24]. L'acte de nomination juridique est un acte créateur, un acte de langage producteur d'effets de droit. « *Nommer c'est dire mais c'est plus que dire* »[25]. Cette dimension performative se manifeste dans les discours multiples du droit, celui du législateur, celui du juge ou des praticiens, celui de l'administration et

---

[19] Pour une explication de cette notion de technique juridique dont le langage constitue un des procédés, F. GENY, *op. cit.*, p. 22.

[20] F. GENY, *op. cit.*, p. 455.

[21] *Ibid.*, p. 456.

[22] J. L. AUSTIN, *How to Do Things with Words*. Cambridge (Mass.), 1962 ; S. LAUGIER, « Acte de langage ou pragmatique ? », *Revue de métaphysique et de morale*, vol. 42, no. 2, 2004, pp. 279-303.

[23] G. CORNU, *Linguistique juridique*, *op. cit.*, p. 44.

[24] J. BOUVERESSE, *Propos introductifs, Théorie des actes de langage, éthique et droit* (dir. Paul Amselek), PUF, 1986, p. 11.

[25] F. LEIMDORFER, « Le pouvoir de nommer et le discours juridique : deux exemples d'acte de parole en droit », *Sociétés contemporaines* N°18-19, Juin / Sept. 1994. Langage en pratique. p. 149. V. aussi B. CASSIN, *Quand dire, c'est vraiment faire*, Fayard, 2018.

encore des usagers, ensemble d'acteurs qui mettent au contact le droit et le fait.

Dans cette considération de la dimension performative du droit, on peut revenir un instant sur le rapport qu'entretient le droit au réel, au travers de ses formulations langagières. Lorsque, cherchant à saisir une réalité sociale, le droit interpose son propre vocabulaire, ses propres catégories, il cherche à en contenir le sens, à normaliser d'une certaine façon cette réalité, à lui imposer sa propre normalité. On peut évoquer ici la façon dont les États ont interprété par exemple dans la charte des langues régionales et minoritaires cette notion, l'ont investi dans un certain sens, parfois lui ont donné un contenu politique, par exemple en mobilisant les critères d'européanité ou encore de pratique historique pour exclure du champ d'application certaines de ces langues[26].

Ce rapport au réel prend un tour particulier lorsque le droit a recours à la technique de la fiction juridique. Elle est définie dans le vocabulaire juridique comme « *un artifice de la technique juridique* », sorte de mensonge de la loi, mais de mensonge assumé qui consiste à faire comme si, à supposer un fait contraire à la réalité, à le qualifier d'une certaine façon pour lui étendre des effets de droit. L'exemple par excellence de cette altération du réel à des fins juridiques est la personne morale. On la considère comme une personne au sens juridique du terme, même si ça n'est pas la personne au sens où on l'entend communément dans la langue courante. On pourrait encore citer dans notre galerie des fictions, l'absent assimilé au mort ou encore les clauses réputées non écrites dans les contrats. On mesure ici le pouvoir créateur du droit, redessinant les frontières des mots à sa guise, les réinventant selon ses besoins. Bentham était parti en guerre contre les fictions, qu'il considérait comme un mensonge de la loi, une façon de masquer le sens du droit, estimant qu'elle devait être proscrite. C'est au nom du réel que la pertinence du discours juridique est contestée par les politistes, fait remarquer Jacques Caillosse : « *les mots du droit feraient diversion, cachant les faits pour mieux nous en distraire. Soit que le juridique dresse un écran de normes entre l'observateur et la réalité, soit qu'il donne de cette dernière une représentation à ce point déformée qu'elle en devient méconnaissable* »[27]. Mais, selon l'auteur on pourrait objecter que le droit n'a pas pour objet « *l'élucidation du réel* » et « *que le texte juridique ne donne*

---

[26] Sur ces variations d'interprétation selon les États, quant au champ d'application matériel de la charte et la mobilisation de critères tantôt objectifs ou revendiqués comme tels et subjectifs, V. GUSET, *L'interprétation de la Charte européenne des langues régionales ou minoritaires*, thèse Université de Bordeaux, 2017, p. 53 et plus spécialement sur le critère d'européanité, p. 73.

[27] J. CAILLOSSE, « Droit et politique : vieilles lunes, nouveaux champs », *Droit et société*, n°26, 1994. Justice et médias, p. 134.

pas à lire le réel dans la transparence des mots et ne dit rien sur l'efficacité sociale du droit en général ».[28] Et si l'on revient à cet espace de rencontre entre le fait et le droit, la fiction joue un rôle central lorsque les catégories classiques du droit sont impuissantes à saisir certaines réalités sociales. Lorsque la doctrine suggère de mobiliser la notion de personne pour assurer la défense de la nature, c'est bien, par le canal de cette abstraction, une façon de faire entrer cette chose dans la sphère du droit, de la faire exister dans le droit. Elle est un outil puissant de négociation entre le droit et le fait.

Dans cette relation entre l'action de nommer et celle de normer, entre le signifiant et le signifié, entre le mot et la chose se pose la question de savoir le lieu de cette rencontre. Les deux opérations sont-elles liées en toute hypothèse ? Si en somme les mots du droit viennent dans le texte avec un sens prédéterminé que le juge alors se contenterait d'appliquer, ou dans le cas où la formulation en serait obscure, s'attacherait à en révéler le sens, recherchant par exemple l'intention du législateur. C'est la théorie classique de l'interprétation législative[29]. Montesquieu écrivait en ce sens « *les juges de la nation ne sont que la bouche qui prononce la parole de la loi, des êtres inanimés qui n'en peuvent modérer ni la force ni la valeur* »[30]. La question est celle de la charge juridique et conceptuelle des mots lorsqu'ils paraissent dans le droit. Il faut ici laisser de côté les mots à contenu indéterminé, « *puits percés dans la toile du texte législatif* »[31], ils sont ouverts à une multitude d'applications. Leur sens se construit au contact de la réalité. Il y a par conséquent volontairement une distance entre l'énoncé de la norme et sa réalisation et le moment où elle prend corps. Ce sont des mots en instance. Mais pour d'autres notions dont on peut penser qu'elles ont un contenu plus précis, peut-on toujours affirmer que le sens en est donné et fixé dans les textes, que le sens en est prédéterminé ? Le droit ne devrait-il être trouvé que dans les mots du droit, *« les faits de droit perçus à travers les seuls faits de texte »* ? tenant ainsi à distance *« toute réflexion soucieuse de social* »[32]. Peut-on considérer que le juriste est un « *guetteur ou un rabatteur* », attaché à extraire le sens des mots ?[33] La norme serait tapie dans l'ombre des codes, le sens fixé dans le texte indissociablement lié à son enveloppe corporelle, le signe.

---

[28] *Ibid.*

[29] M. SAMSON, « La théorie structurante du droit : plaidoyer pour une redéfinition de l'agir juridique », *Lex Electronica*, vol. 14 n°1, Printemps/Spring 2009, p. 2.

[30] MONTESQUIEU, *De l'esprit des lois*, Paris, Tome 1, Garnier, 1961, pp. 162-174.

[31] A. LAJOIE, R. ROBIN, A. CHITRIT, « L'apport de la rhétorique et de la linguistique à l'interprétation des concepts flous », *in* D. BOURCIER, P. MACKAY (dir.), *Lire le droit. Langue, texte, cognition*, LGDJ, coll. « Droit et Société », 1992, p. 157.

[32] J. CAILLOSSE, *op. cit.*, p. 131.

[33] O. JOUANJAN, « Faillible droit », *op. cit.*, p. 66.

Les tenants de la théorie structurante du droit, portée par Friedrich Müller dans les années 60, ont discuté l'idée que la juridicité de la norme serait à rechercher du côté de l'instance objective appelée droit. Ils considèrent que ce serait là nier ou minorer le pouvoir créateur du juge[34].

Selon Müller, « *la normativité juridique ne se trouve pas dans un texte de norme comme un magot dans une chasse au trésor* »[35], elle « *ne se trouve pas dans le Code législatif mais elle est produite, de façon créative, par le juriste au cours du processus méthodique de résolution du cas litigieux qui lui est soumis* ». Par conséquent « *le texte de loi est un simple énoncé linguistique, un texte comme n'importe quel autre « de nature non normative ». Son rôle consiste uniquement à fournir les données linguistiques à partir desquelles s'amorce le processus menant à la normativité* ». Dans ce découplage entre l'action de nommer et celle de normer, le texte joue un rôle, il n'est pas totalement neutre. « *Il établit les paramètres pertinents, le programme normatif qui présidera à la structuration de la norme* ». Il est une « donnée de départ » mais le processus se poursuit en dehors du texte. La norme est l'opération de concrétisation, de mise en œuvre. Rejetant le terme d'application, Müller voit cette phase de concrétisation de la norme comme « *une opération juridique dans un système politique, social, culturel donné* », qui inclut une phase d'interprétation mais ne s'y réduit pas[36]. Laissant de côté l'analyse conceptualiste, elle remet le langage du droit au contact du réel.

Dans une autre école de pensée, ce découplage est plus nettement affirmé encore. Défendue par Michel Troper, théoricien du droit, elle consiste à dire qu'il n'y a aucun sens déterminé avant que le terme ne soit confronté à un cas donné. La signification de la norme ne vient pas avec le texte, celle-ci étant librement déterminée par l'interprète.[37] « *C'est lui qui insère la norme dans le texte* »[38]. Mais si l'on peut penser que « *l'espace de discrétionnarité* »[39] de celui qui met en mouvement le texte, de celui qui en actionne la charge prescriptive, peut varier, le mot ne vient pas vide de sens dans son énoncé. La loi, en l'occurrence, peut déterminer un certain nombre d'éléments définitoires. Pour le droit, l'auteur est celui qui crée, en sa qualité de personne physique, le patrimoine culturel est un ensemble de biens meubles et immeubles revêtus d'un certain intérêt d'histoire ou d'art… Il y a

---

[34] M. SAMSON, *op. cit.*, p. 6.

[35] O. JOUANJAN, F. MÜLLER, *op. cit.*

[36] Sur les opérations intellectuelles qui mènent à la formation de la norme juridique dans la théorie structurante du droit, O. JOUANJAN, « Faillible droit », *op., cit.*, p. 75.

[37] Pour une critique de cette thèse, O. JOUANJAN, « Faillible droit », *op., cit.*, p. 73.

[38] *Ibid.*

[39] Pour reprendre une expression utilisée par O. JOUANJAN, évoquant la *Théorie pure du droit* de KELSEN, *ibid.*, p. 73.

déjà, déposé là, une strate normative. Il reste que la part du juge dans la co-construction du sens est déterminante. C'est qu'il statue ici et maintenant, dans un certain contexte social et avec le temps et l'évolution des sociétés, ces notions nécessitent d'être comprises autrement.

Dans les différentes places de l'élaboration du droit, les juristes, au travers de leur activité langagière, ont un pouvoir d'agir sur le réel, sur le social. Yann Thomas avait savamment exploré ce qu'il désignait sous le terme d'opérations du droit, les « *techniques par lesquelles le droit ne cesse de construire, à l'aide de mêmes catégories de nouveaux objets* ». Ce en quoi le langage du droit est fondamentalement un lieu de transformation sociale.

Partie 1 : Les langues du droit

Introduction

Pascale GONOD
Professeure de droit public
Université Paris 1 Panthéon-Sorbonne, IRJS

Les réflexions contemporaines menées sur les langues du droit semblent avoir été revivifiées, dans le champ juridique, au confluent de deux mouvements, celui de la reconnaissance des langues régionales et celui de l'intégration de la France dans des espaces supra-nationaux, notamment européens. C'est dire combien les rapports des langues et du droit touchent, dans l'hexagone[1], à la question territoriale. Certes, c'est incontestablement à cette source que puise la reconnaissance du français comme langue du droit, son expression traduisant les préoccupations liées à l'affirmation de l'unité et de l'identité nationales, et à travers elles, du principe d'égalité[2]. Toutefois, elles ne s'y arrêtent pas. Comprise comme système de communication, l'usage de la langue française s'inscrit dès l'ancien régime dans une politique linguistique qui a pour objectif premier l'intelligibilité du droit par ses destinataires.

* * *

Bien avant que la loi constitutionnelle du 25 juin 1992 n'introduise à l'article 2 de la Constitution de la Ve République la disposition selon laquelle « *la langue de la République est le français* » et que ne soit adoptée dans son sillage la loi du 4 août 1994 relative à l'emploi de la langue française, les juristes de droit public se sont saisis de l'usage de la langue française au moyen du droit du procès administratif. Dans une affaire jugée le 22 novembre 1985, Quillevère[3], le Conseil d'Etat décide qu'à peine d'irrecevabilité, une requête doit être rédigée en langue française, et ce en visant l'ordonnance du 25 août 1539. L'article 111 de l'ordonnance Villers-Cotterêts sur « *le fait de la justice* », toujours en vigueur, dispose en effet : « *Et pour ce que telles choses sont souvent advenues sur l'intelligence des mots latins contenus esdits arrests, nous voulons d'oresnavant que tous arrests, ensemble toutes autres procédures, soient de nos cours souveraines*

[1] Pour un aperçu de la question dans d'autres systèmes juridiques v. not. E. JAYME, « Langue et droit », XVe congrès international du droit comparé, Bristol, 1998 ; S. SOLEIL, « Langue française », *in* D. ALLAND, S. RIALS (dir.) « Dictionnaire de la culture juridique », PUF, 2003.
[2] V. not. J-M. CARBASSE « Langue de la nation et 'idiomes grossiers' : le pluralisme juridique sous le niveau jacobin », *in* H. VAN GOETHEM *et alli, Libertés, pluralisme et droit. Une approche historique*, Bruxelles, 1995, p. 157; C. CHENE, « Le français langue du droit », *in* I. DE LAMBERTERIE, D. BREILLAT, *Le français, langue du droit français*, PUF, 2000, p. 9 ; D. VEILLON, « Le français langue officielle du droit et de l'administration », *in* M. BOUDOT, A. LAUBA, *Langue, langage et droit* , Université d'été, Poitiers 2023.
[3] Recueil Lebon, p. 330, avec les conclusions LATOURNERIE.

et autres subalternes et inférieures, soient de registres, enquestes, contrats, commissions, sentences, testaments, et autres quelconques, actes et exploicts de justice, ou qui en dépendent, soient prononcés, enregistrés et délivrés aux parties en langage maternel françois et non autrement. ». En dépit des débats sur l'interprétation du sens de cet article, ce texte est appliqué par la Cour de cassation comme par le Conseil d'Etat, au moyen d'un principe général de procédure imposant l'usage du français aux actes processuels privés (les requêtes et les mémoires)[4]. Reste qu'au-delà même du droit processuel, il est aujourd'hui compris comme procédant à l'unification tout à la fois linguistique et politique de la France.

Si l'ensemble de ce corpus juridique a une vocation évidemment plus large, on ne peut cependant pas en dégager une uniformité d'application à toutes les relations juridiques. Il constitue le fondement de l'obligation d'usage du français qui s'impose aux personnes morales de droit public et aux personnes de droit privé dans l'exercice d'une mission de service public d'un côté, et dans les relations entre les particuliers et les administrations et services publics de l'autre. En revanche, l'obligation ne s'applique pas aux relations de droit privé.

Les contributions réunies ci-après sous l'axe « *Le français, langue du droit* » s'inscrivent dans cet ordre de préoccupations. Y sont en effet abordées les questions touchant d'une part à l'impérativité du français -dans la révélation du sentiment d'appartenance –, d'autre part au choix du français comme langue du contrat et de la négociation, ou comme langue des relations internationales, et enfin, car l'usage du français peut avoir à engager sa traduction, celles relatives aux enjeux de la traduction juridique. L'étude de la place de la langue française en droit du sport apporte une illustration thématique de cette première approche.

* * *

Quand, sous l'ancienne monarchie, l'on entreprend de rendre le langage judiciaire compréhensible aux justiciables, il s'agit de procéder à une interdiction, celle de l'usage du latin. Avant la généralisation de l'usage du français, posée par l'Ordonnance de Villers-Cotterêts, cette interdiction s'opère de manière ponctuelle. Ainsi en est-il, par exemple des témoignages produits en justice – ordonnance de Moulins de 1490 –, des procès criminels en 1510, ou encore lorsque les notaires se voient contraints de rédiger les contrats en « langue vulgaire » dès 1533, ou qu'en 1535, lors de la réforme de la justice en Provence, on y impose l'usage du français ou du provençal. La généralité de l'interdiction trouve sa source dans l'article 110 de

---

[4] V. C. ROBIN, « Langage et langue judiciaires », *in* L. CADIET (dir.), *Dictionnaire de la justice*, PUF, 2004, p. 811.

l'ordonnance du 25 août 1539, qui dispose : « *Et afin qu'il n'y ait cause de douter sur l'intelligence desdits arrêts, nous voulons et ordonnons qu'ils soient faits et écrits si clairement, qu'il n'y ait ni puisse avoir aucune ambiguïté ou incertitude ne lieu à demander interprétation* ». Ancien, le principe ainsi posé manifeste sa vitalité dans des débats plus actuels, que n'occultent pas les préoccupations liées aux caractéristiques propres de « *la langue française du droit* ». Le second axe de cette partie du présent ouvrage rend aussi compte tout à la fois d'une préoccupation désormais ancienne qu'est la simplification de la langue du droit et des questions, elles, plus contemporaines, telles celles du français interdit ou du français juridique confronté au genre.

Les contributions ci-après rassemblées ne sauraient épuiser l'analyse juridique, et n'en ont d'ailleurs pas la prétention. Elles se contentent d'apporter, après beaucoup d'autres[5], un témoignage tout à la fois de la continuité des enjeux que porte la question de la langue française dans son rapport au droit, et de son adaptation à un environnement nécessairement mouvant.

---

[5] Outre les références déjà citées, V. pour illustrer la variété des études juridiques : H. GUILLOREL, G. KOUBI (dir.), *Langue et droits*, Bruxelles, 1999 ; F. TARLET, « La langue française et le droit administratif : erreur de syntaxe », *DA*, n°12, déc. 2023.

TITRE 1 : LE FRANÇAIS, LANGUE DU DROIT

L'approche subjective de l'usage obligatoire du français

Amélie ALBY BONARDI
Maîtresse de conférences en droit privé et sciences criminelles
Université de Rouen Normandie – CUREJ

La rencontre entre le droit et la langue française est celle d'un engagement. Le « premier monument »[1] de la langue française est le traité des Serments de Strasbourg, par lequel deux petits-fils de Charlemagne signèrent, en 842, une alliance militaire et s'engagèrent l'un envers les hommes de l'autre. La langue permet ainsi déjà une interaction entre les hommes et la constitution de groupes nationaux.

La question du lien entre langue et droit s'est depuis imposée de manière croissante au juriste français, en raison notamment de la construction de l'Union européenne, d'une part, et du développement des relations commerciales transnationales, d'autre part[2]. Dans quel sens s'établit la relation entre le droit et la langue française ? La relation n'est pas asymétrique, il n'y a pas à proprement parler de dominant et de dominé. Le rapport se fait dans les deux sens : si notre langue est le véhicule de notre droit, notre droit protège et organise notre langue. Cette interdépendance explique l'impérativité relative du français en droit, alors qu'il semblerait logique, de prime abord, de laisser le groupe social générer de façon coutumière sa langue, tant cette dernière est évolutive et tant il s'agit d'un comportement social auto-secrété par le groupe. « *Le droit français ne peut pas s'abstenir de recommander l'usage de la langue française, son support naturel ; il paraît même logique qu'il en ordonne l'emploi* »[3].

Ainsi, la langue du droit en France est le français[4]. Cette impérativité a été abondamment documentée[5]. Sans prétendre à l'exhaustivité, depuis la deuxième moitié du XXe siècle, un renforcement de l'usage obligatoire de la langue française est constaté. Plusieurs textes ont règlementé certains aspects

---

[1] F.-X. TESTU, « Le statut juridique de la langue française », *in Ecrits en hommage à G. Cornu*, PUF, 1994, p. 441.

[2] M. FERNET, *La langue et le droit dans les relations commerciales internationales*, th. dactyl., Université de Bourgogne, 2009, p. 23.

[3] F.-X. TESTU, *op. cit.*, p. 442.

[4] H. GUILLOREL et G. KOUBI, « Introduction », *in Langues et droits*, Bruxelles, Bruylant, 1999, p.20.

[5] V. par ex., F.-X. TESTU, *op. cit.*, p.441 s. ; J. JULIEN, « La langue française et le contrat », *in Mélanges Ph. Le Tourneau*, Dalloz, 2008, p.465 s. ; J.-M. MOUSSERON, P. MOUSSERON, « La langue du contrat », *in Mélanges M. Cabrillac*, Dalloz, 1999, p.219 s. ; J.-M. PONTIER, *Droit de la langue française*, Dalloz, 1997 ; F. TERRE, N. MOLFESSIS, *Introduction générale au droit*, 16e éd., Dalloz, coll. « Précis », 2024, n°99 s.

de la vie administrative, économique et sociale. Depuis la révision constitutionnelle de 1992, « *la langue de la République est le français* »[6] (et non l'inverse, ce qui aurait induit une logique d'appropriation malvenue). Cette précision constitutionnelle est incarnée dans la loi n°94-665 du 4 août 1994 relative à l'emploi de la langue française, qui dispose notamment que « *la langue française est un élément fondamental de la personnalité et du patrimoine de la France. Elle est la langue de l'enseignement, du travail, des échanges et des services publics. Elle est le lien privilégié des États constituant la communauté de la francophonie* »[7]. Le français ne se réduit donc pas à être la langue de l'administration : il est aussi la langue juridictionnelle, la langue de la publicité, la langue de l'espace public, la langue de l'audiovisuel, la langue de l'enseignement supérieur et la recherche, la langue de la consommation, la langue du travail, la langue de certains actes juridiques… En pratique, il faut opérer une distinction entre ce qui relève de relations privées ou non. 486 ans après l'ordonnance de Villers-Cotterêts, « *l'usage exclusif de la langue française reste obligatoire dans les relations des usagers avec les services publics, dont celui de la justice, mais pas dans les relations des particuliers entre eux* »[8]. Pour autant, certains espaces juridiques de droit privé sont marqués, à tous niveaux, par cette exigence de l'emploi du français. C'est le cas de l'entreprise. En matière de relations de travail, les contrats de travail établis par écrit doivent être rédigés en français[9], tout comme les offres d'emploi[10], le règlement intérieur[11], les conventions et accords collectifs de travail (de branche, d'entreprise ou d'établissement)[12], les documents communiqués aux représentants du personnel à l'échelle supranationale[13], et plus globalement tout document comportant des obligations pour le salarié ou des dispositions dont la connaissance est nécessaire à celui-ci pour l'exécution de son travail[14]. Outre d'éventuelles sanctions pénales, la sanction civile de cette obligation, expressément prévue dans le cas du contrat de travail et des conventions ou accords collectifs, est l'inopposabilité au salarié des dispositions rédigées dans une langue étrangère qui lui feraient grief[15].

---

[6] Art. 2, Constitution.
[7] L. n°94-665, du 4 août 1994, relative à l'emploi de la langue française, art. 1er.
[8] V. Haïm, *Rép. cont. adm.* Dalloz, V° Requête, 2021, n°16.
[9] Art. L. 1221-3, C. trav.
[10] Art. L. 5331-4, 1, C. trav.
[11] Art. L. 1321-6, C. trav.
[12] Art. L. 2231-4, C. trav.
[13] Art. L. 2231-4 ; L. 2353-21 ; L. 2362-8, C. trav.
[14] Art. L. 1321-6 C. trav. – V. S. Ducamp, J. Martinez, « De l'obligation d'user de la langue française dans les relations de travail », *JCP S*, 2007, 1849.
[15] A. Supiot, « Les langues du travail », *SSL*, 2007, p. 8.

Il serait toutefois plus exact de parler d'impérativité relative du français, car elle se fait principalement « *sans exclusive déraisonnable* »[16]. Si l'impérativité du français est renforcée dans la vie publique au nom de l'unité de la République, elle est toutefois raisonnée s'agissant des autres champs. Elle peut céder devant le pragmatisme ou la liberté. Ainsi, dans le domaine des litiges, le juge n'est pas tenu de recourir à un interprète lorsqu'il connaît la langue dans laquelle s'expriment les parties[17] et le tribunal administratif doit informer l'étranger en détention, qui a formé un recours en annulation contre l'obligation de quitter le territoire français, dans une langue qu'il comprend qu'il peut demander l'assistance d'un interprète ainsi que d'un conseil[18]. De même, les arbitres ne sont pas tenus de rendre leur sentence arbitrale en langue française[19]. Dans celui des actes sous seing privé, la règle est, contrairement aux actes notariés[20], la liberté d'user dans la vie privée d'une autre langue que le français, sauf obligation légale particulière de rédiger l'acte juridique en français à l'instar de certains contrats particuliers[21]. Même s'agissant des relations de travail en entreprise, qui réservent une place particulière à la langue française, des exceptions permettent de déroger au principe du français. Les directeurs de publications et les personnes responsables de moyens de communication utilisant, en tout ou partie, une langue étrangère peuvent, en France, recevoir des offres d'emploi rédigées dans cette langue[22]. De même, les actions de formation à la sécurité doivent tenir compte de la langue parlée ou lue par les salariés, dans un but d'effectivité[23]. Les clauses dites « Molière », imposant la maîtrise de la langue française par les salariés des candidats aux marchés publics ou aux contrats de concession, ne sont pas non plus admises, sauf à être en lien direct avec l'objet du marché ou du contrat.

Autant d'exemples qui illustrent le fait que l'impérativité du français dans les rapports juridiques ne se fait pas à tout prix et que la viabilité de ce principe suppose d'inévitables exceptions[24].

---

[16] F.-X. TESTU, *op. cit.*, p. 448.
[17] Art. 23, CPC.
[18] Art. L. 614-14, CESEDA.
[19] B. MOREAU, A. BEREGOI, R. DESCOURS-KARMITZ, P. MALLET, A. LELEU, *Rép. proc. civ.* Dalloz, V° Arbitrage en droit interne, act. 2024, n°392.
[20] M. REVILLARD, *Rép. de dr. int.* Dalloz, V° Notaire, 2020, n°58. – Encore que l'on retrouve, pour le notaire qui reçoit un testament, la même possibilité que celle qui est concédée au juge, à savoir la dispense du recours à un interprète lorsque le notaire parle la langue du testateur.
[21] G. LARDEUX, *Rép. civ.* Dalloz, V° Preuve : modes de preuve, 2029, act. 2024, n°170.
[22] Art. L. 5331-4, C. trav.
[23] Art. R. 4141-5, C. trav.
[24] Sur l'équilibre trouvé par le droit du travail entre les langues à utiliser, v. A. SUPIOT, *op. cit.*, p. 8, qui expose que le droit positif a abouti « *à un régime linguistique équilibré, qui*

L'usage obligatoire du français correspond à un projet politique : celui de favoriser l'unité et la cohésion nationales par le biais d'une langue commune[25]. Il existe différentes façons de règlementer une langue sur un territoire : établir des zones linguistiques, reconnaître la pluralité linguistique (c'est-à-dire distinguer plusieurs langues nationales à parts égales), dissocier langues nationale et officielle, imposer une langue d'administration tout en laissant les langues régionales se développer ou imposer une langue officielle et nationale. La France a fait le choix de cette dernière solution. Ce choix politique est cohérent, nécessaire et conforme.

Cohérent, d'abord pour perpétuer l'unité nationale conformément à la conception indivisible de la République[26]. Ainsi, le recours au français est fréquemment présenté comme un élément essentiel du pacte républicain[27].

Nécessaire, ensuite car la langue française est actuellement en déclin[28]. Le temps du français comme langue du monde est révolu[29]. L'influence factuelle du français se dégrade même sur le territoire national face à deux types de pressions : une pression externe issue des langues étrangères, particulièrement l'anglais qui a accédé au rang de langue universelle ; une pression interne issue des langues régionales comme le basque, le breton ou le corse[30]. Le rapport de la France aux langues régionales s'entend dans la mesure où elles appartiennent à son patrimoine[31]. Toutefois, il est étonnant qu'un élément patrimonial puisse déstabiliser un élément de souveraineté nationale. Cette atteinte est toutefois limitée puisqu'en vertu de « *l'article 2 de la Constitution, l'usage du français s'impose aux personnes morales de droit public et aux personnes de droit privé dans l'exercice d'une mission de service public. Les particuliers ne peuvent se prévaloir, dans leurs relations avec les administrations et les services publics, d'un droit à l'usage d'une langue autre que le français, ni être contraints à un tel usage* »[32]. Les mouvements de simplification et modernisation de la langue, par exemple, la suppression du standard du « bon père de famille » ou la féminisation des

---

assure la primauté de la langue du lieu de travail, sans nier la légitimité du recours à d'autres langues ».

[25] J. TOUBON, *Rapport au Parlement sur la langue française*, 2023, p. 22.

[26] Art. 1er, Constitution.

[27] V. par ex. la réponse du Ministre de la Culture à la question écrite n°24929, *JOAN* du 15 sept. 2020.

[28] J.-M. PONTIER, *op. cit.*, p. 26, qui date ce déclin entre 1918 et 1920, avec la montée de l'anglais.

[29] J. JULIEN, *op. cit.*, p. 465.

[30] C. GOYARD, « Les langues, la Nation et la Constitution française », *in Mélanges L. Favoreu*, Dalloz, 2007, p. 714.

[31] Art. 75-1, Constitution.

[32] V. en ce sens, CC., 21 mai 2021, n°2021-818 DC, *AJDA*, 2021, p. 1750, note M. VERPEAUX.

fonctions, dégradent-ils la langue française en droit, donc du droit ? Il est permis d'en douter dans la mesure où une langue est par nature évolutive et où la reformulation ne fait pas disparaître le mécanisme de fond[33]. La modernisation de la langue est régulièrement brandie comme menace sur l'intelligibilité des informations et règles qu'elle véhicule. Invoquer l'objectif d'intelligibilité et de clarté au soutien de l'immobilisme littéraire reviendrait à instrumentaliser cet objectif. Or le droit français s'est longtemps accommodé de décisions de justice rédigées en une phrase unique et de termes juridiques d'un autre temps, sans que l'on s'en émeuve. Les juristes communiquant entre eux n'ont jamais reculé devant la technicité du vocabulaire ou l'archaïsme de certaines formules ; ils ne perdront pas plus pied face à l'écriture inclusive ou la réécriture de certains concepts[34]. Il serait peut-être plus pertinent de s'interroger sur une autre menace, celle de l'intelligence artificielle. À l'heure des rédactions-traductions instantanées de documents ou paroles, les langues ont-elles encore une valeur propre ? Le déclin de la langue française étant une réalité, sa défense est plus encore nécessaire pour garantir une République unique et d'un peuple uni.

Conforme, enfin car la finalité d'une politique de la langue française ne peut pas être complètement décorrélée des aspirations des ressortissants[35]. Or 74% des Français ont une image positive de la langue française, jugeant que le recours à celle-ci est crucial dans beaucoup de domaines de la vie sociale[36].

L'impérativité du français ne sera pas abordée sous l'angle du projet politique et de l'intérêt national. L'État français a intérêt à défendre l'usage de sa langue nationale. C'est une perspective subjective, plus confidentielle, qui sera explorée. Comment se justifie l'usage obligatoire du français du point de vue de l'individu ?

Cette question soulève diverses craintes. D'abord, celle d'une oppression par l'atteinte à la liberté de communication et d'expression des sujets de droit, même de ceux maîtrisant la langue française, limités dans leurs choix de termes pour exprimer leur pensée. Que le français soit imposé en tant que langue publique s'agissant du fonctionnement des services publics, soit, mais pourquoi l'imposer – de façon relative – dans les rapports privés ? Ensuite,

---

[33] J.-M. PONTIER, « Sur la langue française », *AJDA*, 2015, p. 1121.

[34] Comp. P.-Y. GAUTIER, « Quelle langue parle le droit ? », *Pouvoirs* 2023/3, p. 99 s.

[35] J.-M. PONTIER, *op. cit.*, p. 137.

[36] Le fait d'être né en France ou à l'étranger (indépendamment de la nationalité des parents) n'impacte pas les résultats à cette question puisque 54% des personnes nées en France et 53% de celles nées à l'étranger partagent le sentiment d'appartenance à la francophonie : CREDOC, *Étude sur les perceptions de la langue française et la francophonie*, 2022, pp. 10-29.

celle d'une exclusion des individus ne parlant pas le français – ou le maîtrisant insuffisamment. L'usage relativement obligatoire du français a contribué à la création d'un « *espace linguistique clos sur le français* »[37].

Ces craintes – oppression et exclusion – doivent céder devant la justification de l'usage obligatoire du français du point de vue des individus. Elles sont celles de toute marque d'appartenance. Or, la langue est signe « *d'appartenance* »[38] à un groupe, ici à la société française. C'est le jeu de toute appartenance d' « *organiser un va-et-vient permanent entre l'individuel et le collectif et matérialiser ce que l'individu doit au groupe et ce que le groupe doit à l'individu* »[39].

Derrière le spectre de ces deux craintes se dissimule la collaboration de l'individu avec le groupe. Celle-ci implique, dans un premier temps, un devoir de l'individu envers le groupe, à savoir le devoir de participer en français (I). Elle génère, dans un second temps, une protection de l'individu par le groupe, à savoir une protection par l'usage du français (II).

I. Un devoir envers le groupe

« *Toute langue est à la fois système de communication – c'est un langage avec des règles de syntaxe, de prononciation, d'orthographe – et critère d'appartenance ethnique, régionale, nationale – elle entraîne Français, Anglais, ou Allemands à se reconnaître comme tels* »[40]. Par sa pratique de la langue française, l'individu francophone ou français s'intègre au groupe national. Il matérialise son appartenance (une manière d'être[41]) et entretient son sentiment d'appartenance (la capacité d'apprécier une manière d'être[42]). Le sentiment d'appartenance renvoie à la conscience de partager avec d'autres individus des valeurs, d'avoir des compréhensions communes et des intérêts identiques[43]. Or la langue est une des valeurs du nous et un moyen qui permet de se penser entre semblables et comme semblables. Elle est un bien commun, plus précisément un discours commun par lequel l'individu gagne une double reconnaissance : il se reconnaît comme membre

---

[37] G. KOUBI, G. J. GUGLIELMI, « La langue de l'enseignement public est le français », *D.*, 2002. 601.

[38] S. SOLEIL, « Langue française », *in Dictionnaire de la culture juridique*, PUF, 2003, p. 916 ; H. GUILLOREL et G. KOUBI, *op. cit.*, p. 7.

[39] A. BONARDI, *L'appartenance du salarié à l'entreprise*, th. dactyl., Université Paris-Panthéon-Assas, 2021, p. 13, n°1.

[40] S. SOLEIL, *op. cit.*, p. 916

[41] A. BONARDI, *op. cit.*, p. 183, n°172.

[42] J.-L. MATHARAN, *Histoire du sentiment d'appartenance en France. Du XII*[e] *siècle à nos jours*, L'Harmattan, 2010, p. 8.

[43] *Ibid.*

du groupe et reconnaît également l'autre comme tel. Cette dialectique entre l'individuel et le collectif implique que l'individu doive au groupe.

Par sa pratique de la langue française, l'individu se reconnaît membre du groupe national. La connaissance suffisante de la langue française est l'une des conditions d'acquisition de la nationalité française à raison du mariage[44]. C'est également l'une des conditions à la naturalisation décidée par l'autorité publique[45]. Cette condition, qui doit être remplie personnellement par l'individu, fait l'objet d'un test linguistique[46]. La connaissance de la langue française est d'une telle importance pour entrer dans la communauté française que le candidat à la naturalisation est dispensé de la condition de résidence préalable sur le territoire national lorsque le français est sa langue maternelle ou lorsqu'il peut justifier d'une scolarisation minimale de cinq années dans un établissement enseignant en langue française[47].

Ainsi, la maîtrise de la langue française crée un lien fort avec la France et sa communauté[48]. Cela s'explique par le fait que le lien de nationalité possède une double dimension. La première verticale relie l'individu à l'État et peut être vue comme un lien d'allégeance[49]. Le terme d'« étatialité » pourrait alors être préféré à celui de nationalité[50]. La seconde dimension de la nationalité, dont le caractère mystique est parfois souligné[51], est horizontale et fait de l'individu le membre d'une collectivité ou d'une communauté. Cette seconde dimension pourrait être désignée comme la « groupalité ». Elle rattache l'individu au groupe. Seule la connaissance du français permettra à la personne de comprendre et d'être comprise sur le territoire national, et par là de se lier aux autres membres du groupe, qu'ils soient eux-mêmes français ou simples francophones. Sa capacité à interagir dans le groupe lui permettra de se reconnaître français, en sus de la reconnaissance objective conférée par l'acquisition de la nationalité.

---

[44] Art. 21-2, C. civ.

[45] Art. 21-24, C. civ.

[46] Sur le niveau de connaissance exigé, v. P. LAGARDE, *Rép. civ.* Dalloz, V° Nationalité, 2012, act. 2022, n°281 s. – Sur son récent rehaussement au niveau B2 européen par la loi n°2024-42 du 26 janv. 2024 pour contrôler l'immigration, améliorer l'intégration, v. J. LEPOUTRE, « La nationalité dans la loi du 26 janv. 2024 : une apparition éphémère, des questions persistantes », *Rev. crit. DIP*, 2024, p. 283.

[47] Art. 21-20, C. civ.

[48] Ce contrôle de la connaissance suffisante du français cède en revanche devant la situation particulière des réfugiés politiques et apatrides qui résident en France depuis quinze années au moins et âgés de plus de soixante-dix ans (art. 21-24-1, C. civ).

[49] Sur cette allégeance, v. H. FULCHIRON, *La nationalité française*, 1ère éd., *PUF*, coll. « Que sais-je », 2000, p. 24 (l'auteur oppose cette allégeance personnelle à l'appartenance collective) ; P. LAGARDE, *La nationalité française*, 4ème éd., *Dalloz*, 2011, n°2.

[50] P. LOUIS-LUCAS, *La Nationalité française. Droit positif et conflits de lois*, *Sirey*, 1929, p. 1.

[51] H. FULCHIRON, *op. cit.*, p. 38.

L'exigence d'une connaissance de la langue française par certains travailleurs étrangers emprunte la même logique d'auto-reconnaissance. Le travailleur étranger qui souhaite travailler durablement en France doit attester « *d'une connaissance suffisante de la langue française sanctionnée par une validation des acquis de l'expérience ou s'engage à l'acquérir après son installation en France* »[52]. Si certains travailleurs étrangers sont dispensés de permis de travail (notamment les ressortissants de l'Union européenne), l'essentiel des travailleurs étrangers ne peut librement accéder à l'emploi salarié,[53] et ce en dépit de l'alinéa 5 du préambule de la Constitution de 1946 qui dispose que « *chacun a le devoir de travailler et le droit d'obtenir un emploi. Nul ne peut être lésé, dans son travail ou son emploi, en raison de ses origines...* ».

Or, pour obtenir une carte de séjour pluriannuelle au terme d'une première année de séjour régulier en France, le ressortissant étranger doit désormais justifier d'une connaissance de la langue française lui permettant au moins de comprendre des expressions fréquemment utilisées dans le langage courant, de communiquer lors de tâches habituelles et d'évoquer des sujets qui correspondent à des besoins immédiats, sauf pour les étrangers dispensés de la signature d'un contrat d'intégration républicaine. À cette fin, des cours gratuits d'apprentissage du français doivent être accessibles dans chaque département pour les ressortissants étrangers. Parallèlement, les salariés étrangers allophones – dont la langue maternelle n'est pas la langue du pays d'accueil, ici la France – ayant conclu un contrat d'intégration républicaine avec l'État bénéficient d'autorisations d'absence pour suivre un parcours de formation au français[54]. Cette formation pourrait, dans la limite de 80 heures, constituer du temps de travail effectif assurant le maintien de la rémunération[55]. La loi n°2024-42 du 26 janvier 2024 oblige ou invite donc les travailleurs étrangers concernés à mieux maîtriser le français. L'objectif affiché est de renforcer leur intégration par le travail et la langue.

Ce renforcement de la maîtrise du français dénote avec la neutralité axiologique du travail et la tendance du droit du travail à dissocier participation au travail et connaissance du français. En effet, depuis 1982, les restrictions tenant à la connaissance de la langue française par les salariés

[52] Art. L. 5221-3, C. trav.

[53] Art. L. 5221-5 ; L. 8251-1 ; R. 5221-1, C. trav. V. sur ces sanctions, C. WOLMARK, *Rép. trav.* Dalloz, V° Travailleur étranger, 2019, n°269 s.

[54] C. trav., L. 6321-1 – Sur le niveau égal ou supérieur au niveau A2 européen, v. D. n°2024-1245 du 30 déc. 2024 relatif aux modalités de réalisation des actions de formation de français langue étrangère à destination des salariés allophones.

[55] C. trav., L. 6321-3 – Sur la limite de 80 heures, v. D. n°2024-1243 du 30 déc. 2024 relatif aux formations de français langue étrangère à destination des salariés allophones.

étrangers[56], notamment pour être électeur et éligible aux élections professionnelles, ont été supprimées[57]. Cette suppression a rendu obsolète l'exigence prétorienne d'« une certaine connaissance » de la langue française pour pouvoir être désigné délégué syndical[58], dans la mesure où cette exigence reposait sur la condition de connaissance de la langue française prévue pour les représentants du personnel. Telle était la logique des lois dites Auroux : faire des travailleurs des citoyens dans l'entreprise et transposer dans cette dernière le modèle de la démocratie politique[59]. Cette relative insensibilité du droit du travail à la langue française s'explique par le fait que le salarié est censé se forger sa place dans l'entreprise du seul fait de son travail.

Faut-il pour autant critiquer les apports de la loi du 26 janvier 2024 ? Cela ne serait pas justifié. Cette loi ne revient pas sur l'indifférence de la maîtrise du français pour l'exercice du droit constitutionnel de participation des travailleurs à la détermination collective des conditions de travail ainsi qu'à la gestion des entreprises[60], pas plus qu'elle n'ostracise le travailleur étranger. Elle vise à assurer une meilleure intégration des étrangers par le travail et la langue, en exigeant une capacité à communiquer lors de tâches habituelles. Le travailleur étranger, par sa maîtrise du français, développera son sentiment d'appartenance au groupe national, que ses membres soient de nationalité française ou non.

Outre le fait de se reconnaître membre du groupe, il y a également une dimension d'altérité dans l'imposition d'une langue commune : l'individu est invité à reconnaître l'autre. Cela se constate particulièrement dans l'acte de juger.

Sauf l'existence des chambres commerciales internationales[61] et la réserve de l'article 23 du Code de procédure civile[62], les débats judiciaires doivent avoir lieu en français et toute décision de justice doit également être rédigée dans cette langue. Le fondement juridique appliqué était l'ordonnance de Villers-Cotterêts jusqu'à la modification de l'article 2 de la Constitution de 1958. S'agissant des débats, les juges du fond sont fondés, dans l'exercice de leur pouvoir souverain, à écarter des éléments de preuve

---

[56] C. Wolmark, *Rép. trav.* Dalloz, V° Travailleur étranger, 2019, n°269 s.
[57] Loi n°82-915 du 28 oct. 1982 relative au développement des institutions représentatives du personnel.
[58] Soc., 20 oct. 1976, n°76-60.150 ; *Bull. civ.* V, n°507.
[59] G. Auzero, D. Baugard, E. Dockes, *Droit du travail*, 37e éd., Dalloz, coll. « Précis », 2024, n°23.
[60] Préambule de la Constitution du 27 oct. 1946, al. 8.
[61] J.-S. Bazille, « Chambres commerciales internationales. Deux ans après leur création : bilan et perspectives dans un contexte remanié », *JCP G*, 2020. 769.
[62] V. *supra*.

écrits en langue étrangère, en l'absence d'une traduction française, s'ils ne sont pas en mesure d'en apprécier la force probante[63]. Quant à la décision de justice, elle doit être comprise par tous. S'il cite un document dans sa langue originale, le juge doit préciser, en français, la signification qu'il entend lui donner[64]. Les juges non-professionnels, comme les jurés, doivent également maîtriser le français[65] ou être de nationalité française[66], ce qui implique de fait – encore qu'on puisse contester la généralité de l'assimilation – cette maîtrise.

L'exigence de la langue française permet donc au justiciable d'être entendu et compris du juge, tout comme le juge a l'obligation d'être compris du justiciable. Cela répond à la signification de la justice. En effet, dans un premier sens, la justice est ce qui est positivement juste, c'est-à-dire ce à quoi chacun ou chacune peut légitimement prétendre en vertu du Droit[67]. Comment rendre à chacun le sien, en application de la formule d'Ulpien[68], sans emprunter une langue commune ? Dans un second sens, la justice renvoie à la fonction juridictionnelle[69]. Pour rendre justice, il ne suffit pas d'appliquer (correctement) la règle de droit et de trancher le litige ; il faut encore écouter, argumenter, prouver[70]. En somme, il faut (se) parler. Cela passe par l'usage commun du français.

L'usage impératif du français dans les services publics (*lato sensu*) invite aussi l'individu à reconnaître l'autre. « *Le français, langue publique, est la langue de l'administration : son usage s'impose aux membres de la fonction publique, et plus largement à tous les agents publics* »[71]. De façon générale, les acteurs publics doivent garantir aux citoyens le droit de s'exprimer et de recevoir des informations en français. La communication publique orale et écrite (site internet, signalétique, nom de marque ou de service, campagne publicitaire, contrats…) doit se faire en français[72]. Le ministère de la Culture rappelle régulièrement qu'il est le garant de l'application de la loi du 4 août

---

[63] F. EUDIER, *Rép. proc. civ.* Dalloz, V° Jugement, 2018, act. 2024, n°155.
[64] F. EUDIER, *op. cit.*, n°212.
[65] Art. 255, CPP.
[66] Art. L. 723-4, C. com.
[67] G. CORNU, « Justice », *in Vocabulaire juridique*, 11ème éd., PUF, 2016, p. 594.
[68] *Digeste*, 1, 1, 10 : « *justitia est constans et perpetua voluntas jus suum cuique tribuendi* » (« *La justice est une volonté constante et perpétuelle de rendre à chacun ce qui est dû* »). – V. égal. P. MORVAN, « Le juste en droit du travail », *in* B. TEYSSIE (dir.), *Standards, principes et méthodes en droit du travail*, Economica, 2010, p. 23 : « *il existe une hiérarchie de valeurs au sommet de laquelle culmine la justice : à chacun son dû* ».
[69] G. CORNU, *op. cit.*, p. 594.
[70] A. GARAPON, *Bien juger. Essai sur le rituel judiciaire*, O. Jacob, 2001, p. 19.
[71] F.-X. TESTU, *op. cit.*, p. 445.
[72] https://www.culture.gouv.fr/Thematiques/langue-francaise-et-langues-de-france/Agir-pour-les-langues/Garantir-l-emploi-du-francais.

1994, c'est-à-dire d'un « droit au français »[73], et qu'il œuvre, à travers la Délégation générale à la langue française et aux langues de France, à une meilleure diffusion de la langue française dans la société. C'est à ce titre que le ministère de la Culture a alerté le président de La Poste – « avec succès »[74] – sur l'irrégularité de l'intitulé « Poste Truck » qui identifiait des véhicules multiservices[75]. Réciproquement, pour pouvoir être identifiés, les documents adressés à l'administration doivent être rédigés en français[76].

Du point de vue de l'individu, c'est-à-dire dans la perspective subjective, en s'adressant à chaque citoyen en français, l'agent public reconnaît l'individu comme ressortissant de la communauté nationale et ayant vocation à bénéficier des services publics. Le bien commun qu'est la langue française est mis au service de la chose commune derrière la République.

L'individu qui participe au groupe national – sans nécessairement être de nationalité française – par sa présence sur le territoire national et son interaction avec les autres, obéit à un certain devoir de parler français. Cela réduit sa liberté de choix des termes pour exprimer sa pensée de sorte que l'atteinte à la liberté d'expression est bien présente. Pour autant, cette atteinte est-elle injustifiée ou disproportionnée ? Certes non, car derrière cette atteinte à la liberté, transparaît la nécessité d'une collaboration des individus au groupe. Ils appartiennent[77]. Cette réalité sociale, dont l'impérativité du français est une manifestation, a vocation à contrebalancer l'individualisme absolu. Elle a vocation à corriger la *prima fictio* du Droit qui, d'une part, s'organise autour de l'individu[78] et, d'autre part, n'envisage la personne qu'abstraitement[79], comme si elle était désincarnée[80] et comme si

---

[73] Réponse du Ministre de la Culture à la question écrite n°32571, *JOAN*, du 15 déc. 2020.

[74] https://www.culture.gouv.fr/Thematiques/langue-francaise-et-langues-de-france/Agir-pour-les-langues/Garantir-l-emploi-du-francais

[75] Réponse du Ministre de la Culture à la question écrite n°24929, *JOAN* du 15 sept. 2020.

[76] CE, 10 juin 1991, Kerrain, req. n°99608.

[77] P. RICHARD, « Appartenance et transitivité ou le vertige de Procuste... », *in* CERC, *Les contentieux de l'appartenance*, L'Harmattan, 2006, p. 193 s., spéc. p. 194.

[78] « *C'est donc l'individu qui est le pivot autour duquel la notion de droit doit s'organiser* » R. LIBCHABER, *L'ordre juridique et le discours du droit. Essai sur les limites de la connaissance du droit*, LGDJ, 2013, p. 117, n°95. – Sur l'individualisme du droit, v. G. GURVITCH, *L'idée du droit social. Notion et système du droit social. Histoire doctrinale depuis le 17ème siècle jusqu'à la fin du 19ème siècle*, Paris, 1932, réimpr. Scientia Verlag Aalen, 1972, p. 539.

[79] B. TEYSSIE, *Les groupes de contrats*, LGDJ, 1975, p. 1, n°1 : « *Avec la Révolution de 1789 triomphent les doctrines individualistes et libérales. Forgées au cours du XVIIIème siècle, elles placent au premier rang l'individu, envisagé si abstraitement qu'on a pu parler de concept épuré... de toute réalité humaine* ». V. égal. G. MORIN, *La révolte du Droit contre le Code*, Sirey 1945, spéc. p. 109 s.

[80] *Rappr.* F. ZENATI-CASTAING, T. REVET, *Manuel de droit des personnes*, PUF, 2006, p. 13, n°1.

elle était seule responsable de ses actions et de sa part. L'inclusion dans un groupe implique des commandements pour le membre du groupe, dont l'usage – dans une certaine mesure – du français.

Que reste-t-il, au terme de ce constat, de la perspective subjective ? L'individu existe-t-il encore ? Indéniablement. Appartenir ne signifie pas disparaître par dilution dans le groupe. L'utilisation du français mène à une double reconnaissance : celle de l'individu comme membre du groupe national et, parallèlement, celle de l'autre comme membre du même groupe.

L'emploi impératif du français par l'individu n'est pas qu'un devoir à l'égard du groupe. Cela traduirait une relation déséquilibrée entre l'individu et le groupe. Cet usage génère aussi une protection de l'individu grâce au groupe auquel il appartient.

II. Une protection par le groupe

L'usage du français permet à l'État de protéger sa souveraineté ainsi que l'unité nationale. Mais l'État n'est pas le seul à en tirer un bénéfice. L'usage du français offre également à l'individu une triple protection : des chances, des personnes et des intérêts.

S'agissant de la protection des chances des individus, partager une même langue et l'imposer collectivement est un moyen de transmettre aux individus une connaissance égale des règles, ce qui renforce le sentiment d'appartenance[81]. Dans le cas de la communauté linguistique, cette égalité s'exerce dans un périmètre : celui des individus qui ont pu apprendre le français. L'égalité se développe, en effet, dans un cercle préexistant[82].

Ainsi, en principe, dans les Universités françaises, la langue de l'enseignement public est le français[83]. Si la loi n°2013-660 du 22 juillet 2013 relative à l'enseignement supérieur et à la recherche permet, dans certains cas, l'enseignement en langue étrangère dans le but « *de renforcer leur attractivité ainsi que l'employabilité des étudiants* »[84], elle ne fait que poser quelques exceptions au principe de l'usage obligatoire du français dans les établissements du supérieur. Ainsi, sauf aménagements particuliers, les étudiants à l'Université doivent maîtriser la langue française.

---

[81] A. Bonardi, *op. cit.*, p. 392 s., n°406 ; A. Bonardi, « L'appartenance du salarié à l'entreprise », *JCP S*, 2023, 1037, n°15 s.

[82] Sur la nécessité de faire partie d'un même cercle pour pouvoir prétendre à l'égalité, v. A. Fabre, « L'égalité en droit privé », *in Egalité et droit social*, *IRJS,* 2014, p. 87 s., spéc. p. 89 s.

[83] Art. L. 121-3, C. éduc.

[84] Réponse du Ministre de la Culture à la question écrite n°24929, *JOAN.* du 15 sept. 2020.

Réciproquement et sous réserve des cursus internationaux, la maîtrise de langues complémentaires ne leur est pas demandée[85].

L'exigence d'une langue commune permet de transmettre aux membres du groupe « *une connaissance suffisamment exacte des règles* »[86]. Ainsi, l'usage obligatoire du français participe à la protection des personnes[87], dans son intégrité, et est particulièrement visible en matière de travail et de consommation.

Au travail, la maîtrise d'une langue commune peut s'avérer vitale. Tel fut le cas à l'hôpital d'Épinal où quatre patients sont décédés d'un surdosage. La cause ? Des erreurs de paramétrage par les manipulateurs qui ne disposaient pas des consignes d'utilisation du matériel médical en français[88]. En conséquence, tout document comportant des obligations pour le salarié ou des dispositions dont la connaissance est nécessaire pour l'exécution de son travail doit être rédigé en français[89], notamment le règlement intérieur[90]. Seuls les documents « *reçus de l'étranger ou destinés à des étrangers* » en sont dispensés, souvent sous réserve que leurs destinataires maîtrisent la langue étrangère du fait de leurs fonctions[91]. Il ne suffit pas qu'une entreprise utilise en son sein une langue étrangère ou qu'elle soit la filiale d'une entreprise étrangère pour être dispensée de communiquer en français[92]. Sauf secteurs normalisés, même les entreprises de dimension internationale établies en France doivent rédiger ces documents en français.

En matière de consommation et de publicité, la loi du 4 août 1994 prévoit que « *dans la désignation, l'offre, la présentation, le mode d'emploi ou d'utilisation, la description de l'étendue et des conditions de garantie d'un bien, d'un produit ou d'un service, ainsi que dans les factures et quittances, l'emploi de la langue française est obligatoire. Les mêmes dispositions s'appliquent à toute publicité écrite, parlée ou audiovisuelle* » (art. 2). Ainsi, l'article R. 412-7 du Code de la consommation prévoit que « *les mentions d'étiquetage des denrées commercialisées sur le territoire national sont rédigées en langue française* ». Cette obligation qui permet au

---

[85] Sur la réalité d'une distribution socialement très inégale de la maîtrise de la langue anglaise, v. M.-P. POULY, A. BEAUMONT (coord.), « Les usages sociaux de l'anglais », *Savoirs* 2022/2, n°61-62.
[86] F.-X. TESTU, *op. cit.*, p. 442.
[87] Sur la protection de la personne du contractant par l'emploi de la langue française, v. J. JULIEN, *op. cit.*, p. 481 s.
[88] A. SUPIOT, *op. cit.*, p. 7.
[89] *Ibid.*
[90] Art. L. 1321-6, C. trav.
[91] Soc., 12 juin 2012, n°10-25.822 ; *Bull. civ.* V, n°175 (à propos d'une entreprise de transport aérien).
[92] Soc., 11 oct. 2023, n°22-13.770.

consommateur de disposer d'une information en français visant une parfaite connaissance des biens, produits et services, souffre de certaines incompatibilités avec le droit de l'Union européenne[93].

En matière de santé publique existent diverses obligations d'étiquetage « *au moins en français* » de produits médicaux, tels que les médicaments expérimentaux, afin de garantir la protection de la personne[94]. Enfin, dans les transports, « *toute inscription ou annonce apposée ou faite sur la voie publique, dans un lieu ouvert au public ou dans un moyen de transport en commun et destinée à l'information du public doit être formulée en langue française* »[95].

S'agissant de la protection des intérêts des individus, le recours au français obligatoire pour certains contrats particuliers garantit le consentement éclairé des parties. Cette protection a été largement identifiée[96], particulièrement pour le contrat de travail[97] (peu important qu'il soit exécuté sur le territoire français ou à l'étranger) et le contrat d'assurance[98]. La liberté contractuelle est entravée et ne permet pas ici aux parties de choisir la langue du contrat. Cette atteinte s'explique par le fait que le salarié et l'assuré sont considérés comme des cocontractants exposés et dépendants. Étonnamment, le plan d'option de souscription d'actions, pourtant annexé au contrat de travail, peut être rédigé en anglais et communiqué à un salarié maîtrisant la langue anglaise[99].

Ce principe connaît plusieurs exceptions, soit lorsque le contrat a été conclu oralement (pour le contrat de travail), soit lorsque l'économie du contrat a un lien avec l'étranger (pour le contrat de travail et le contrat d'assurance). Ainsi, lorsqu'à la demande d'un salarié étranger, une traduction du contrat de travail est rédigée dans sa langue, cette version primera sur la version française, en cas de discordance[100]. De même, lorsque les parties ont la possibilité de choisir une loi applicable autre que la loi

---

[93] Sur les difficultés de compatibilité avec le droit communautaire, v. B. MONGIN, *Rép. dr. eur.* Dalloz, V° Langues, 2005, spéc. n°140 s. ; A. LECOURT, *Rép. dr. eur.* Dalloz, V° Publicité commerciale, 2023, spéc. n°149 s.

[94] Art. R. 5121-16, CSP.

[95] L. du 4 août 1994, art. 3, préc.

[96] J. JULIEN, *op. cit.*, p. 742 ; F. TESTU, *op. cit.*, p. 450 ; M. MOUSSERON, P. MOUSSERON, *op. cit.*, p. 221.

[97] Art. L. 1221-3, al. 1, C. trav.

[98] Art. L. 112-3, al. 1, C. ass.

[99] Soc., 16 mai 2007, n°05-45.281. – V. aussi Soc., 20 oct. 2004, n°02-41.860 ; Soc., 13 févr. 2008, n°06-44.222. – Comp., s'agissant de l'obligation de rédiger en français les objectifs nécessaires à la détermination de la rémunération variable du salarié, v. Soc., 29 juin 2011, n°09-67.492 ; *Bull. civ.* V, n°167 ; Soc., 7 juin 2023, n° 21-20.322.

[100] Art. L. 1221-3., al. 3, C. trav.

française ou lorsque le souscripteur est de nationalité étrangère, le contrat d'assurance peut être rédigé dans une autre langue que le français.

L'individu ressort triplement protégé : dans ses chances, sa personne et ses intérêts. La maîtrise du français lui assure l'appartenance au groupe qui, en échange, lui permet d'être informé dans une langue qu'il maîtrise sans avoir à en faire la demande. Même passif, même timide, l'individu est protégé[101].

Cette protection paraît critiquable en ce qu'elle porte atteinte à un principe d'humanité. Le système français opérerait un injuste repli linguistique, excluant de l'accès au discours commun les personnes extérieures au groupe. L'exclusion pourrait même être double : tant individuelle que collective. Une exclusion individuelle d'abord, dans la mesure où ces personnes ne peuvent pas directement s'exprimer au sein de la société française. Une exclusion collective ensuite, tant il peut sembler anachronique de continuer d'imposer une langue nationale à l'ère de la mondialisation et de la construction de communautés supranationales. La politique linguistique française serait, en somme, un « club » fermé laissant de côté ceux et celles qui ne parlent pas ou pas suffisamment le français et rejetterait, du même coup, la richesse des autres langues.

Pareils reproches toutefois témoignent d'une méconnaissance du fonctionnement même des groupes sociaux. En effet, l'appartenance au groupe « *conditionne l'accès à un ensemble de droits et avantages dont le groupe entend réserver l'exclusivité à ses membres* »[102]. Si la frontière linguistique exclut, elle permet la formation d'une communauté et l'accompagnement des individus qui y sont intégrés. « *Un groupe d'appartenance se forme pour de bon du jour où il se ferme, et il se ferme par suspension à un « clou de lumière » quel qu'il soit* »[103].

Pour ne pas être contraire au principe d'humanité, le recours obligatoire d'une langue ne doit pas porter une atteinte déraisonnable aux personnes en marge du groupe. Il ne doit pas amener à une exclusion inique. Tout individu amené à interagir avec le groupe (par exemple, un travailleur employé régulièrement en France qui parle une langue étrangère, une personne victime d'une infraction en France ou un testateur étranger qui souhaiterait qu'un notaire français reçoive son testament) doit pouvoir, malgré son

---

[101] Sur la dimension passive de l'appartenance, v. A. BONARDI, thèse précitée, p. 20 : « *L'appartenance juridique répond donc à un mécanisme passif : du seul rattachement de l'individu au groupe des conséquences normatives en découlent* ».

[102] D. LOCHAK, « L'appartenance saisie par le droit », *in* A. GOTMAN (dir.), *Villes et hospitalité. Les municipalités et leurs « étrangers »*, Maison des Sciences de l'Homme, 2004, p. 33 s., spéc. p. 45.

[103] R. DEBRAY, *Eloge des frontières*, Gallimard, 2010, pp. 58-59.

absence de maîtrise de la langue commune, se faire entendre et défendre ses droits. Ces individus doivent pouvoir se rattacher de façon médiate au groupe (le plus souvent de façon temporaire), en passant de leur langue à celle du groupe, par le biais d'interprètes et de traductions.

Ainsi, les actes notariés concernant un contractant qui ne parle pas le français peuvent être rédigés en français en ayant recours à un interprète[104] ; et ce même pour les testaments authentiques depuis 2015[105]. Avant cette réforme, l'individu ne parlant pas le français devait rédiger un testament olographe ce qui le privait de la compétence d'un notaire, notamment de son contrôle.

Au cours d'un procès, le recours à un interprète est prévu si l'une des parties au procès ne parle pas la langue française. Il peut, notamment devant la cour d'assises, être décidé d'office par le président[106]. De même, la traduction des pièces versées aux débats est nécessaire pour éviter leur irrecevabilité[107]. L'interprète ou le traducteur joue ici un rôle d'intermédiaire, qui permet à l'individu qui ne parle pas le français d'entrer dans le procès et de se rattacher de façon médiate au groupe le temps du procès.

Bien que, dans ces deux exemples, le rattachement au groupe ne se fasse que de façon temporaire[108], il permet une solution équilibrée, évitant une atteinte déraisonnable au droit des personnes externes au groupe. Il convient cependant de souligner que le recours à un interprète ou un traducteur peut, dans certains cas, évincer le français en offrant la possibilité aux parties d'utiliser une langue étrangère et de se faire comprendre soit mutuellement[109], soit du juge français[110].

---

[104] M. REVILLARD, *Rép. de dr. int.* Dalloz, V° Notaire, 2020, n°60.

[105] Loi n°2015-177 du 17 févr. 2015 de simplification du droit ; art. 972, C. civ.– Pour une critique de cette réforme, qui rompt « la chaîne de l'authenticité », M. GRIMALDI, « Le testament authentique et l'interprète », *RTD civ.* 2018, p. 721.

[106] Art. 344, CPP – Sur le fait que la notion de langue n'est pas strictement limitée aux langues étrangères au territoire national, v. M. REDON, *Rép. de dr. pén. et proc. pén.* Dalloz, V° Cour d'assises et cour criminelle départementale, 2024, n°306.

[107] A. DANET, *Rép. proc. civ.* Dalloz, V° Principes directeurs du procès, 2020, n°335.

[108] Ce n'est cependant pas systématique, v. art. L. 1321-6, C. trav. à propos de la traduction du règlement intérieur. Le travailleur ne parlant pas français pourra se référer à cette traduction tout au long de sa présence dans l'entreprise.

[109] Pour la possibilité d'organiser un entretien préalable au licenciement dans une langue compréhensible par les parties en ayant recours, si besoin, à un interprète, Soc., 8 janv. 1997, n°95-41.085 ; *Bull. civ.* V, n°4.

[110] Pour la possibilité de rédiger une sentence arbitrale en langue étrangère et de l'assortir d'une traduction en cas d'*exequatur* du juge français, B. MOREAU, A. BEREGOI, R. DESCOURS-KARMITZ, P. MALLET, A. LELEU, *Rép. proc. civ.* Dalloz, V°Arbitrage en droit interne, act. 2024, n°392.

L'usage obligatoire du français permet, en somme, l'égale participation de tous les membres de la communauté nationale : tous perpétuent le groupe en employant la même langue et tous peuvent accéder au droit par la même langue, ce qui n'empêche pas des dispositifs d'impérativité renforcée pour les individus les plus exposés, dans un souci d'égalité concrète. L'impérativité (relative) du français est à la fois une protection et un commandement pour l'individu évoluant au sein de la communauté francophone. Les rapports entre la langue et le droit ont commencé par un engagement[111] ; ils continuent sous la forme d'un engagement mutuel entre le groupe et l'individu.

[111] V. *supra*.

L'analyse de la langue française au prisme du droit du cautionnement

Aude BERNARD-ROUJOU DE BOUBEE
Maîtresse de conférences en droit privé
Faculté libre de Droit, Institut Catholique de Toulouse
Titulaire de la Chaire Jean Rodhain de Toulouse

Si « *la parole distingue l'homme entre les animaux : le langage distingue les nations entre elles* »[1]. Le langage, défini comme la « *faculté que les hommes possèdent d'exprimer leur pensée et de communiquer entre eux au moyen d'un système de signes conventionnels vocaux et/ou graphiques* »[2] s'appuie sur le recours à la langue, qui permet de tisser un lien compréhensible par chacun des interlocuteurs. La langue est bien sûr, *lato sensu*, un moyen de communication entre personnes provenant d'un même pays ou appartenant à une culture commune qui partagent une langue commune. En cela, la langue est « *le ciment de la culture d'une société : ceux qui ne la maîtrisent pas ont difficilement accès à cette culture et si la langue s'éteint, sa culture disparaît avec elle, ou, au mieux, entre au musée* »[3]. La langue peut aussi être conçue *stricto sensu*. Dans ce cas, on mettra en avant « *la fonction communicative, à la fois relationnelle et incitative ; puis les fonctions expressive (émotive), esthétique et ludique ; mais, aussi essentielle, sinon primordiale, est la fonction référentielle : celle de formation, support et ordonnancement de la pensée et du raisonnement, qui permet la description informative, comme l'argumentation polémique, la réflexion et le questionnement, qui sont propres à l'homme* »[4]. La langue sert aussi à exprimer ses pensées et son raisonnement, à extérioriser ses représentations et conceptions du monde qui l'entoure.

La langue et le droit partagent tous deux des traits communs. Ils ont une force contraignante et relèvent de phénomènes sociaux, normatifs[5]. Ils sont objets et sources de communication, pour organiser la vie en société. Le Doyen Carbonnier rappelle ainsi que « *le langage et le droit se rejoignent en ce qu'ils séparent radicalement l'homme des animaux (...). Le langage, en tant que symbole arbitraire capable de décrire ce qui n'est pas présent, était indispensable au décollage du droit (...). Il a permis de projeter l'action au-delà de l'instant, donc d'émettre une promesse, de donner sa parole* »[6]. Si

---

[1] J.-J. ROUSSEAU, *Essai sur l'origine des langues, où il est parlé de Mélodie et de l'Imitation musicale*, Paris l'Harmattan, 2013, p. 5.
[2] https://www.cnrtl.fr/definition/langage (consulté le 10 nov. 2024).
[3] R. BIJELJAC, R. BRETON, *Du langage aux langues*, Gallimard, 2005, p. 38.
[4] *Ibid.*, p. 39.
[5] J. CARBONNIER, *Sociologie juridique*, 1978, p. 53.
[6] *Ibid.*

droit et langue peuvent être rapprochés, ils sont parfois même confondus. Ne dit-on pas que le droit est une « langue » à part, qui aurait ses codes, ses significations, ses origines qui lui sont propres ? Pourtant, le droit est une matière vivante, accessible à tous, nécessaire à tous : nul n'est censé ignorer la loi. Chacun est ainsi supposé connaître les conséquences juridiques de ses faits ou de ses actes. Or, l'inflation normative et le recul du consensualisme floutent cette connaissance par tout un chacun de la règle de droit. Certains domaines sont plus touchés que d'autres. On observe alors la création d'un langage spécifique imbriqué dans une langue à part, la langue du droit.

Le cautionnement est l'une de ces langues spécifiques. Initialement commandé par la langue parlée, le cautionnement a vu sa notion se complexifier et son régime se diversifier. Au détriment de la clarté de l'engagement et allant à l'encontre de l'esprit initial de cette sûreté irriguée par « le service d'ami », le cautionnement est devenu, entre 1804 et 2021, une langue pratiquée par beaucoup mais comprise seulement de certains. Une distorsion s'est opérée entre le discours mental[7], – la représentation personnelle que l'on a de l'engagement pris en cas de défaillance du débiteur – et le discours public, mené par le législateur et le juge, où la linguistique a occupé une place de plus en plus prenante.

Le cautionnement est une des sûretés personnelles les plus anciennes. Elle est aussi la sûreté personnelle de référence[8]. Défini à l'article 2288 du Code civil comme étant « *le contrat par lequel une caution s'oblige envers le créancier à payer la dette du débiteur en cas de défaillance de celui-ci* »[9], le cautionnement est une sûreté pour le créancier qui bénéficie, en cas de défaillance de son débiteur, d'un droit sur le patrimoine d'un tiers, étranger à la dette. Le cautionnement a longtemps été considéré comme un acte de bienveillance, un service d'ami, que l'on se rend entre proches. De ce fait, le cautionnement est gratuit et a échappé pendant de nombreuses décennies aux exigences économiques puisque la caution s'engage pour une dette qui ne la concerne pas. Faisant échapper le créancier au droit de gage général prévu aux articles 2284 et 2285 du Code civil, ayant une constitution aisée, permettant une pression (personnelle) que peut réaliser la caution sur le

---

[7] Hobbes exprimait en ce sens que « *l'usage général de la parole est de transformer notre discours mental en discours verbal, et l'enchaînement de nos pensées en un enchaînement de mots* », *Léviathan*, I, 4.

[8] C.-A. MICHEL, *La concurrence entre les sûretés*, LGDJ, 2018, cité par M. BOURASSIN, *Droit des sûretés*, Sirey, 2024, p. 59.

[9] Avant la réforme, le cautionnement était défini comme « *Celui qui se rend caution d'une obligation se soumet envers le créancier à satisfaire à cette obligation, si le débiteur n'y satisfait pas lui-même* ». Sur l'analyse et les conséquences du changement dans la définition du cautionnement suite à la réforme du 15 sept. 2021, v. M. BOURASSIN, *Droit des sûretés*, Sirey, 2024, p. 61 et s.

débiteur et surtout un non-épuisement du crédit du débiteur, ces avantages – parmi d'autres – ont fait du cautionnement la proie des créanciers. Devenu une sûreté extrêmement utilisée, dans un contexte de bancarisation international, le cautionnement a aujourd'hui un autre visage que celui dépeint dans le Code civil de 1804.

Contrat unilatéral par essence, le législateur est intervenu à la fin des années 1980 pour protéger la caution, seule engagée dans le contrat de cautionnement, à payer une dette qui ne lui appartient pas. Si la règlementation a d'abord été restreinte à certains domaines spécifiques (crédit immobilier ou à la consommation[10] ou encore s'agissant d'un débiteur locataire[11]), les attentes du législateur se sont ensuite étendues au cautionnement conclu par une personne physique envers un créancier professionnel[12]. Le mode de protection de la caution s'est fondé sur le recours à un écrit. Le cautionnement est alors passé d'un langage parlé, exprimant une représentation mentale ; à un langage écrit, soumis aux attentes du discours public, qui exige que la caution formule qu'elle a clairement compris le sens et la portée de son engagement. Ce changement de constitution du cautionnement, qui est désormais soumis à un formalisme *ad validitatem*, a engendré de nombreux contentieux et une jurisprudence particulièrement riche. En vue de « *rendre son régime plus lisible et d'en améliorer l'efficacité, tout en assurant la protection de la caution personne physique* »[13], le Gouvernement est intervenu par voie d'ordonnance le 15 septembre 2021. Cette réforme est entrée en vigueur le 1er janvier 2022. Néanmoins, dans la mesure où les cautionnements antérieurs restent soumis au droit applicable avant la réforme, et qu'il est fort probable que le juge interprète les nouvelles dispositions à la lumière des précédentes, l'analyse proposée de la langue française au prisme du cautionnement se concentrera essentiellement sur le droit applicable aux cautionnements conclus avant le 1er janvier 2022, permettant aussi de mieux comprendre, par le recours à la linguistique, l'importance des changements opérés par le législateur lors de la réforme. On observera ainsi que si le recours à la langue manuscrite (I) a été le premier réflexe du législateur en vue de protéger la caution, les limites de l'écrit (II) ont imposé une atténuation de ce dernier.

---

[10] Loi n°89-1010 du 31 déc. 1989 relative à la prévention et au règlement des difficultés liées au surendettement des particuliers et des familles (loi dite Neiertz).

[11] Loi n°94-624 du 21 juill. 1994 rajoutant l'article 22-1 à la loi n°89-462 du 6 juill. 1989 (loi dite Madelin).

[12] Loi n°2003-721 du 1er août 2003 pour l'initiative économique (loi dite Dutreil).

[13] Article 60 I, 1° de la loi n°2019-486 du 22 mai 2019 relative à la croissance et la transformation des entreprises (loi dite Pacte).

I. Le recours à la langue manuscrite

Alors même que le consensualisme a toujours été un principe directeur du droit des contrats et plus généralement du Code civil, il est observé en matière de cautionnement un évincement de ce dernier au profit d'un formalisme aux fins de validité. Ainsi, si au commencement était le verbe (A), aujourd'hui celui-ci doit être écrit (B).

A. Au commencement était le verbe…

Pourquoi un tel besoin d'écrit ? L'Homme n'est-il pas libre de ses choix, exprimés indépendamment de toute forme écrite, par simple oralité ? Le consensualisme n'est-il pas l'essence originelle du droit civil français ? La réponse semble de prime abord positive puisque le législateur a pris la peine, lors de l'importante réforme du droit des contrats du 10 février 2016 de rappeler à l'article 1172 alinéa 1er du Code civil que « *les contrats sont par principe consensuels* ». Néanmoins, chaque principe souffre une exception. L'alinéa 2 du même article s'empresse de tempérer le propos énoncé en rappelant que les contrats solennels sont soumis à une forme prévue par la loi tandis que les contrats réels sont subordonnés à la remise de la chose. En matière de cautionnement, l'exception est devenue la règle : le formalisme prime sur le consensualisme. Une raison principale explique cette novation. L'inégalité économique entre co-contractants justifierait le recours au formalisme aux fins de protéger la partie faible, à savoir la caution.

Pourtant, en matière de cautionnement, la partie faible n'a pas toujours été la caution. Au contraire, se portant caution d'un proche (ami ou membre de la famille), la caution fait acte de bravoure en acceptant de se substituer au débiteur en cas de défaillance de celui-ci. Le courage d'Antonio qui se porte caution pour une livre de chair face au créancier Shylock[14] ou encore le don de soi de l'ami de Méros dans *La Caution* de Schiller[15] rappellent cette conception du cautionnement. Par ailleurs, nulle forme n'était alors demandée. Le seul engagement verbal valait. L'adage de Loysel « *on lie les bœufs par les cornes et les hommes par la parole* » connu au XVIe siècle exprime la force accordée au seul échange des volontés. C'est ainsi tout naturellement dans cette philosophie que le Code civil de 1804 retenait que

---

[14] W. SHAKESPEARE, *Le marchand de Venise*, Livre de poche, 2008.

[15] « *Méros court chez son ami : « Le roi veut que j'expie sur la croix ma malheureuse tentative ; cependant, il m'accorde trois jours pour assister au mariage de ma sœur ; sois ma caution auprès de lui jusqu'à mon retour. » Son ami l'embrasse en silence et va se livrer au tyran tandis que Méros s'éloigne. (…). Le soleil s'éteignait, quand Méros parvient aux portes de la ville ; il aperçoit l'échafaud et la foule qui l'environne ; on enlevait déjà son ami avec une corde pour le mettre en croix : 'Arrête, bourreau ! me voici ! cet homme était ma caution !'* », F. SCHILLER, *La Caution*, Traduction par G. DE NERVAL, Garnier frères, 1877 (p. 372-375).

le cautionnement était un service d'ami, dépourvu de toute forme. Consensualisme et autonomie de la volonté guidaient alors le contrat de cautionnement.

Mais la pure liberté contractuelle a mis en exergue un déséquilibre. Le déséquilibre classique bien sûr entre le créancier d'une part et le débiteur et sa caution d'autre part, mais également un autre type de déséquilibre. Un déséquilibre plus pernicieux, qui existerait entre catégories de caution. Dès les années 1980, le législateur isole certaines cautions auxquelles il va octroyer une protection renforcée, par le jeu du formalisme. Il en est ainsi notamment de la caution d'un crédit immobilier ou à la consommation (Loi Neiertz du 31 décembre 1989[16]) ou encore de la caution d'un débiteur locataire (Loi Madelin du 21 juillet 1994 rajoutant l'article 22-1 à la loi du 6 juillet 1989). Apparaissent alors des mentions en vue de protéger ladite caution, pourtant capable (juridiquement) de conclure un acte, mais à laquelle on attribuerait des vulnérabilités, de par son statut. La recherche de l'équilibre contractuel entre le créancier et la caution masque alors un autre but : celui de mettre en place une certaine égalité entre les cautions. La caution profane subirait ainsi des contraintes économiques, sociales, parfois morales la conduisant à accepter le contrat de cautionnement sollicité par le créancier et espéré par le débiteur pour obtenir son prêt. Sans aller jusqu'à considérer qu'elle contracterait sous le joug d'une violence, le législateur estime toutefois que la caution serait en position de faiblesse face au créancier. Pour contrer cet effet, le recours à l'écriture manuscrite permettrait de la protéger d'un engagement dont elle n'aurait pas conscience. À compter des années 2000, la langue française en droit du cautionnement n'engage alors plus que ceux qui l'écrivent, et non ceux qui la parlent.

B. … écrit à la main

Quelle place l'écriture occupe-t-elle dans ce besoin de vérifier « la connaissance de la portée de son engagement » ? Dans le contexte précité se développe la protection du consommateur dans l'Union européenne puis en France. Des recommandations européennes en vue de protéger le consommateur s'est développée une obligation française de recourir à la mention manuscrite pour garantir la protection de la caution. La loi Neiertz du 31 décembre 1989 ou la loi Madelin du 21 juillet 1994 ont ainsi obligé le recours au formalisme dès lors qu'il s'agissait – respectivement – d'un contrat de cautionnement consenti par une personne physique en garantie d'un crédit à la consommation ou immobilier souscrit par un consommateur et d'un contrat de cautionnement garantissant les obligations nées d'un bail

---

[16] Dont les prémices ont servi de base à un formalisme plus étendu *via* la loi Dutreil du 1er août 2003 précitée.

d'habitation. Mais c'est la loi Dutreil, du 1er août 2003, qui a mis pratiquement fin au consensualisme en matière de cautionnement. Dorénavant, la parole ne vaut plus, seule la mention donne validité au contrat de cautionnement. L'écrit manuscrit de l'engagement s'impose alors sur la spontanéité de l'engagement et la parole donnée, lorsque le cautionnement est passé entre une personne physique et un créancier professionnel[17].

Le législateur estime ainsi que pour prévenir la caution de la portée de son engagement, celle-ci doit recopier une mention manuscrite afin de prendre conscience des conséquences de son acte. Il s'agirait ainsi de donner à la caution, *via* la mention manuscrite, un rôle de représentation mentale[18] de la portée de son engagement. Pourtant, des études de psychologie cognitive ont pu démontrer que la représentation mentale peut se réaliser par le langage écrit comme parlé[19]. Si le législateur choisit l'écrit, c'est qu'il estime que ce dernier apportera une confrontation de la caution à la réalité de son engagement. En clair, en écrivant ce que la caution exprimait avant verbalement, celle-ci comprendra mieux la portée de son engagement.

Linguistiquement, chaque mot a un sens. Ce sens peut relever soit d'une définition usuelle, commune, inscrite par exemple dans un Dictionnaire de la langue française, soit renvoyer à un ressenti commun puis à un ressenti individuel. Le mot « immobilier » par exemple, va ainsi, – au-delà de sa définition inscrite dans le Dictionnaire Larousse –, renvoyer à une dénotation. La dénotation est considérée comme « *l'élément stable, non subjectif et analysable hors du discours, de la signification d'une unité lexicale (...)* »[20]. Tout un chacun aura comme dénotation à l'égard du mot « immobilier » l'image d'un bâtiment. Mais la connotation, qui constitue la signification personnelle du mot pour chaque individu, va varier. Le terme « immobilier » évoquera ainsi chez un individu la « crise », là où d'autres penseront à la « résidence principale » et aux souvenirs sous-jacents et où d'autres enfin, penseront peut-être à « l'achat » immobilier qui engendre fébrilité mais également vives inquiétudes. La connotation va alors renvoyer à « *un ensemble de significations secondes provoquées par l'utilisation d'un matériel linguistique particulier et qui viennent s'ajouter au sens conceptuel*

---

[17] Est considéré comme professionnel le créancier « *dont la créance est née dans l'exercice de sa profession ou se trouve en rapport direct avec l'une de ses activités professionnelles, même si celle-ci n'est pas principale* » : 1ère civ., 9 juill. 2009, *Bull. civ.* I, n°173.

[18] La représentation mentale provient du terme latin *repraesentare* (rendre présent). Représenter consiste « *à rendre quelque chose ou quelqu'un présent sous la forme d'un substitut ou en recourant à un artifice* », Trésors de la langue française, *in* J.-P. ROSSI, *Psychologie de la compréhension du langage*, de Boeck, 2008, p. 157.

[19] *Ibid.*, p. 152.

[20] *Dictionnaire de linguistique et des sciences du langage*, 1999, p. 135.

ou cognitif fondamental et stable, objet d'un consensus de la communauté linguistique, que constitue la dénotation »[21]. C'est là où le recours à la mention manuscrite prend tout son sens pour le législateur. Par la reproduction à la main d'une formule prévue, le législateur attend de la caution qu'elle réalise la portée de son engagement. Il fait sortir la connotation que peut avoir cette sûreté, traditionnellement liée au service d'ami, qu'en a la caution pour lui faire prendre un sens objectif, plus réaliste, celui d'une dénotation constituée d'un engagement à s'acquitter de la dette d'autrui si autrui n'y satisfait pas lui-même.

C'est dans cet objectif louable que le législateur, au nom de la protection de la caution, a imposé que la caution personne physique qui s'engage envers un créancier professionnel fasse précéder sa signature de la mention manuscrite suivante « *En me portant caution de X..................., dans la limite de la somme de................... couvrant le paiement du principal, des intérêts et, le cas échéant, des pénalités ou intérêts de retard et pour la durée de..................., je m'engage à rembourser au prêteur les sommes dues sur mes revenus et mes biens si X................... n'y satisfait pas lui-même.* »[22].

Cette mention, dont l'objectif était de confronter la connotation que pouvait avoir la caution de son engagement avec les conséquences réelles de celui-ci, est donc importante. Néanmoins cet objectif s'efface lorsque la caution reçoit par ailleurs des mises en garde qui suffisent à lui faire prendre conscience de la portée de son engagement[23]. Cela démontre que la représentation mentale peut en effet se réaliser par l'écrit ou l'oral[24]. En effet, lorsqu'un membre d'une profession judiciaire, tenu par un devoir de conseil tel qu'un notaire[25] ou un avocat[26] explique à la caution la portée de son engagement et rédige l'acte de cautionnement, la caution est dispensée de reproduire la mention manuscrite. L'acte authentique reçu par un notaire ou l'acte sous seing privé contresigné par l'avocat va ainsi se substituer à l'exigence de la reproduction de la mention manuscrite du seul fait qu'en vertu de leur devoir de conseil respectif, le notaire et l'avocat ont joué le rôle de la mention manuscrite en substituant à la caution sa connotation de l'acte d'engagement pour la remplacer par la dénotation qu'engendre l'acte.

Hormis l'acte de cautionnement pris par acte d'avocat ou par acte authentique, la caution personne physique, qui contracte envers un créancier

---

[21] *Ibid.*, p. 111.
[22] Art. (ancien) L. 331-1, C. conso.
[23] En ce sens, v. not. : 1ère civ., 24 févr. 2004, n°01-13930 ou encore Com., 6 juill. 2010, n°08-21760.
[24] J.-P. Rossi, *op. cit.*, p. 152.
[25] Art. 1369, C. civ.
[26] Art. 1374, C. civ.

professionnel, est donc tenue de reproduire la mention manuscrite afin de prendre conscience de son engagement. Cette obligation, dont l'objectif vu précédemment est louable, engendre toutefois quelques interrogations, lorsqu'elle est analysée de façon purement scripturale. Une coquille dans la reproduction signifie-t-elle réellement que la caution n'a pas connaissance de la portée de son acte ? *A contrario*, une mention manuscrite correctement rédigée permet-elle d'affirmer que la portée de l'engagement est parfaitement comprise ? Ces questions, comme tant d'autres au sujet de la mention manuscrite de l'acte de cautionnement mettent en exergue les limites de la langue écrite (II).

II. Les limites de l'écrit manuscrit

La question principale que pose l'obligation de reproduire exactement une mention manuscrite telle que celle de l'article L.331-1 du Code de la consommation est de savoir si la maîtrise de la langue écrite signifie automatiquement une compréhension du langage utilisé. Les juges ont eu tendance, dans un premier temps, à calquer la compréhension de l'engagement sur la reproduction écrite. Cette automaticité est néanmoins trop rapide. Parfois, un écrit mal rédigé n'emporte pas méconnaissance de la portée de l'engagement. *A contrario*, un écrit exactement reproduit ne signifie pas une compréhension exacte de l'engagement. Deux effets apparaissent : l'excès d'écrit amoindrit l'intérêt même de cet écrit (A) et l'écrit ne peut être pris seul en compte pour évaluer la compréhension de l'engagement (B).

A. Trop d'écrit, tue l'écrit

La conscience du sens et de la portée de l'engagement passe-t-elle nécessairement par une reproduction exacte de la mention ? Dans la négative, une simple erreur de reproduction de la mention manuscrite signifie-t-elle que la caution n'a pas conscience de la portée de son engagement ? C'est sur ces interrogations que la Cour de cassation a dû se prononcer plusieurs fois. En effet, en indiquant que dès lors qu'une caution personne physique s'engage envers un créancier professionnel, la mention manuscrite « *et uniquement (...) celle-ci* »[27] doit être reproduite, le législateur contraint à une réplique exacte de la mention… au détriment de la recherche de la compréhension réelle de l'engagement de la caution.

Plus pointilleux que n'importe quel logiciel anti-plagiat, certains juges du fond ont alors été pris dans une vérification exacte de la reproduction de la mention. Une seule lettre, un seul caractère manquant, une seule coquille et la mention n'a plus aucun effet juridique. Les conséquences sont alors

[27] L. 331-1, C. conso.

terribles pour le créancier, qui perd sa sûreté si convoitée, le privant du droit de recours contre le tiers caution. Cette rédaction, originellement conçue pour protéger la caution personne physique, déséquilibre le contrat de cautionnement au détriment du créancier. Subsidiairement, n'est-ce pas compromettre l'esprit de cette sûreté, irriguée par l'éternel sens du « service d'ami » ou encore, oublier l'objectif de la mention, qui est de s'assurer que la caution a une représentation mentale en phase avec la réalité de son engagement ? La mention est devenue le *nihil obstat* du contrat. Exactement reproduite, elle fait courir toutes les conséquences juridiques prévues par l'acte. Une seule erreur et elle emporte la déchéance totale. Le formalisme écrit prévaut alors sur le fond, revenant à admettre que la représentation mentale par la caution du sens et de la portée de son engagement ne peut passer d'une part, que par la forme écrite ; d'autre part, que dans une forme écrite à la justesse imparable.

La Cour de cassation est alors intervenue le 5 avril 2011 pour préciser que si « *la nullité d'un engagement de caution souscrit par une personne physique envers un créancier professionnel est encourue du seul fait que la mention manuscrite portée sur l'engagement de caution n'est pas identique aux mentions prescrites* » cela ne valait pas lorsqu'il s'agissait « *d'erreur matérielle* » [28]. La Cour de cassation a joué son rôle de créatrice de normes spontanées[29] en amoindrissant la règle légale posée par le législateur pour l'adapter aux besoins du cautionnement. La jurisprudence fut si riche qu'il serait impossible d'être exhaustif. On notera toutefois que la Cour de cassation a admis que des fautes d'orthographe[30] ou de ponctuation[31] n'entachaient pas la formule d'un vice de forme *ad validitatem*. Encore, que

[28] Com., 5 avril 2011, n°09-14.358 ; Com., 5 avril 2011, n°10-16.426 (« *l'apposition d'une virgule entre la formule caractérisant l'engagement de caution et celle relative à la solidarité n'affecte pas la portée des mentions manuscrites conformes aux dispositions légales* »).

[29] P. DEUMIER, *Le droit spontané*, Economica, 2002, p. 195, n°215. V. aussi J. BOUINEAU, J. ROUX, *200 ans de Code civil*, ADPF, p. 150 qui réalisent une métaphore entre le juge et le musicien tout à fait à propos dans le cadre du cautionnement : « *En mettant le texte juridique en musique, par la vibration des cordes de sa jurisprudence, il (le juge) l'enrichit de son génie propre et lui donne véritablement vie (...)* ».

[30] Com., 6 juill. 2022, n°20-17.355 : « *l'emploi du singulier sur l'un des termes de l'expression « mes revenus et bien » n'est qu'une faute d'accord entre le pronom « mes » et le substantif « bien », qui doivent s'accorder en genre et en nombre* ».

[31] 1ère civ., 11 sept. 2013, n°12-19.094 : « *ni l'omission d'un point ni la substitution d'une virgule à un point entre la formule caractérisant l'engagement de caution et celle relative à la solidarité, ni l'apposition d'une minuscule au lieu d'une majuscule au début de la seconde de ces formules, n'affectent la portée des mentions manuscrites* » ; Com., 14 juin 2016, n°15-11.106 : « *l'absence de reproduction manuscrite de la ponctuation ne peut être considérée comme révélant un problème de compréhension de la part de la caution et que le simple oubli de la ponctuation, à l'exclusion de tout autre élément, permet de qualifier ce manque de simples erreurs matérielles* ».

des imprécisions quant au nom du débiteur[32] ou à la durée du cautionnement n'avaient pas de conséquences sur la validité de la mention légale. Également, que des ajouts[33], ou, *a contrario* des omissions[34], n'affectaient pas non plus la validité du cautionnement, tout au mieux en réduisaient-ils l'étendue. Mais que, naturellement, dès lors qu'une omission sème le doute sur la portée de l'engagement de la caution, comme l'absence d'une désignation précise du débiteur ou une mauvaise détermination de celui-ci, l'engagement devait être nul[35].

Par sa jurisprudence variée et extrêmement fournie, la Cour de cassation a limité la place de l'écrit dans l'objectif visé par le législateur. La représentation mentale peut passer par un écrit mais ne doit pas être limitée à ce dernier. Cela s'impose, car rien n'indique qu'une maîtrise parfaite de la langue écrite emporte une compréhension assurée du langage utilisé.

B. La maîtrise de la langue écrite signifie-t-elle la compréhension du langage utilisé ?

Lorsque l'exactitude de la reproduction de la mention est respectée, la compréhension de la langue française et dès lors de l'engagement souscrit (langage du droit) sont-ils nécessairement acquis ? On note de nombreux arrêts qui, passant au peigne fin la reproduction exacte de la célèbre phrase de l'article L. 331-1 du Code de la consommation, pourraient attribuer à la formule la force juridique prévue. Il n'en est parfois rien. Un autre point de contrôle s'effectue alors, par le jeu de l'interprétation téléologique. Ainsi, après avoir vérifié l'écriture, les juges s'attachent alors à vérifier la compréhension. Certaines décisions démontrent que l'on peut parfois reproduire exactement une mention sans comprendre ce à quoi l'on s'engage.

C'est l'hypothèse par exemple de l'acte de cautionnement signé de la main d'une tierce personne, telle que la secrétaire. Dans ce cas, la Cour de cassation constate une mention manuscrite parfaitement reproduite mais un détail, et non des moindres, trouble le contrôle de la compréhension du sens et de la portée de l'engagement de la caution. Ladite mention produite aux

---

[32] Com., 21 nov. 2018, n°16-25128.

[33] Com., 27 janv. 2015, n°13-24.778 : « *la banque avait fait ajouter, après la mention « au prêteur* », les mots suivants : « *ou à toute personne qui lui sera substituée en cas de fusion, absorption, scission ou apports d'actifs* », l'arrêt retient que cet ajout, portant exclusivement sur la personne du prêteur, ne dénature pas l'acte de caution et n'en rend pas plus difficile la compréhension ».

[34] Com., 1er oct. 2013, n°12-20.278 ; Com., 4 nov. 2014, n°13-24.706.

[35] Com., 24 mai 2018, n°16-24.400.

débats n'est pas, de façon certaine, attribuée à la caution[36] ou encore, a été écrite par un tiers mais est signée, dans tous les cas, par la caution elle-même. Un peu à l'instar de l'acte de cautionnement rédigé par acte notarié ou par acte d'avocat, la Cour de cassation vérifie si la caution, à défaut d'avoir su écrire la mention, a réellement compris la portée de son engagement[37]. Lorsque cela n'est pas le cas, la Haute juridiction annule l'engagement du garant[38]. Lorsqu'en revanche, le tiers caution a toujours fait appel à sa secrétaire « *chargée habituellement de le faire à sa place, de l'accompagner lors de la souscription du cautionnement, (et) qu'il avait signé après qu'elle eut inscrit la mention manuscrite* », la Cour de cassation déduit de cet accompagnement usuel la conscience de la portée de son engagement par la caution[39]. La solution est bien sûr répétée lorsque la caution se sert de ce procédé pour contester par la suite le cautionnement conclu[40]. Dans d'autres cas, même si la mention est correctement reproduite, si elle est « déniée ou méconnue » par son auteur, elle met en péril la validité du cautionnement, du seul fait qu'un doute existe sur la compréhension du sens et de la portée de l'engagement de la caution[41]. L'on voit alors que la Cour de cassation se plonge, au-delà du contrôle du formalisme, dans l'étude de la compréhension de l'engagement par la caution, but initial de la loi Dutreil.

La Haute juridiction réalise donc un double contrôle : tout d'abord purement formel, sur la place et la rédaction de l'écrit et l'impact des éventuelles erreurs matérielles ; puis le contexte de celui-ci[42]. En cas de validité du premier, elle recherche ensuite si la représentation mentale (connotation) de l'engagement est présente.

Ce contexte est souvent pris en considération au travers d'un élément, qu'il est impossible de reproduire ou faire reproduire par un tiers : la

---

[36] Sur un acte de cautionnement dont la rédaction par la main de la caution est remise en cause, alors même que les mentions manuscrites sont correctement reproduites et que le tiers caution l'a bien signé, v. Com., 28 févr. 2018, n°16-23.975.

[37] Naturellement, la compréhension de l'engagement ne peut être établie lorsque la caution est illettrée. Dans un tel cas, le recours à un acte authentique est indispensable : 1ère civ., 9 juill. 2015, n°14-21.763.

[38] Com., 13 mars 2012, n°10-27.814.

[39] Com., 20 sept. 2017, n°12-18.364.

[40] Com., 5 mai 2021, n°19-21.468.

[41] Com., 14 mars 2018, n°16-20.262. Au sujet d'une caution d'origine libanaise niant avoir écrit la mention manuscrite correctement reproduite.

[42] Com., 4 juill. 2018, n°16-21.743 et n°16-21.787. La Cour de cassation retient que les mentions manuscrites sont correctement écrites mais, au regard du contexte (situation financière fragile d'une société familiale) et de la contestation par la caution d'avoir écrit de sa main les mentions exigées, l'arrêt de Cour d'appel qui admet la validité du cautionnement du seul fait de la reproduction exacte de la mention manuscrite légale doit être cassé.

signature. La signature, qui doit suivre la mention manuscrite selon les attentes légales, est scrupuleusement vérifiée par la Cour de cassation. En effet, quoi de plus personnel qu'une signature pour indiquer que l'engagement est compris ? Certains arrêts se sont donc penchés sur le paradoxe suivant : la mention manuscrite est correctement rédigée, idéalement par la main de la caution elle-même, mais l'existence ou la place de la signature indique qu'un doute peut subsister sur la compréhension de l'engagement. Dans ce cas, la Cour de cassation annule l'acte de cautionnement. Cela se justifie pour deux raisons. D'une part, la prescription légale est très claire, le législateur attend qu'une signature (et non un paraphe, notamment), soit posée après la mention manuscrite précisément reproduite ; d'autre part, la signature est un élément d'identification légale du signataire qui, en outre, assure que ce dernier a compris l'acte pour lequel il signe et qu'il en est véritablement l'auteur[43]. Nombreuses sont les décisions lors desquelles la Cour de cassation a eu l'opportunité de rappeler l'exigence d'une signature sous la mention manuscrite[44]. La Haute juridiction, appliquant les exigences légales justifiées par la nécessité d'identifier l'auteur et vérifiant qu'au-delà de la reproduction de la mention, le sens et la portée de l'engagement sont compris, a ainsi annulé un cautionnement dont la « *signature est contournée par les mentions manuscrites qui l'enveloppent* »[45] ou encore un cautionnement dont la signature est réalisée sur la page précédant la mention, laquelle est confirmée par un paraphe reporté sous la mention[46]. La jurisprudence a parfois été hésitante lorsque, sur la même page, la signature précède la mention qui elle-même précède un paraphe. Un arrêt de 2016[47] a ainsi retenu la validité de l'acte de cautionnement là où un arrêt plus récent l'a refusée[48].

Ce double contrôle de la Cour de cassation, d'abord scriptural puis téléologique, présente plusieurs défauts. L'interprétation casuistique n'est jamais rassurante dans les relations de crédit. Le créancier craindra toujours une appréciation de la situation qui jouera en sa défaveur et le privera de tout droit de recours contre la caution. En outre, les nombreuses hésitations jurisprudentielles ou encore revirements, voire oppositions entre certaines chambres de la Haute juridiction laissent un sentiment d'insécurité juridique. Ce sentiment, s'il est délétère pour les protagonistes dont l'affaire est

---

[43] Signature : « Nom d'une personne écrit de sa main, mis à la fin d'une lettre, d'un contrat, ou d'un acte quelconque, pour le certifier, pour le confirmer, pour le rendre valable », https://www.cnrtl.fr/definition (consulté le 10 nov. 2024).

[44] V. not. Com., 22 janv. 2013, n°11-22.831 ; Com., 17 sept. 2013, n°12-13577 ; Com., 1er avril 2014, n°13-15.735 ; plus récemment : Com., 15 mars 2023, n°21-21.840.

[45] Com., 26 juin 2019, n°18-14.633.

[46] Com., 8 sept. 2021, n°19-16.012.

[47] 1ère Civ., 22 sept. 2016, n°15-19.543.

[48] 3ème Civ., 11 juill. 2024, n°22-17.252.

tranchée, renvoie aussi et surtout une inquiétude aux futurs contractants d'un cautionnement. Cette inquiétude est accrue lorsque ces derniers ne connaissent pas bien le système juridique français. Force est de constater que la langue du droit du cautionnement n'est pas aisée à maîtriser pour des investisseurs étrangers, qui se perdraient entre la lettre du Code – éparpillée et confuse – et l'application faite par la Cour de cassation, selon ses chambres.

Dans ce contexte, la loi PACTE du 22 mai 2019 a autorisé le Gouvernement à intervenir pour « *réformer le droit du cautionnement, afin de rendre son régime plus lisible et d'en améliorer l'efficacité, tout en assurant la protection de la caution personne physique* »[49]. Par une ordonnance en date du 15 septembre 2021, le législateur a abrogé les dispositions relatives à la mention manuscrite de la caution personne physique qui souscrit un acte de cautionnement avec un créancier professionnel, qui étaient présentes dans le Code de la consommation. En remplacement est créée une seule base juridique : l'article 2297 du Code civil, qui s'applique aux cautionnements conclus à compter du 1er janvier 2022. Si le formalisme est limité à l'attente de trois points intangibles (cause, étendue et conséquence de l'engagement), la rédaction de la mention par la main de la caution est toujours attendue. D'aucuns diront que cela va alléger les contrôles scripturaux et linguistiques de la Cour de cassation ; mais nul doute pour autant que le contentieux sur le sens et la portée de l'engagement de la caution restera, au moins pour partie[50].

---

[49] Art. 60, I, 1° de la loi n°2019-486 du 22 mai 2019 relative à la croissance et la transformation des entreprises (loi dite PACTE).

[50] M. BOURASSIN, « Qualification et formation du cautionnement : une réforme en clair-obscur », *RDC* 2021/4, p. 81.

Des concepts et des ontologies. L'exemple du diptyque « Environnement-Nature » en France et au Japon

Claire JOACHIM
Maîtresse de conférences en droit public
Université de la Nouvelle-Calédonie, LARJE, CECOJI

Yumiko NAKANISHI
Professeure de droit
Université d'Hitotsubashi (Japon)

Demandez à votre voisin quelle est la différence entre ces deux termes : « environnement » et « nature ». La réponse n'est pas aisée. Si on interroge deux personnes issues de cultures différentes, un kaléidoscope conceptuel apparaît. C'est ce qui a été fait dans le cadre de cette recherche franco-japonaise autour du diptyque « environnement-nature ». Après un travail théorique amorcé il y a plusieurs années[1], le choix d'un déploiement sur le terrain a été fait. Les réponses varient : de la notion de nature désignant « les différents éléments de la nature pris en tant que tels », à une notion d'environnement se rapportant « aux interactions hommes-nature »[2]. Les institutions sont elles-mêmes quelque peu confuses, usant parfois de l'un ou l'autre comme des concepts interchangeables[3]. Au Japon comme en France, les manuels juridiques qui traitent de la conservation de la nature sont intitulés « Droit de l'environnement », et non droit de la « nature »[4]. Le texte-socle du domaine de l'environnement au Japon s'intitule « *loi fondamentale sur l'environnement* »[5], et non loi fondamentale sur la nature. L'intelligence artificielle sollicitée sur la question n'est pas plus claire. Si la nature est, selon ChatGPT, « *associée à tout ce qui n'est pas créé par l'Homme* », l'environnement est « *un concept [...] plus large (qui) inclut non seulement*

---

[1] Dont les premiers résultats sont publiés dans C. JOACHIM, Y. NAKANISHI, « La protection de l'eau en France et au Japon : réflexions comparatives », *Hitotsubashi Journal of Law and Politics*, Volume 51, 2023.

[2] Réponse n°1 au questionnaire YN-CJ, diffusé en Juill. & Août 2024, en France (métropole et Nouvelle-Calédonie) et au Japon.

[3] Tant d'un point de vue organique que matériel, le diptyque « environnement-nature » est employé indistinctement au niveau institutionnel. V. par ex. le site Internet du ministère français de la transition écologique : https://www.ecologie.gouv.fr/ (consulté le 26/09/2024).

[4] Par ex., les manuels classiques sur le droit de l'environnement au Japon comprennent : O. TADASHI, *Le droit de l'environnement*, Yuhikaku, 2020 ; Y. KITAMURA, *Le droit de l'environnement*, Koubundo, 2020. En France, not. : R. ROMI *et al.*, *Droit de l'environnement et du développement durable*, Paris, L.G.D.J., 2024. Dans ce dernier ouvrage, les difficultés d'identification de la matière sont clairement identifiées.

[5] La loi fondamentale sur l'environnement est entrée en vigueur en novembre 1993.

la nature mais aussi les interactions entre les éléments naturels et les activités humaines »[6].

Étymologiquement, en français, le terme de « nature » est dérivé du terme latin « nasci », qui signifie « naître ». « Environnement » date du XIIIe siècle et prend le sens de « circuit, contour »[7]. En japonais, « nature » se dit « 自然 » (shizen) et « environnement » devient « 環境 » (kankyo), ce dernier étant un concept européen importé sous l'ère Meiji (1868-1912). La modernisation du Japon a progressé depuis et le système juridique japonais est désormais similaire à ceux que l'on trouve en Occident.

La littérature distingue communément deux grandes approches de la perception des éléments de la nature et/ou de l'environnement. Tout d'abord, l'anthropocentrisme considère la nature principalement en termes de ressources et services fournis à l'humanité. En second lieu, l'écocentrisme met l'accent sur la valeur intrinsèque de la nature[8]. Si elle connaît des évolutions majeures, la tradition occidentale est souvent considérée comme étant anthropocentrée, fondée sur l'utilitarisme, tandis que la tradition japonaise se rapproche de l'approche écocentrée, en raison de sa coloration holistique et de l'accent mis historiquement sur l'harmonie entre l'Homme et la nature[9]. Les débats de la doctrine contemporaine se concentrent autour de la reconnaissance de la nature en tant que sujet de droit[10] comme solution à adopter pour rendre sa protection plus effective. Un mouvement international émerge pour la reconnaissance des droits de la nature, voire pour conférer une personnalité juridique à des entités naturelles. La Constitution équatorienne de 2008[11] et la loi néerlandaise du 20 mars 2017[12] en sont des exemples saillants. Or, derrière les concepts se cachent des traditions, des cultures et des visions du monde : des ontologies.

La comparaison de la distinction opérée entre les deux concepts en France et au Japon revêt un double intérêt. Si le droit est affaire de concepts et de définitions, la comparaison des droits offre une perspective

---

6 Réponse à la demande suivante soumise à l'IA ChatGPT le 26/09/2024 : « Comparez les concepts de nature et d'environnement ». V. site Internet de ChatGPT : https://openai.com/chatgpt/ (consulté le 26/09/2024).

7 V. site Internet du dictionnaire de l'Académie française : https://www.dictionnaire-academie.fr/ (consulté le 26/09/2024).

8 S. GAGNON THOMPSON, M. BARTON, « Ecocentric and anthropocentric attitudes toward the Environment », *Journal of Environmental Psychology*, 14, 1994, pp. 149-157.

9 C. JOACHIM, Y. NAKANISHI, « La protection de l'eau en France et au Japon : réflexions comparatives », *Hitotsubashi Journal of Law and Politics*, Volume 51, 2023.

10 M.-A. HERMITTE, « La nature, sujet de droit ? », *Annales HSS,* janv.-mars 2011, n°1, p. 173-212.

11 Constitution de la République de l'Equateur du 28 sept. 2008, article 71.

12 V. Conclusions du Rapporteur public L. Domingo, 7 mai 2024, Décision n°492621, p. 2.

intéressante. Elle ouvre un champ d'investigations bien plus large que la seule sémantique. Elle met en exergue le rapport spécifique qu'une société entretient avec l'objet qu'elle encadre et/ou protège par les règles de droit. Il s'agit de l'ontologie, cette vision du monde propre à chaque culture. Dans le domaine environnemental, nous nommerons cette ontologie « écologique », laquelle représente le rapport qu'une société entretient avec le vivant. Cette ontologie est spécifique dans chaque culture et des différences ressortent avec d'autant plus d'acuité dans une comparaison entre la France et le Japon.

Du point de vue de la science du droit, la France est présentée dans la littérature comparatiste classique comme un système de droit romano-germanique, tandis que le Japon est considéré comme un système mixte en raison des influences de common law (droit américain) et de droit continental (droit français, droit allemand)[13]. Notons que la spécificité du droit japonais fait l'objet de débats dans la doctrine comparatiste. La nature de la cohabitation entre le droit étatique et les giris, règles traditionnelles réglementant les relations sociales, ne fait pas l'unanimité. À l'instar de G. F. Colombo, on peut soulever le peu de doctrine disponible en droit comparé impliquant le droit japonais, lequel a des difficultés à entrer dans les classifications classiques comparatistes. Néanmoins, une partie de la doctrine soutient qu'une comparaison de la protection de la nature telle qu'opérée par un Etat occidental comme la France et celle d'un Etat asiatique comme le Japon ne constitue pas une difficulté insurmontable[14]. Certains auteurs, comme le professeur Mushkat, affirment en effet que si les spécificités asiatiques, et plus précisément japonaises, existent, elles ne seraient pas le socle d'un conflit idéologique entre l'Est (l'Asie) et l'Ouest (l'Occident) rendant toute comparaison impossible. D'autres auteurs, à l'instar de Y. Ghai, reprennent l'idée d'absence de conflit civilisationnel et vont plus loin : il existerait des éléments communs entre l'Asie et l'Occident[15]. Cela transparaîtrait dans le développement d'un socle idéologique analogue : la protection d'une « good human life »[16]. Concept fondant la théorie libérale occidentale, il est également fondamental dans les cultures non-occidentales. Il implique non seulement la protection de

---

[13] G. CUNIBERTI, *Grands systèmes de droits contemporains*, Paris, L.G.D.J., Lextenso, 2011, pp. 304 s. ; G. F. COLOMBO, « Japan as a victim of comparative law », *Michigan State International Law Review*, Vol. 22.3, 2014, pp. 731-753. Au sujet du droit japonais en général, v. H. BAUM, *Japan: Economic Success and Legal System*, Berlin, Walter de Gruyter, 2013, 421 pages ; D. H. FOOTE, *Law in Japan: A Turning Point*, Seattle, University of Washington Press, 2011.

[14] R. MUSHKAT, *International Environmental Law and Asian Values*, Vancouver, UBC Press, 2004, pp. 10 s.

[15] Y. GHAI, « Asian Perspectives on Human Rights », *in* J. T. H. TANG (dir.), *Human Rights and International Relations in the Asia Pacific Region*, Londres, Pinter, 1995.

[16] M. FREEMAN, « Human Rights : Asia and the West », in J.T.H. Tang (dir.), *op. cit.*, p. 20.

l'humain, mais aussi de son habitat, quelle qu'en soit la qualification retenue. Il n'existerait donc pas, selon cette approche, d'incompatibilité intrinsèque entre les cultures occidentales et asiatiques empêchant une analyse comparative de deux pays issus de ces aires. *A fortiori*, une telle comparaison permettrait d'apporter des pistes de réflexion sous un regard nouveau ; et de proposer un renouveau non seulement des grilles d'analyses théoriques apposées au droit japonais, mais aussi en pratique dans la formulation des règles de droit international de l'environnement.

Seront ainsi abordés en premier lieu les liens entre les concepts et les ontologies écologiques en France et au Japon (I), pour ensuite vérifier nos hypothèses théoriques lors du travail de terrain (II).

I. Des concepts et des ontologies

La littérature est prolifique au sujet des différences culturelles entre l'Occident et l'Asie[17]. Au sujet des liens entre la société et la nature, les différences sont exacerbées, ce que le diptyque « environnement-nature » permet de représenter dans une certaine mesure. En Occident, c'est un dualisme entre l'humanité et l'environnement qui prédomine, lequel est basé sur la séparation entre les humains et les non-humains. Dans les cultures asiatiques, la frontière est floue, et c'est la nature formant un tout qui ressort, ce que certains auteurs nomment monisme[18]. Pour aller plus loin, l'anthropologie est d'une aide précieuse : les concepts d'environnement et de nature représentent respectivement une réalité spécifique, propres à une ontologie particulière. Cela ressort d'un point de vue théorique, une hypothèse que nous avons souhaité vérifier sur le terrain[19].

Les termes « environnement » et « nature » se confondent souvent au plan institutionnel et matériel. Pensons à la loi japonaise sur la protection de la nature dont l'objectif est de promouvoir de manière globale la conservation appropriée de l'environnement naturel, notamment en assurant la diversité biologique dans les zones où cela est particulièrement nécessaire, afin que le grand public puisse profiter de ses bienfaits. En outre, il s'agit de les transmettre aux générations futures de citoyens, contribuant ainsi à assurer une vie saine et cultivée aux personnes du présent et de l'avenir. Ici, la nature et l'environnement sont intimement liés et réunis sous le vocable de la nature (« 自然 » (shizen)). Cela provient d'un mélange ontologique opéré

---

[17] V. à ce sujet C. JOACHIM, « Le cas de l'Asie – Variations sur le thème des *asian values* », *in* C. LAGEOT et J.-J. SUEUR (dir.), *Cultures et libertés : Des espaces pertinents pour un droit comparé à l'échelle globale*, Paris, L.G.D.J., 2023.

[18] H.-K. YOON, « A premilinary attempt to give a birdseye view on the nature of traditional eastern (asian) and western (european) environmental ideas », *in* E. EHLERS, C.F. GETHMANN (Eds.), *Environment Across Cultures*, Springer, p. 141.

[19] V. *infra*.

lors de la modernisation du Japon sous l'ère Meiji : ontologies naturaliste et animiste se sont ainsi rencontrées.

Il est en effet communément admis que le Japon traditionnel relève de l'ontologie animiste[20]. Ph. Descola décrit cette ontologie en établissant que dans la relation à la nature, les cultures animistes privilégient la similitude des intériorités[21]. En effet, il y a une imputation par les humains à des non-humains d'une intériorité identique à eux. Ainsi, si les âmes (d'une plante, d'un animal) sont similaires, les physicalités sont différentes[22]. C'est ce qu'on retrouve dans la tradition japonaise avec l'idée selon laquelle tout élément habitant le Monde est détenteur d'un esprit, une âme : ce sont les « kamis »[23]. En conséquence, selon Ph. Descola, l'humanisation des plantes et des animaux implique des relations ritualisées entre eux et avec les humains. Cela implique aussi une continuité substantielle des organismes : les êtres vivants sont constitués des mêmes matières. Le Japon moderne relève ontologiquement du naturalisme en raison de l'occidentalisation de la société opérée dès le XIXe siècle et la fin de l'isolement de l'archipel. Cette occidentalisation s'est renforcée à la suite de la Seconde Guerre mondiale et une réception accrue des droits américain, allemand et français[24].

Le mélange ontologique semble également s'opérer en droit français sous l'exemple spécifique de la Nouvelle-Calédonie. La tradition kanak relève en effet de l'approche animiste. Leenhardt décrit dans son ouvrage consacré à cette dernière que « *la structure de la plante et la structure du corps humain se répondent : une identité de substance les confond dans le même flux de vie* »[25]. Un même terme, en langue kanak, désigne le corps des plantes et celui des animaux et des humains : « karo ». « Karo rhe » désigne le corps de l'eau (la masse d'un fleuve), « karo boe » le corps de la nuit (la Voie lactée) et « karo kamo » désigne le corps de la personne[26]. Il en est de même pour les parties dures du corps, l'ossature est désignée par le terme « ju » : le cœur du bois, les débris de corail (ossature de la mer), le squelette humain. L'identité de structure et de substance entre le monde végétal et l'humain se retrouve dans la nomenclature végétale des mélanésiens : les intestins sont des entrelacs de lianes par exemple[27]. Ainsi, dans la tradition japonaise comme dans la tradition kanak, « *les relations entre les humains et les non-*

---

[20] C. JOACHIM, Y. NAKANISHI, *op.cit.*
[21] Ph. DESCOLA, *Par-delà nature et culture*, Paris, Gallimard, 2005, p. 229 s.
[22] *Ibid.*
[23] C. JOACHIM, Y. NAKANISHI, *op.cit.*
[24] *Ibid.*
[25] M. LEENHARDT, *Do kamo – La personne et le mythe dans la monde mélanésien*, Paris, Gallimard, p. 68.
[26] *Ibid.*
[27] M. LEENHARDT, *op. cit.*, p. 62.

humains sont avant tout des relations de personne à personne, entretenues et consolidées au fil de l'existence de tous et de chacun »[28].

La province calédonienne des Îles Loyauté a adopté son Code de l'environnement en 2016[29] dans lequel a été inséré l'article 110-3. Il est intéressant à plus d'un titre car il procède notamment à un métissage entre les ontologies naturaliste (un Code de l'environnement) et animiste (l'octroi de la personnalité juridique à certains éléments de la Nature). Il dispose que : « *Le principe unitaire de vie qui signifie que l'homme appartient à l'environnement naturel qui l'entoure et conçoit son identité dans les éléments de cet environnement naturel constitue le principe fondateur de la société kanak. Afin de tenir compte de cette conception de la vie et de l'organisation sociale kanak, certains éléments de la Nature pourront se voir reconnaître une personnalité juridique dotée de droits qui leur sont propres [...]* »[30]. Les termes choisis dans cet article (« *environnement naturel* » notamment) laissent apparaître la volonté prégnante qui a présidé aux débats lors de la rédaction dudit code : procéder à un savant mélange entre vision française et vision kanak des éléments de la nature[31]. Cet article 110-3 est en soi un exemple marquant de tentative de métissage juridique des ontologies naturaliste (française) et animiste (kanak), ce qui ne s'est pas fait sans complications[32]. Le sort réservé aux dispositions qui devaient être insérées dans ledit code sur la base de cet article 110-3 en est la preuve[33].

L'ontologie naturaliste, propre aux sociétés occidentales, revêt des caractéristiques différentes. Ph. Descola relève que dans la pensée moderne « *la nature n'a de sens qu'en opposition aux œuvres humaines* »[34]. On retrouve le sens premier du terme « environnement » établi par l'Académie française : un contour, ce qui entoure l'humain et ses activités[35]. Un détour par la religion s'impose ici. Selon la Genèse (telle qu'interprétée par l'historien Lynn White Jr en 1967) les êtres humains furent créés à l'image de Dieu, ce qui leur conférait une supériorité sur la nature. Tant juifs que chrétiens, les êtres humains se perçurent comme séparés du reste de la nature

---

[28] Ph. DESCOLA, *op. cit.*, p. 54.

[29] Délibération n°2016-13/API du 6 avril 2016.

[30] Art. 110-3 du code de l'environnement de la province des Îles Loyauté.

[31] V. à ce sujet C. David, V. DAVID, « L'émancipation contrariée du droit de l'environnement en Nouvelle-Calédonie », *RJE*, 2021/2, vol. 46, pp. 265-282.

[32] *Ibid.*

[33] Le Conseil d'Etat a en effet rejeté la validité de ces dispositions, en se détournant de sa jurisprudence classique en matière de partage des compétences tant l'avancée paradigmatique est ambitieuse. V. CE, Avis, 31 mai 2024, n°492621.

[34] Ph. DESCOLA, *op. cit.*, p. 31.

[35] V. site Internet du dictionnaire de l'Académie française : https://www.dictionnaire-academie.fr/ (consulté le 26/09/2024).

et autorisés à l'assujettir[36]. Si plusieurs interprétations différentes ont été proposées[37], c'est celle-ci qui a prévalu dans le christianisme, au moins jusqu'en 2015, date d'une tentative de basculement par la publication de l'encyclique « Laudato si' » du pape François[38]. Le fossé entre l'humain et la nature s'est donc constitué en Occident sur la base du christianisme. Les XVe et XVIe siècles vont creuser encore ce fossé, avec les théories de Bacon (« *l'homme doit, par sa science et son travail, triompher des éléments de la nature et ainsi effacer le péché originel* »), ou encore de Descartes (la nature est « *une substance passive* », l'animal est un « *automate sans âme* »)[39]. Les grandes conquêtes coloniales et l'usage exponentiel de l'énergie vont cristalliser cet écart homme-nature. Les droits européens vont être influencés par une synergie entre ce climat philosophique dominant centré sur le « despotisme », et trois sources juridiques : la coutume, le droit canonique et le droit romain. Tant les droits de tradition romano-germanique que ceux appartenant à la famille de common law sont irrigués par ces trois sources. La réunion de chacune d'entre elles, sur le terreau philosophique dominant, fonde une approche particulière de l'environnement : une approche utilitariste. Les postulats chrétiens, coutumiers et romanistes, même dans les pays de common law, apparaissent comme des facteurs majeurs[40]. Le droit canonique est largement influencé par les croyances du christianisme, pour lequel l'aspect fonctionnel de l'environnement est clairement identifiable.

On retrouve cette approche en droit français comme en droit japonais moderne : les systèmes juridiques de protection de l'environnement sont fondés sur cette approche utilitariste. Leur objectif est de protéger des ressources[41] naturelles qu'il faut gérer et conserver à des fins d'utilisation. À titre d'exemple, en ce qui concerne la protection de l'eau, la logique atteint son paroxysme au Considérant 1er de la Directive-cadre sur l'eau du 23 octobre 2000, lequel dispose que « *(l)'eau n'est pas un bien marchand comme les autres [...]* ». Ce qui laisse supposer que si ce n'est pas un bien marchand comme les autres, il s'agit tout de même d'un bien marchand. Un système de gestion intégrée des ressources en eau (GIRE) basé sur une protection par bassins versants a été mis en place en France comme au

---

36 L. WHITE Jr., « The historical roots of our ecological crisis », *Science*, vol. 155, n°3767, 10 mars 1967.
37 V. à ce sujet C. JOACHIM, Y. NAKANISHI, *op.cit.*
38 E. AESCHIMANN, P. RICHÉ, *op. cit.*, p. 10.
39 *Ibid.*
40 D. FISHER, *The Law and Governance of Water Resources – The Challenge of Sustainability*, Cheltenham (UK), Edward Elgar Publishing Limited, 2009, p. 168 & s.
41 Précisons que la première édition du Dictionnaire de l'Académie française datant de 1694 en donne la définition suivante : « *Ce qu'on employe, & à quoy on a recours au defaut d'autres secours, d'autres moyens* ». V. site Internet du dictionnaire de l'Académie française : https://www.dictionnaire-academie.fr/ (consulté le 26/09/2024).

Japon[42]. Cette approche implique une séparation entre les humains et les non-humains propre à l'ontologie naturaliste. On retrouve l'étymologie du terme « environnement » : ce qui entoure l'humain, lequel est de fait séparé des non-humains. Le Japon moderne a adopté cette ontologie dans le cadre de sa modernisation sous l'ère Meiji[43]. On pourrait donc en conclure que la France comme le Japon, malgré des différences culturelles majeures au départ, connaissent des rapprochements dans les systèmes juridiques de la protection de l'environnement. Néanmoins, il ne faut pas se méprendre : les spécificités culturelles demeurent en toile de fond. En effet, au Japon, la protection de la nature est assurée, certes par des règles juridiques étatiques, mais elle est aussi le résultat de règles extra-juridiques, du volontarisme des individus et des entreprises. Tout ceci semble trouver son origine dans l'animisme traditionnel japonais. Il apparaît ainsi nécessaire de déterminer à quel point les spécificités culturelles sont encore prégnantes. C'est ce que nous avons tenté de comprendre en menant une recherche de terrain.

II. Expérimentations sur le terrain

Il est apparu nécessaire d'aller au-delà des aspects théoriques et d'analyser la situation sur le terrain, en dépassant les méthodes classiques de recherche en droit comparé pour utiliser les méthodes issues d'autres sciences sociales[44]. La question de recherche à laquelle nous avons tenté de répondre est la suivante : retrouve-t-on dans les populations japonaise et française, les différentes ontologies écologiques identifiées lors de la phase théorique et basées sur différents concepts ? Pour y répondre, nous avons opté pour une étude comparative basée sur un questionnaire distribué en France et au Japon.

A. Éléments méthodologiques de l'étude

Notre travail de terrain se base sur une méthode mixte alliant approches quantitative et qualitative. Les résultats présentés ici sont issus de la première phase : une enquête quantitative faisant ressortir des variables. Il s'agit de sélectionner les variables qui semblent les plus importantes et pertinentes compte tenu de la problématique retenue[45]. Cela suppose un niveau de généralité plus grand que dans une approche basée sur des cas, et permet de tester des hypothèses abstraites, confirmer ou infirmer des énoncés théoriques[46]. L'approche quantitative suppose également l'emploi

---

[42] Pour plus de précisions, v. C. JOACHIM, Y. NAKANISHI, *op.cit.*

[43] *Ibid.*

[44] C. VIGOUR, *La comparaison dans les sciences sociales, Pratiques et méthodes*, Paris, La Découverte, p. 37 s.

[45] *Ibid.*, p. 204.

[46] M. DOGAN, D. PELASSY, *Sociologie politique comparative : problèmes et perspectives*, Paris, Economica, p. 111 s.

de problématiques d'imputation causale dans une démarche hypothético-déductive. Nous avons établi avant la phase d'enquête une hypothèse théorique selon laquelle il existe un lien de causalité entre la culture d'origine d'un individu et sa vision du vivant. Ainsi, les termes « environnement » et « nature » ne revêtent pas la même signification selon l'ontologie retenue (en l'occurrence ici naturalisme occidental et animisme traditionnel japonais). L'objectif de ce travail est d'expérimenter sur le terrain la distinction opérée par Ph. Descola entre les deux ontologies précitées. Nous avons procédé à une microcomparaison quantitative entre la France (en Nouvelle-Calédonie) et le Japon à l'aide d'un questionnaire identique à questions ouvertes. Notons que l'usage de la langue (le français et le japonais) a nécessité des ajustements sur le questionnaire proprement dit et s'il n'est pas identique en tout point, il est analogue dans la signification.

Selon A. Desrosières, l'approche quantitative supposant l'emploi d'un questionnaire implique tout d'abord l'utilisation d'un échantillon représentatif comparable[47]. L'échantillon choisi se situe dans la communauté universitaire, des enseignants-chercheurs (de l'ordre de 10% de chaque échantillon, non spécialistes de droit comparé ou de droit de l'environnement) et la population étudiante en faculté de droit (90%) à l'Université d'Hitotsubashi (Tokyo, Japon) et à l'Université de la Nouvelle-Calédonie[48]. Le questionnaire fournit une grille d'analyse permettant de faire état des points communs et des divergences entre le Japon et la Nouvelle-Calédonie d'un point de vue conceptuel et ontologique dans cet échantillon.

B. Résultats

Il ressort de la collecte de données effectuée en Nouvelle-Calédonie et au Japon de juin à octobre 2024 les éléments suivants. Nous avons extrait les réponses brutes pour ensuite en faire une analyse comparative.

En premier lieu, était posée la question sur les différences entre les concepts « environnement » et « nature ». Des points communs dans les réponses japonaises et calédoniennes ressortent quant au fait que les

---

[47] A. DESROSIERES, « L'opposition entre deux formes d'enquête : monographie et statistique », *in* L. BOLTANSKI, L. THEVENOT (dir.), *Justesse et justice dans le travail*, Cahiers du Centre d'études de l'emploi, Paris, PUF, n°33.

[48] L'échantillon au Japon se décompose comme suit : 16 répondants ont été reçus. Cela comprend 15 Japonais ainsi qu'un Australien établi au Japon depuis plusieurs décennies. L'échantillon calédonien comprend 7 européens, 2 polynésiens, 4 mélanésiens (kanaks et wallisiens) et 4 calédoniens. L'intérêt d'avoir une majorité étudiante dans chaque échantillon tient au fait qu'elle est jeune et qu'elle permet de représenter les différentes sensibilités culturelles présentes sur chaque territoire. La Nouvelle-Calédonie permet également de récolter des avis très différents en raison de la diversité culturelle que connaît le territoire.

concepts sont différents[49]. Dans la majorité des réponses, toutes communautés confondues, la nature fait référence aux éléments naturels de la Terre, comme les écosystèmes et le dynamisme naturel, sans intervention humaine. Également, l'environnement est majoritairement compris comme un concept large et abstrait qui intègre les effets de l'activité humaine sur la nature.

Il ressort aussi que l'environnement est considéré par certains répondants comme une partie de la nature ou une notion plus vaste : la nature est associée à des éléments concrets (arbres, rivières, *etc.*), alors que l'environnement englobe des phénomènes à plus grande échelle, à l'échelle planétaire. Nombreuses sont les réponses similaires en ce sens. Quelques réponses établissent de façon analogue que l'environnement peut inclure des éléments tels que les niveaux de dioxyde de carbone et est considéré comme plus large que la nature et sujet aux changements induits par l'activité humaine.

Enfin, le reliquat de répondants fait ressortir une différence majeure : dans certains questionnaires japonais, les répondants voient une similitude entre les deux concepts, ce qui ne ressort dans aucune réponse calédonienne. Ainsi, on retrouve dans les réponses japonaises les éléments suivants : la nature et l'environnement sont indissociables, car l'activité humaine est considérée comme faisant partie de la nature. De plus, bien que la nature soit souvent mise en contraste avec les choses artificielles, l'environnement comprend également la nature comme une notion plus large. Enfin, certains répondants japonais affirment que l'environnement inclut l'état harmonieux influencé par l'humain, ainsi que des éléments artificiels.

Précisons que l'assertion selon laquelle « *l'environnement inclut l'état harmonieux influencé par l'humain* » est caractéristique de la vision holistique de la tradition japonaise. On y reconnaît en effet l'idée d'harmonie propre aux traditions bouddhiste et shintoïste[50]. Ces opinions montrent que, bien que l'environnement et la nature puissent se chevaucher, ils sont perçus différemment selon le point de vue.

En deuxième lieu, était posée la question de la pertinence de reconsidérer la distinction entre les humains et les non-humains. Il s'agit d'un marqueur des différences entre l'ontologie naturaliste et l'ontologie animiste. Les résultats sont ici intéressants car ils font ressortir une cohabitation entre les deux ontologies au Japon comme en Nouvelle-Calédonie, mais le degré de métissage ontologique y apparaît différent[51].

---

[49] Extrait des réponses au questionnaire déployé entre juin et oct. 2024, question n°3.
[50] V. à ce sujet C. JOACHIM, Y. NAKANISHI, *op. cit.*
[51] Extraits des réponses au questionnaire déployé entre juin et oct. 2024, question n°4.

Tout d'abord, l'opinion selon laquelle la distinction doit être reconsidérée est bien représentée dans les réponses japonaises, mais c'est peu le cas du côté calédonien (de l'ordre de 3 réponses). L'argument selon lequel les humains font partie de l'environnement naturel et que la survie de l'humanité ne peut être discutée sans référence à la nature, ressort majoritairement pour les répondants japonais et mélanésiens (kanaks et wallisiens). De plus, il est jugé nécessaire de reconsidérer la distinction au fur et à mesure des progrès de l'intelligence artificielle et des technologies des sciences de la vie dans plusieurs réponses japonaises, et dans une seule réponse calédonienne (européenne). Cela fait ressortir la place singulière qui est faite aux nouvelles technologies dans la culture japonaise[52]. Enfin, le point de vue selon lequel la distinction est nécessaire mais discutable est ressorti dans les réponses japonaises. Tout en estimant que les êtres humains sont des agents moraux et doivent être distingués des non-humains, il est affirmé qu'il est possible de reconsidérer la question en fonction des circonstances. Certains répondants considèrent que les humains sont les principaux responsables du changement climatique et qu'une distinction doit être faite.

Ensuite, il ressort de plusieurs autres réponses l'opinion selon laquelle cette distinction est inutile ou dénuée de sens. Du point de vue de la protection de l'environnement tout d'abord, plusieurs répondants considèrent qu'il n'est pas nécessaire de faire une distinction, car les organismes non humains bénéficient également de l'environnement. Ensuite, dans le domaine des sciences de la vie, certains répondants estiment qu'il n'y a pas de distinction significative car les êtres humains sont en continuité avec les autres organismes vivants. Un argument propre aux répondants kanaks en Nouvelle-Calédonie consiste à avancer que l'homme appartient à la nature et non l'inverse. Ainsi, la distinction entre les humains et les non-humains n'est pas pertinente de ce point de vue.

Enfin, deux items ressortent dans les réponses calédoniennes alors qu'ils sont absents des résultats japonais : d'une part, l'idée d'une domination de l'humain sur la nature laquelle impose des rapports à repenser ; d'autre part l'assertion selon laquelle la distinction entre les humains et les non humains n'est pas à repenser car elle correspond à la réalité. Précisons que les répondants à l'origine de ces deux items sont exclusivement d'appartenance européenne. Cela fait ressortir la prégnance de l'approche naturaliste sur le terrain européen et vérifie notre hypothèse de départ.

---

[52] V. à ce sujet C. JOACHIM, « Regards croisés sur les relations entre la *Silver economy* et le droit en France et au Japon », *in* E. AUBIN, E. KASAGI, L. LEVOYER, T. SAITO (dir.), Actes du colloque *Les conséquences juridiques et sociales du vieillissement - Regards croisés en France et au Japon*, Presses Universitaires Juridiques de Poitiers, Janv. 2020.

Il existe donc une diversité de points de vue sur la nécessité de reconsidérer la distinction, qui est perçue de différentes manières en ce qui concerne l'environnement, la morale et la technologie.

En troisième lieu, et dans les domaines juridique et politique, trois items ont été posés. Tout d'abord, la question générale : « *Que pensez-vous de la protection de l'environnement dans le monde ?* » offre une première observation intéressante. Les points communs entre les réponses japonaises et calédoniennes sont nombreux. En voici une synthèse : des efforts sont réalisés mais, d'une part, ils sont inégaux selon les pays, et, d'autre part, leurs impacts restent inefficaces. En conséquence, certains répondants avouent être inquiets par cette situation et estiment que des mesures urgentes doivent être prises. Par ailleurs, il ressort que les gouvernements ne portent pas leur attention sur les bonnes problématiques environnementales (voitures électriques, activités industrielles, *etc.*) et n'apportent donc pas des solutions adéquates. Il serait préférable de se concentrer sur des sujets vraiment urgents tels que l'eau, le plastique et la reforestation.

Une différence majeure est ressortie cependant : plusieurs répondants japonais ont adopté un point de vue extrême, ce qui n'apparaît pas dans les réponses calédoniennes. En effet, certains d'entre eux font état d'un positionnement radical sur le sujet.

Concernant la deuxième question générale : « *Que pensez-vous de la protection de l'environnement au niveau national ?* », on observe que les réponses varient grandement, non entre le Japon et la Nouvelle-Calédonie, mais parmi les répondants toutes communautés confondues. Dans les deux cas, une partie de l'échantillon considère en effet que son pays se démarque par ses efforts importants et efficaces tels que : la réduction de l'utilisation du plastique, le traitement des déchets et une sensibilisation généralisée de la population. À l'inverse, une autre partie considère que les efforts sont insuffisants et que leur pays est en retard et notamment en matière d'utilisation du charbon et de l'énergie, de véhicules électriques, de gaspillage. Mais, il faut le préciser, du point de vue japonais, il est souligné que le mode de vie traditionnel japonais est axé sur le respect de l'environnement et qu'il devrait ainsi être possible d'harmoniser les deux positions. Cela ressort également dans les réponses calédoniennes au sujet de la tradition kanak : adopter des principes issus de cette tradition animiste pour la protection de l'environnement apparaît pertinent. Ainsi, dans la prise en charge de la protection de l'environnement par le droit et la politique, il ressort d'un côté comme de l'autre que des emprunts à l'approche animiste seraient pertinents pour assurer une effectivité plus poussée de celle-ci.

Enfin en ce qui concerne la troisième question : « *Les COP sont-elles utiles selon vous ?* », les réponses dans les deux échantillons se rejoignent. En effet, le cadre international de coordination et de débat est considéré comme important et utile par de nombreux participants. Il est particulièrement apprécié pour sa capacité à parvenir à un consensus sur la protection de l'environnement dans une perspective globale et à partager des objectifs communs. Cependant, certains émettent des doutes quant à l'atteinte des objectifs visés par le traité et à l'efficacité de son application. La tenue de ces conférences contribue à renforcer la prise de conscience des enjeux et à sensibiliser le grand public, ce qui est jugé bénéfique. Néanmoins, des questions persistent quant à l'impact réel de ces conférences. Par ailleurs, l'utilité de ces cadres peut être limitée par la restriction du nombre de pays participants, selon certaines opinions. Ainsi, les avis sont unanimes au Japon et en Nouvelle-Calédonie quant à la prise en charge juridique et politique de la protection de l'environnement.

Propos conclusifs

Cette étude comparative permet de faire ressortir deux éléments principaux. Tout d'abord, les deux ontologies identifiées lors de la phase théorique sont bien présentes au Japon comme en Nouvelle-Calédonie, et c'est de l'usage des concepts d'environnement et de nature que ressortent les points saillants de l'étude. Ensuite, les deux ontologies ne correspondent pas spécifiquement à l'un des deux concepts, elles cohabitent au sein de chaque société. Un métissage de visions du vivant s'est opéré au Japon comme en Nouvelle-Calédonie à un moment différent de leur histoire respective. Au Japon, sous l'ère Meiji, l'ontologie naturaliste a accompagné la modernisation du pays. Cela pose certaines interrogations encore aujourd'hui au regard de la protection de l'environnement. En Nouvelle-Calédonie, des tentatives récentes de métissage ontologique, comme dans le Code de l'environnement des Îles Loyautés, créent un savant mélange ontologique. Les termes « environnement » et « nature » y apparaissent conjointement[53], et une délibération provinciale du 29 juin 2023 confère sur sa base la personnalité juridique à certaines entités naturelles[54]. Néanmoins, on observe des résistances à ce métissage conceptuel et juridique. L'avis du Conseil d'État du 31 mai 2024 en est un exemple particulièrement révélateur[55] par son refus catégorique. Cela appelle à de nouveaux travaux comparatifs, et de plus amples investigations.

---

[53] Code de l'environnement des Îles Loyauté, Article 110-3.
[54] Délibération n°2023-28/API du 29 juin 2023.
[55] Avis du CE, 31 mai 2024, n°492621.

En jeux ! Langue(s) et sport(s), perspectives juridiques en France

Christophe DOUBOVETZKY
Maître de conférences en droit public
Université Paris-Est Créteil, LIPHA (EA7373)

Les Jeux olympiques ont été l'occasion de renouveler, aussi auprès du grand public, les questionnements relatifs à la langue dans le domaine sportif qu'il s'agisse par exemple de la langue des différentes institutions – Comité international olympique, paralympique, fédérations[1] – de l'existence de termes spécifiques, parfois en langues étrangères propres à certains sports[2], ou de la place de la langue française lors de grands évènements sportifs internationaux, en particulier en France[3].

D'aucuns s'intéressent dans cette perspective à l'usage des langues générales – français, anglais, allemand, *etc.* – lors de l'activité sportive par les différents acteurs ou encore à la place du sport dans l'apprentissage d'une langue[4]. D'autres, examinent la langue du sport tant dans sa dimension technique que sociale. En effet, « *le sport est une activité humaine, et comme toute activité humaine, il a une langue propre [composée de termes spécifiques et d'expressions] qui désigne les réalités et manières de faire qu'il recouvre* »[5]. Si ces thématiques font l'objet d'études dans différentes disciplines[6], elles semblent, dans une certaine mesure, ignorées de la doctrine juridique[7], y compris de celle qui étudie le droit du sport.

Or, « *si le sport fait l'objet d'un droit d'origine étatique, issu des textes qui ont défini en ce domaine une politique publique et une organisation par*

[1] V. par ex. parmi tous les articles de presse sur ces questions : A. MERLE, « JO de Paris 2024 : langue fondatrice, le français a-t-il toujours sa place privilégiée aux Jeux olympiques ? », www.francetvinfo.fr, 21 juill. 2024, REDACTION SPORT, « Paris 2024 : pourquoi le français n'est pas la langue officielle des Paralympiques, contrairement aux Jeux olympiques », www.francetvinfo.fr, 1er sept. 2024.

[2] V. par ex. indirectement en ce sens l'ensemble des plaquettes « Parlez-vous ...? » publiées dans la perspective des JO 2024. V. *infra.*

[3] REDACTION CULTURE, « JO 2024 : une vitrine pour la langue française face à l'hégémonie de l'anglais », www.francetvinfo.fr, 6 août 2024.

[4] C'est également un argument commercial pour des séjours linguistiques. V. par ex. : CLC Séjours linguistiques, ESL Séjours linguistiques, Voyage ECI, *etc.*

[5] V. BONNET, « Le sport et la langue », BNF Les essentiels, 2024.

[6] V. par ex. : *Ibid* ; P. FRASSI, P. LIGAS (coord.), Numéro « Le langage du sport », *Éla. Études de linguistique appliquée*, 2012, n°165 ; M. BERNARD-BEZIADE, « L'utilisation des anglicismes dans la langue du sport en français et leur variation », *Linguística*, 2008, n°3, p. 77 s. ; R. M. EL KHAMISSY, « Le français sportif: un jeu lexical d'exportation/importation », *Ibérica*, 2017, n°33, p. 173 s.

[7] Sauf sur des aspects spécifiques de façon incidente. V. *infra.*

laquelle l'État a entendu assurer la mise en œuvre d'une mission de service public, le droit du sport prend aussi ses racines dans la sphère privée du mouvement sportif»[8]. Il semble ainsi généralement admis que le sport soit encadré à la fois par le droit commun et un droit étatique spécifique au sport, mais aussi par des règles d'origine privées qui émanent d'institutions privées qu'il s'agisse des fédérations nationales ou internationales, ou encore de certains organismes privés spécifiques comme l'Agence mondiale antidopage[9] ; l'ensemble de ces règles devant être articulées. La question de la place de la langue dans un tel contexte mérite d'être soulevée.

Il apparaît alors que les problématiques linguistiques attestent autant qu'elles participent des spécificités du droit du sport. En effet, le prisme étatique révèle une affirmation classique du français impératif, apparemment sans difficulté particulière (I). La prise en considération tant de l'organisation du mouvement sportif, dans lequel notamment les prescriptions des fédérations internationales s'imposent aux fédérations nationales, et du développement d'une justice privée du sport, est source de complexité. Elle souligne la nécessité et les difficultés d'articuler le droit étatique et les règles d'origine privée, aussi en matière linguistique, et l'existence d'hypothèse dans lesquelles le français est alternatif (II).

I. Le prisme étatique : une application classique du droit de la langue au domaine sportif

La question de la langue en droit interne peut être appréhendée sous deux angles distincts, l'un comme l'autre tendant à renforcer la conception selon laquelle le droit du sport est constitué pour partie de règles générales déclinées au domaine sportif, ici celles relatives à l'usage de la langue. Ainsi, le Code du sport n'envisage explicitement les enjeux liés à la langue que pour garantir la satisfaction d'autres principes (A). Il est fait par ailleurs application des différentes dispositions de la loi du 4 août 1994 relative à l'emploi de la langue française (B).

A. Un intérêt incident pour la question linguistique

La question linguistique est peu présente explicitement dans le Code du sport et toujours de façon incidente.

En effet, outre la référence à la langue visant à garantir le principe d'égal accès aux activités physiques et sportives sans discrimination notamment de

---

[8] CE, *Le sport quelle politique publique ?, Etude annuelle 2019*, La documentation française, 2019, p. 72. V. aussi : F. Buy, J.-M. Marmayou, D. Poracchia, F. Rizzo, *Droit du sport*, LGDJ, 7e éd., 2023, p. 38 s. ; J.-P. Karaquillo, *Le droit du sport*, Dalloz, 5e éd., 2024, p. 148 s.
[9] *Ibid.*

son fait,[10] celle-ci est envisagée premièrement afin de garantir le respect des droits de la défense dans le cadre des procédures disciplinaires. Il en est ainsi en particulier en matière de lutte contre le dopage des sportifs comme animal. À cet égard, le Code dispose que devant la commission des sanctions de l'Agence française de lutte contre le dopage « *si [l'intéressé] ne parle ou ne comprend pas suffisamment la langue française, il peut bénéficier, sur sa demande, de l'aide d'un interprète aux frais de l'agence* »[11]. Des dispositions similaires existent dans le cadre de la justice fédérale[12].

Deuxièmement, c'est pour garantir la sécurité des « *sportifs [...] des entraîneurs* » et « *de l'exercice des activités physiques et sportives* » que la problématique de la langue est soulevée parmi d'autres ; aussi sans doute parce qu'il existe une obligation de sécurité de la part des organisateurs des activités sportives à l'égard des participants et des spectateurs[13].

Il s'agit alors d'abord de s'assurer de la bonne connaissance du français de certains professionnels du monde sportif. Les dispositions relatives à l'exercice de la profession d'agent sportif par les ressortissants d'un État membre de l'Union européenne ou partie à l'accord sur l'Espace économique européen prévoient en ce sens que « *dans le cas où il existe un doute sérieux et concret sur le niveau de connaissance de la langue française de l'agent sportif, l'autorité compétente peut exiger, postérieurement à la vérification des qualifications professionnelles et préalablement à la délivrance de la licence d'agent sportif, qu'il se soumette à un contrôle afin de garantir l'exercice en toute sécurité des opérations de placement des sportifs et des entraîneurs* »[14]. La règlementation relative à l'exercice de l'activité visant à « *contre rémunération, enseigner, animer ou encadrer une activité physique ou sportive ou entraîner ses pratiquants* »[15] par les ressortissants de ces mêmes États[16] comporte des considérations comparables[17], particulièrement lorsque sont en cause certaines activités spécifiques comme le ski et ses dérivés, l'alpinisme ou l'activité d'accompagnateur en moyenne montagne[18]. L'objet du contrôle vise alors plus particulièrement « *à garantir l'exercice en toute sécurité des activités physiques et sportives et [la] capacité à alerter les secours* »[19]. À cet égard, il est prévu que le test d'aptitude auquel peuvent

[10] Art. L. 100-1 al. 5, Code du sport.
[11] Art. R. 232-91 al. 1, Code du sport et art. 241-17, Code du sport.
[12] Art. 13, Annexe I-6 art R131-3 et R132-7, Code du sport. V. aussi *infra*.
[13] V. par ex. : F. Buy, J.-M. Marmayou, D. Poracchia, F. Rizzo, *op. cit.*, p. 655 s.
[14] Art. R. 222-21, Code du sport.
[15] Art. L. 212-1, Code du sport.
[16] Possibilité offerte par l'art. L. 212-7, Code du sport.
[17] Art. 212-89, Code du sport.
[18] Art. R. 212-91 1° et 2° et R. 212-93, Code du sport.
[19] *Ibid.*

être soumises les personnes concernées comporte un « *test technique de sécurité* »[20] incluant, le cas échéant « *une situation de mise en attente d'une victime et de déclenchement de secours en langue française* »[21] et la vérification de « *l'utilisation d'une terminologie adaptée en langue française* »[22].

Il s'agit ensuite de s'assurer que les équipements de protection individuelle pour la pratique sportive ou de loisirs soient conformes « *aux exigences essentielles de santé et de sécurité* » telles que définies[23] par le Code du sport, en imposant notamment que « *leur notice d'information [soit] rédigée en langue française, de façon précise et compréhensible* »[24]. Si la présence de telles dispositions rendant l'usage du français impératif peuvent s'expliquer dans ledit Code par le risque que peuvent présenter les activités sportives nécessitant l'usage de tels équipements, force est de constater qu'elles ne constituent qu'une application particulière de l'article 2 al. 1er de la loi du 4 août 1994. Celui-ci indique en effet, dans la continuité des dispositions antérieures[25] que « *dans la désignation, l'offre, la présentation, le mode d'emploi ou d'utilisation, la description de l'étendue et des conditions de garantie d'un bien, d'un produit ou d'un service, ainsi que dans les factures et quittances, l'emploi de la langue française est obligatoire* »[26]. Plusieurs textes soulignent que cet article a ainsi pour objet « *d'assurer l'information et la protection du consommateur afin qu'il puisse acheter et utiliser un produit ou bénéficier de services en ayant une parfaite connaissance de leur nature, de leur utilisation et de leurs conditions de garantie* »[27] ou encore constitue un « *droit essentiel qui leur offre une protection indispensable à leur sécurité et à leur santé* »[28]. Il est à ce titre symptomatique que le *Rapport au Parlement sur l'emploi de la langue française* de 2017 analyse dans cette perspective des résultats d'enquêtes sur la « *conformité physique et documentaire des équipements de protection*

---

[20] Art. A. 212-217, Code du sport

[21] Annexe II-16-2 (art. A212-217), Code du sport.

[22] *Ibid.*

[23] Art. R. 322-29, Code du sport.

[24] Annexe III-5 (art. R. 322-29), Code du sport.

[25] Art. 1er, Loi n°75-1349 du 31 déc. 1975 relative à l'emploi de la langue française, *JO*, 4 janv. 1975.

[26] Loi n°94-665 du 4 août 1994 relative à l'emploi de la langue française, *JO*, 5 août 1994.

[27] Circulaire du 20 sept. 2001 relative à l'application de l'article 2 de la loi du 4 août 1994 relative à l'emploi de la langue française, *JO*, 27 oct. 2001. V. dans le même sens déjà la Circulaire du 14 mars 1977, citée *in* J.- M. PONTIER, *Droit de la langue française*, Dalloz, 1997, p. 94 et Circulaire du 19 mars 1996 concernant l'application de la loi n°94-665 du 4 août 1994 relative à l'emploi de la langue française, *JO*, 20 mars 1996.

[28] Circulaire du 14 févr. 2003 relative à l'emploi de la langue française, *JO*, 21 mars 2003.

individuelle » pour les sports équestres ou la plongée portant en particulier sur l'emploi de la langue française[29].

B. Une affirmation traditionnelle du français impératif

Au-delà du pragmatisme qui invite dans une certaine mesure à ce que la langue des fédérations nationales soit le français en France, la question de la langue des fédérations ne semble pas soulever de difficultés particulières si elle est envisagée selon le prisme du droit d'origine étatique classique. Certaines fédérations sportives nationales se voient confier une mission de service public[30]. S'appliquent alors les dispositions de la loi Toubon qui imposent le français comme langue des services publics[31] et leurs conséquences, à savoir la nécessité d'avoir des termes adaptés.

D'origine initialement purement privée, les fédérations sportives ont fait l'objet d'une publicisation progressive à partir des années 1940[32]. Désormais, le Code du sport fixe le statut des fédérations sportives. Elles sont constituées sous forme d'association[33], relevant en principe de la loi 1901, dont l'objet est l'organisation, en toute indépendance, de la pratique d'une ou de plusieurs disciplines sportives[34]. Trois types de fédérations sportives sont alors distinguées : les fédérations qui ne sont ni délégataires ni agréées, les fédérations agréées et les fédérations délégataires ; seules ces deux dernières sont envisagées ici. Les fédérations agréées participent à l'exécution d'une mission de service public[35]. Elles ont à cette fin « *adopté des statuts comportant certaines dispositions obligatoires*[36] *et un règlement disciplinaire conforme à un règlement-type*[37] *et ont souscrit le contrat d'engagement républicain*[38] »[39]. Les fédérations délégataires sont des fédérations agréées qui ont reçu délégation du ministre chargé des sports. L'octroi de la délégation est subordonné à la conclusion d'un contrat de délégation entre l'État, représenté par le ministre chargé des sports, et la

---

[29] DGLFLF, *Rapport au Parlement sur l'emploi de la langue française*, 2017, p. 24.

[30] CE, sect., 22 nov. 1974, *Fédération des industries françaises d'articles de sport*, req. n°89828.

[31] Art. 1er, Loi n°94-665 du 4 août 1994 relative à l'emploi de la langue française, *JO*, n°180 du 5 août 1994.

[32] V. par ex. sur l'historique : S. KARAA, *Les politiques publiques du sport*, Que sais-je ? 2024, p. 10 s. ; F. BUY, J.-M. MARMAYOU, D. PORACCHIA, F. RIZZO, *op. cit.*, p. 33 ; CE, *Le sport quelle politique publique ?, op. cit.*, p. 32.

[33] Art. L. 131-2, Code du sport.

[34] Art. L. 131-1, Code du sport.

[35] Art. L. 131-8, Code du sport.

[36] Annexe I-5 art. R. 131-1 et R. 131-11, Code du sport.

[37] Annexe I-6 art. R. 131-3 et R. 132-7, Code du sport.

[38] Art. 10-1, Loi n°2000-321 du 12 avril 2000 relative aux droits des citoyens dans leurs relations avec les administrations, *JO*, n°0088 du 13 avril 2000, créé en 2021.

[39] Art. L. 131-8, Code du sport.

fédération concernée[40]. Il en existe une par discipline sportive. Les fédérations délégataires disposent essentiellement de deux types de prérogatives. D'une part, elle dispose du monopole de la discipline dont elles sont chargées s'agissant en particulier de l'organisation des compétitions sportives délivrant les titres départementaux, régionaux, nationaux et internationaux et des sélections pour celles-ci[41]. D'autre part, elles détiennent un pouvoir règlementaire dans l'exercice de leur mission. Ainsi, elles peuvent édicter les « *règles techniques propres à leur discipline [...] les règlements relatifs à l'organisation de toute manifestation ouverte à leurs licenciés [...] les règlements relatifs aux conditions [...] auxquelles doivent répondre les associations et sociétés sportives pour être admises à participer aux compétitions qu'elles organisent* »[42].

La langue des fédérations nationales chargées d'une mission de service public est donc le français, en vertu de la loi Toubon, sans que le Code du sport et les statuts desdites fédérations aient à en faire explicitement état. La question de la langue semble en effet être absente des différents des textes officiels des fédérations nationales[43]. Cette obligation d'usage de la langue française est cependant parfois indirectement rappelée. Il en est ainsi dans le règlement-type qui doit être adopté en matière disciplinaire par les fédérations agrées et délégataires. Celui-ci précise en effet que « *si [la personne poursuivie] ne parle pas ou ne comprend pas suffisamment la langue française, elle peut demander à être assistée d'un interprète de son choix à ses frais ou d'un interprète choisi par la fédération, ses organes déconcentrés ou, le cas échéant, la ligue professionnelle aux frais de ceux-ci* »[44], cela afin de garantir les droits de la défense dans le cadre de la justice fédérale[45] renforçant la conception selon laquelle leurs modalités se rapprochent désormais des systèmes juridictionnels ordinaires[46]. Dans le même sens, et sans doute de façon moins symptomatique, si le contrat d'engagement républicain, auquel les fédérations doivent souscrire, ne fait pas mention de l'usage de la langue française, l'engagement n°1 s'intitule

---

[40] Art. L. 131-14, Code du sport.

[41] Art. L. 131-15, Code du sport.

[42] Art. L. 131-16, Code du sport.

[43] Sous réserve des considérations *infra* et des dispositions relatives au principe de non-discrimination.

[44] Art. 13, Annexe I-6 art R. 131-3 et R. 132-7, Code du sport.

[45] V. aussi *infra.*

[46] Not. : Respect du droit à un procès équitable notamment par la possibilité de l'assistance d'un interprète 3 e) de l'article 6 de la Convention européenne des droits de l'homme. V. par ex. F. BUY, J.-M. MARMAYOU, D. PORACCHIA, F. RIZZO, *op. cit.*, p. 210 s. ; J.-P. KARAQUILLO, *op. cit.*, Dalloz, 5e éd., 2024, p. 148 s.

Respect des lois de la République[47], dont la loi Toubon. D'ailleurs, le *guide pratique* édicté à son propos précise « *qu'une association qui déciderait de s'adresser dans une langue autre que le Français, par exemple une langue régionale, à l'administration* »[48] pourrait être considéré comme s'affranchissant des « *règles communes régissant ses relations avec les collectivités publiques* »[49], violant alors le contrat.

Par ailleurs, la volonté de rendre parfois obligatoire le français, doublée de celle d'en assurer la « *primauté [...] sur le territoire national* »[50], implique que la « *langue doit pouvoir continuer à disposer de termes et d'expressions permettant d'exprimer les notions et réalités contemporaines* »[51]. C'est aussi le cas dans le domaine sportif, dans lequel l'anglais est très fréquent[52] ; raison pour laquelle par exemple le risque – réel, fantasmé ou idéologiquement instrumentalisé – d'atteinte à l'usage de la langue française est régulièrement invoqué, en particulier lors de grands évènements sportifs tels les coupes du monde ou jeux olympiques comme en attestent notamment les questions écrites au ministre chargé des Sports ou de la Culture à ce propos[53]. Aussi, une instance chargée de « *définir et de trouver des équivalents en langue française de termes qui n'existent que dans d'autres langues, principalement en anglais* »[54] a été progressivement mise en place dans le domaine du sport, aujourd'hui le Collège de terminologie dans le domaine du sport[55] qui constitue l'un des 19 collèges

---

[47] Annexe, Décret n°2021-1947 du 31 déc. 2021 pris pour l'application de l'article 10-1 de la loi n°2000-321 du 12 avril 2000 et approuvant le contrat d'engagement républicain des associations et fondations bénéficiant de subventions publiques ou d'un agrément de l'État, *JO*, n°0001 du 1er janv. 2022, texte n°21.

[48] DJEV, DLA, *Le contrat d'engagement républicain, Guide pratique*, 2023, p. 19.

[49] *Ibid.*

[50] Circulaire du 14 févr. 2003 relative à l'emploi de la langue française, *JO*, 21 mars 2003.

[51] *Ibid.*

[52] V. par ex. la présentation du Collège Terminologie et langue française sur le site du ministère chargé des sports https://www.sports.gouv.fr [consultation oct. 2024].

[53] V. par ex. : Question de M. J. LEGENDRE (Nord, RPR), n°20881 *JO Sénat*, 2 déc. 1999, p. 3921 et la réponse *JO Sénat*, 2 mars 2000, p. 789 ; Question de M. B. BOURG-BROC (Marne, UMP), n°27635, *JO AN*, 3 nov. 2003 et réponse, *JO AN*, 2 mars 2004 ; Question de M. J. ODOUL (Yonne, RN), n°9138, *JO AN*, 20 juin 2023, p. 5437 et réponse, *JO AN*, 12 déc. 2023, p. 11169. V. aussi not. : J. LICHFIELD, « Parlez-vous rugby ? », *Courrier international*, 3 oct. 2023 ; J. LE DELEY, « À la Coupe du monde de rugby, la langue de Molière sur le banc des remplaçants », *Le Monde*, 21 sept. 2023.

[54] Présentation du Collège Terminologie et langue française sur le site du ministère chargé des sports https://www.sports.gouv.fr [consultation oct. 2024].

[55] *Ibid.* À noter que des instances existaient antérieurement ex. arrêté du 15 mai 1984 portant création de la commission de terminologie du sport à l'origine par ex. des termes contenu dans l'arrêté du 18 févr. 1988 relatif à la terminologie du sport (*JO*, 6 mars 1988). V. aussi par ex. : J.-M. PONTIER, *op. cit.*, p. 88 s.

participant au dispositif d'enrichissement de la langue française[56]. Les modalités de travail, de détermination des termes et les conséquences de leur adoption et réception – imposition de leur usage en particulier aux services et établissements publics de l'État ou recommandation de leur usage à tous – sont fixées par le décret relatif à l'enrichissement de la langue française de 1996[57]. Les termes adoptés sont versés dans la base FranceTerme, 429 relevant à ce jour du domaine « sports »[58] et font l'objet d'une diffusion aussi à travers la publication de « vocabulaires », « guides », « plaquettes », *etc.*[59], en particulier lors de grands évènements sportifs tels que Paris 2024[60]. La question de l'utilisation effective de certains d'entre eux, lorsqu'ils ne sont que recommandés, est parfois soulevée, tout comme celle de l'impact « culturel » de cette francisation[61]. À titre d'exemples, certains observateurs s'interrogent sur l'usage à venir des termes de « planchodrome »[62] pour « *skate park* » ou danseur, -euse de break[63] pour « *Bboy* ou *Bbgirl* » tout en soulignant parfois l'insuffisance de la traduction. Selon Sheyen Gamboa, « *Le bboy et la bgirl c'est la base du breakdance, c'est l'individu qui vit de ça. Mais c'est tout un lifestyle autour de ça, ce n'est pas que le danseur. Le terme de danseur est plus limité dans la terminologie. Bboy, c'est tout une vie qui va avec donc c'est même pas la même chose* »[64].

II. Le prisme « privé » : une complexité attendue du droit de la langue dans le domaine sportif

La spécificité du droit du sport, constitué aussi de règles issues de l'organisation du mouvement sportif[65], et l'organisation de ce dernier,

---

[56] DGLFLF, *Rapport annuel 2023 de la Commission d'enrichissement de la langue française*, juin 2024, p. 9 s.
[57] Décret n°96-602 du 3 juill. 1996 relatif à l'enrichissement de la langue française, *JO*, 5 juill. 1996.
[58] https://www.culture.fr/franceterme/Resultats-de-recherche?q=&domaine=14 [consultation oct. 2024].
[59] Ex : DGLFLF, *Vous pouvez le dire en français*, Plaquette, juill. 2008 ; Premier ministre, Commission générale de terminologie et néologie, *Vocabulaire des sports, Termes, expressions et définitions publiés au Journal officiel*, 2011 ; *Guide des bonnes pratiques linguistiques pour le secteur du sport francophone*, févr. 2024.
[60] V. par ex. les plaquettes : « Parlez-vous rugby ? », « Parlez-vous Break ? », « Parlez-vous escalade sportive ? », « Parlez-vous Parasport ? » publiées dans la perspective des JO 2024.
[61] V. par ex. : C. GUILLOU (prod.), « Faut-il franciser le sport ? », *Esprit du sport*, RadioFrance, 25 mai 2023 ; « La Commission d'enrichissement de la langue française remplace "skatepark" par "planchodrome" », *Esprit du sport*, RadioFrance, 8 déc. 2023.
[62] *JO*, 05/12/2023.
[63] *JO*, 11/12/2022.
[64] Cité *in* : C. GUILLOU, *op. cit.*
[65] Ne seront abordés ici pour des raisons pratiques que les questionnements relatifs au mouvement sportif fédéral. S'agissant du mouvement olympique qui mériterait des développements spécifiques, V. pour le texte officiel Art. 23, Partie 2 Le CIO, Charte

entraînent différentes conséquences s'agissant de la langue, en particulier quand celle de la fédération internationale n'est pas le français (A). Il en est de même de certains aspects de la justice sportive dans laquelle l'usage de la langue française apparaît parfois comme alternatif (B).

A. Une nécessaire articulation des problématiques linguistiques

L'organisation du mouvement sportif fédéral repose sur un système pyramidal et monopolistique dans lequel il existe une répartition des compétences entre la fédération internationale, la fédération continentale, la fédération nationale affiliée à la fédération internationale – une par État pour assurer son autorité[66] – et les échelons infranationaux[67]. Les fédérations nationales, comme d'ailleurs les autres acteurs du monde sportif, sont soumises aux prescriptions des fédérations internationales, en plus des règles étatiques[68]. En ce sens, « *les statuts et règlements d'une fédération nationale doivent être compatibles avec ceux de la fédération internationale à laquelle elle est affiliée* »[69]. Ainsi, « *Toute modification d'une règle du jeu ou d'une norme relative aux équipements sportifs décidée par une fédération internationale doit être appliquée par l'ensemble des fédérations, clubs affiliés et licenciés de cette discipline, sous réserve de possibilités d'adaptation circonscrites aux particularités nationales ou à certains publics, que la fédération internationale peut prévoir* »[70]. Il existe donc une hiérarchie des normes sportives d'origine privée[71].

Les statuts de la Fédération internationale d'escrime indiquent ainsi que « *chaque fédération membre a l'obligation de veiller sur son territoire et à l'occasion des manifestations réalisées sous l'égide de la F.I.E. au respect des règlements de celle-ci* » ou encore que « *chaque fédération membre se*

Olympique. À noter que le principe de non-discrimination fondée notamment sur la langue est énoncé au 6 des Principes fondamentaux de l'Olympisme. Art. 7, Constitution IPC.

[66] V. par ex. : art. 7.2, Statuts FIBA ; art. 1.2.1, Statuts FIE ; art. 7.3, Statuts WA ; art. 11.1, Statuts FIFA ; art. 5.2, Statuts W Aquatics.

[67] CE, *Le sport quelle politique publique ?, Etude annuelle 2019*, La documentation française, 2019, p. 60 s. ; F. Buy, J.-M. Marmayou, D. Poracchia, F. Rizzo, *op. cit.*, en part. p. 78 s. et 129 s. ; J.-P. Karaquillo, *op. cit.*, 2024, p. 38 s.

[68] V. Par ex. : F. Latty, « Entre dogmatisme et pragmatisme : la France et le droit des organisations sportives internationales », *in* G. Cahin, F. Poirat, S. Szurek (dir.), *La France et les organisations internationales*, Paris, Pedone, 2014, p. 357 s.

[69] CE, *Le sport quelle politique publique ? Etude annuelle 2019*, La documentation française, 2019, p. 75.

[70] *Ibid.*

[71] Nous ne nous attarderons pas ici en détail sur les débats relatifs à la nature de ces normes, à leur réception ou encore à la question de la reconnaissance du droit des fédérations internationales.

doit de veiller à ce que ses propres Statuts ne soient pas en contradiction avec les règles fondamentales des présents Statuts »[72].

Or, si pour des raisons, juridique et pratique, la langue des fédérations nationales en France est le français, la ou les langue(s) officielles et la ou les langue(s) de travail ne sont pas les mêmes selon les fédérations internationales et la place du français en leur sein est diverse ; étant précisé que l'importance accordée à la question linguistique elle-même varie selon les statuts[73]. En effet, elle fait souvent l'objet d'un article ou d'un titre spécifique[74] dont l'emplacement change, parfois parmi d'autres considérations plus générales[75].

Dans cette perspective, plusieurs cas peuvent être envisagés selon que la langue française fasse partie ou pas des langues officielles et/ou de travail.

Premièrement, le français est la langue officielle de certaines fédérations internationales, soit seule – Fédération internationale d'escrime[76], *etc.* –, soit à côté d'autres langues, en particulier, l'anglais – World Athletics[77], Fédération internationale de football[78], Fédération internationale d'Handball[79], Fédération internationale de Basketball[80], *etc.* Elle est également parfois, avec d'autres langues, une langue de travail[81]. Si la langue française est la seule officielle et/ou la seule langue de travail, l'appréhension de la règle ou des documents par les fédérations françaises ne soulève en principe pas de questionnement spécifique du fait de la langue, bien que puisse toujours subsister les problématiques liées à l'interprétation comme pour tout énoncé. Il en va autrement dans les autres cas, bien que la traduction par la fédération nationale ne soit pas en principe également un véritablement un sujet, malgré les éventuelles adaptations, puisque les textes sont directement en français[82]. En effet, si le français est l'une des langues officielles, il apparaît d'abord que ce n'est en général pas lui qui prévaut en

[72] Art. 2.2.1 d) et e), Statuts FIE. V. par ex dans le même sens : art. 9.2 et 9.3, Statuts FIBA ; art. 9.1, Statuts WA ; art. 14.1 a) et i), Statuts FIFA ; art. 7, Statuts W Aquatics.

[73] Plusieurs fédérations internationales envisagent ainsi aussi la question linguistique lors de l'affirmation du principe de non-discrimination, point non envisagé ici.

[74] Art. 47 et 48, Statuts de la FIBA, art. 1.5, Statuts FIE ; Art. 9, Statuts FIFA ; art. 2, Statuts World Sailing.

[75] Art. 77, statuts WA ; art 33, Statuts W Aquatics ; art.15 c), Statuts World Rugby.

[76] Art. 1.5.2, Statuts FIE.

[77] Art. 77.1, Statuts WA.

[78] Art. 9.1, Statuts FIFA.

[79] Art. 10.1, Statuts IHF.

[80] Art. 47.1, Statuts FIBA.

[81] Art. 47. 3, Statuts FIBA ; art. 1.5. 2, Statuts FIE, art. 10.2, Statuts IHF.

[82] Ex. : « *Les Statuts, les Règlements régissant l'application des Statuts, les Règlements intérieurs pour le Congrès, les décisions et les publications de l'IHF sont publiés dans les trois langues* ». Art. 10.3, IHF.

cas de conflit d'interprétation, mais l'anglais[83]. Au-delà, la question des conséquences techniques de l'existence de plusieurs langues officielles dans le cadre des modalités de rédaction des différents textes peut être soulevée : rédaction parallèle dans toutes les langues ou établissement d'un original traduit notamment[84]. Il en va de même, si le français est l'une des langues de travail s'agissant des modalités de travail : choix de la traduction aux frais de la fédération, documents de travail, communiqués en une seule langue[85]. La question se pose également s'agissant des modalités de communication. Par exemple, bien que pour l'IHF, l'anglais, le français et l'allemand soient les langues officielles, les statuts précisent que « *L'anglais est la langue officielle pour les procès-verbaux, la correspondance et les publications. Les fédérations membres sont responsables des traductions dans la langue de leur pays* »[86].

Deuxièmement, la langue française n'est dans certains cas ni langue officielle ni langue de travail. Il en est ainsi pour la Badminton World Féderation[87], World Rugby[88], World Sailing[89] et World Aquatics[90]. À noter s'agissant de cette dernière qu'elle a délaissé son nom et son acronyme historique en langue française, FINA, en 2022 et que les dispositions relatives à la langue dans les statuts ont évolué. L'article C6 de la Constitution de la FINA prévoyait en effet que les langues officielles de la FINA étaient l'anglais et le français[91], seul l'anglais demeure pour World Aquatics[92] participant au changement de perspectives de l'institution dont la transformation du nom est symptomatique[93]. Dans les hypothèses où la langue française n'est ni langue officielle ni langue de travail, cela entraîne d'abord des problématiques relatives aux modalités pratiques d'échanges

---

[83] Ex : Art. 48, Statuts de la FIBA ; art. 77.3, Statuts WA, art. 9.2, Statuts FIFA, art. 10.3, Statuts IHF.

[84] Ce point n'est pas détaillé ici, v. sur cette question par ex. s'agissant de l'UE : G. LAUTISSIER, « La législation de l'Union européenne : une règle unique en 23 langues », *in* M. CORNU, M. MOREAU (dir.), *Traduction du droit et droit de la traduction*, Dalloz, 2011, p. 89 s.

[85] Art. 47. 3, Statuts FIBA.

[86] Art. 10.1, Statuts IHF.

[87] Art. 2, Statuts BWF.

[88] Art.15 c), Statuts World Rugby.

[89] Art. 2.1, Statuts World Sailing.

[90] Art 33, Statuts W Aquatics.

[91] C6, Constitution de la FINA, 2021.

[92] Art. 33, Statuts W Aquatics.

[93] « *Nous avons besoin d'un nom qui reflète toute la famille FINA* » Husain Al-Musallam, président de World Aquatics cité *in* « La Fédération internationale de natation change de nom et devient World Aquatics », *l'Equipe*, 12 déc. 2022. V. dans le même sens « Natation. La fédération internationale de la natation (Fina) devient World Aquatics », *Ouest-France*, 12 déc. 2022 ; « La Fédération internationale de natation devient World Aquatics », *filieresport*, 3 janv. 2023.

entre les différents niveaux. À titre d'exemple, la Fédération internationale de Badminton prévoit dans une note opérationnelle incluse dans ses statuts que « *L'utilisation d'autres langues par un intervenant est autorisée lors des réunions sous réserve que l'interprétation en anglais soit fournie par l'intervenant à ses propres frais* »[94]. Cela a ensuite et surtout pour conséquences de nécessiter la traduction des règles internationales au niveau national avec tous les questionnements qui peuvent être attachés à la traduction juridique[95]. Qui traduit, selon quelles modalités, avec quel contrôle notamment ?

B. Une admission logique du français alternatif

La justice du sport relève d'abord de la justice publique ordinaire, malgré des spécificités. Elle relève ensuite d'une justice privée entendue comme « *une justice rendue ou orchestrée par des institutions privées* »[96].

Aussi, et sans prétendre à l'exhaustivité, s'agissant de la justice publique et de la justice fédérale, c'est-à-dire la justice mise en place au sein même des fédérations nationales[97], la question de la langue et partant de l'usage du français, ne semblent pas soulever de questions spécifiques[98]. Il peut en aller différemment dans d'autres hypothèses de justice privée, en particulier dans celle du recours à l'arbitrage, où le français est susceptible d'être alternatif. L'arbitrage est un mode juridictionnel de règlement des litiges dans lequel un arbitre tient son pouvoir non de la loi, mais du choix des parties, de par la convention conclue en ce sens. Il ne cesse de se développer dans le domaine sportif d'abord de par les caractéristiques avantages qui lui sont généralement attribués – plus rapide, plus confidentiel, plus souple dans la procédure, mieux accepté que la justice étatique, bien que payant[99] – ensuite en raison de l'obligation d'y recourir qui est souvent faite par les instances sportives internationales[100].

Le caractère parfois alternatif de la langue française en matière d'arbitrage interne dans le domaine sportif en particulier[101] peut être présenté à travers l'exemple de la Chambre arbitrale du sport du Comité national et

---

94 Art. 2, Statuts BWF.

95 V. par ex. M. Cornu, M. Moreau (dir.), *op. cit.* ; C. Bocquet, *La traduction juridique*, de boeck, 2008.

96 F. Buy, J.-M. Marmayou, D. Poracchia, F. Rizzo, *op. cit.*, p. 205.

97 *Ibid.*

98 V. *supra*.

99 V. par ex. : B. Bourdelois, *Droit des contrats spéciaux*, Dalloz, p. 185 ; F. Buy, J.-M. Marmayou, D. Poracchia, F. Rizzo, *op. cit.*, p. 217 ; CNOSF, *Présentation de la chambre arbitrale du sport*, 2022, p. 9.

100 F. Buy, J.-M. Marmayou, D. Poracchia, F. Rizzo, *op. cit.*, p. 217.

101 La question de la langue de l'arbitrage n'est pas spécifique au domaine sportif, tout comme le cas échéant le caractère alternatif de la langue française.

olympique instaurée en 2007 afin de « *faciliter la résolution des litiges nés à l'occasion de la pratique ou du développement du sport et, d'une façon générale, de toute activité se rattachant directement ou indirectement au sport* »[102]. S'agissant de la langue de l'arbitrage, son règlement dispose en effet explicitement que « *la langue de travail de la CAS est le français* », mais que « *les parties peuvent demander qu'une langue autre que le français soit choisie, sous réserve de l'accord de la Formation arbitrale une fois constituée* », étant précisé qu'en « *cas d'accord, le Secrétariat détermine avec la Formation les conditions relatives au choix de la langue ; la Formation peut ordonner que tout ou partie des frais de traduction et d'interprétation soit mis à la charge des parties [et] qu'en cas de désaccord, la langue de travail sera le français* »[103]. À noter que le choix de la langue, s'il n'est pas anodin pour les parties, d'un point de vue stratégique ou pratique notamment, emporte des conséquences pour la constitution de la formation arbitrale, puisqu'il est imposé à tout arbitre de maîtriser la langue de l'arbitrage[104].

Le caractère parfois alternatif de la langue française peut dans une certaine mesure être envisagé dans la même perspective s'agissant de l'arbitrage externe, par exemple dans l'hypothèse du recours possible devant Tribunal arbitral du sport contre les sanctions de l'Agence française de lutte contre le dopage, prises en sa seule qualité d'organisation signataire du Code mondial antidopage, lorsque les infractions ont été commises par des sportifs de niveau international ou à l'occasion d'une manifestation sportive internationale[105], en France. Le règlement du Tribunal arbitral du sport prévoit en effet que « *les langues de travail du TAS sont le français, l'anglais et l'espagnol [et] qu'à défaut d'accord des parties, le/la Président(e) de la Formation ou, s'il/elle n'est pas encore nommé(e), le/la Président(e) de la Chambre concernée choisit, au début de la procédure, une de ces trois langues comme langue de l'arbitrage [...]* »[106] étant précisé que les parties peuvent demander qu'une autre langue soit choisie[107]. Les arbitres du TAS doivent maîtriser la langue de l'arbitrage[108].

***

[102] Art. 1er, Règlement de la Chambre arbitrale du sport.
[103] Art. 12, Règlement de la Chambre arbitrale du sport.
[104] Art. 7, Règlement de la Chambre arbitrale du sport.
[105] Art. L. 232-24-2, Code du sport et R 27, Code de l'arbitrage en matière de sport (TAS), 2023. Sur cette procédure, v. par ex. : F. BUY, J.-M. MARMAYOU, D. PORACCHIA, F. RIZZO, *op. cit.*, p. 610.
[106] R 29, Code de l'arbitrage en matière de sport (TAS).
[107] *Ibid.*
[108] R 33, Code de l'arbitrage en matière de sport (TAS).

En définitive, la question linguistique, bien que peu analysée, contribue et témoigne des caractéristiques de l'organisation du sport en France et subséquemment de son droit, entre droit d'origine étatique et règles d'origine privée issues du mouvement sportif, comme de leurs évolutions.

TITRE 2 : LA LANGUE FRANÇAISE DU DROIT

Langue et interdit pénal. L'incrimination face à la symbolique des mots

Alice DEJEAN DE LA BATIE
Maîtresse de conférences en droit pénal et procédure pénale
Université de Tilburg (Pays-Bas), Department of Criminal Law

Au commencement du droit pénal était le verbe. Certes, le souci de précision langagière est partagé par tous les domaines juridiques, et notre matière n'en a pas l'apanage. Toutefois, principe de légalité oblige, le droit pénal présente un attachement tout particulier aux mots, à leur portée et à leur sens. Sur le fond, non seulement des délits aussi variés que les menaces, la violation du secret ou le harcèlement peuvent se commettre par la parole, mais certaines incriminations comme l'outrage ou l'injure reposent souvent sur la signification précise – quoique mouvante – d'un terme ou d'une expression. Sur la forme, le procès pénal réserve une place centrale à la parole, de la plaidoirie de l'avocat au droit du suspect de garder le silence, de l'aveu du prévenu au témoignage de la victime à la barre, du réquisitoire du parquet à la lecture du verdict[1]. Langage et droit pénal sont ainsi liés de mille et une manières, et les présents propos ne s'attachent à en explorer que quelques-unes, celles précisément qui ont trait à la langue, à la signification des mots.

À cet égard, le droit pénal accorde une grande importance au sens exact des termes employés, tant par les individus que par le législateur. Pour reprendre les codes du raisonnement logique de prédilection des juristes, le syllogisme, le droit pénal attache une attention particulière au sens des mots de la mineure – les faits de l'espèce – comme de la majeure – la règle de droit. Ceci s'explique par la force symbolique que le droit pénal reconnaît aux mots. Lorsqu'il s'agit de la mineure, autrement dit des mots employés par l'auteur d'une infraction, la force symbolique des mots en fait des vecteurs de dommages, parfois même de souffrance. Cela doit toutefois être mis en balance avec une fonction essentielle du langage que le droit pénal s'interdit d'ignorer : la libre expression de la pensée et des opinions. Ce sont les enjeux de la langue interdite et des mots tabous (I). Si l'on se penche à présent sur la majeure du syllogisme, c'est-à-dire sur la règle de droit, la force symbolique des mots influence les choix du législateur dans la rédaction des incriminations et l'incite à surinvestir la fonction expressive du droit pénal au détriment du principe de nécessité. À une terminologie centrée sur la protection des valeurs sociales, se substitue une rédaction des

[1] Raison pour laquelle le droit de toutes les parties non francophones à un traducteur gagnerait à être mieux respecté. S. SENGUPTA, « Transmettre la voix des accusés non francophones : une nécessité pour un procès équitable », *Les cahiers de la justice*, 2024, p. 219.

infractions visant au premier chef à communiquer. Ce sont les questions posées par la langue de l'interdit et ses mots totems (II).

I. La langue interdite : les mots tabous

« *On ne peut plus rien dire* » est un procès souvent fait à notre époque, une formule que l'on entend dans les médias comme à la machine à café ou aux repas de famille. Le sentiment selon lequel l'ère contemporaine, surtout depuis l'avènement de la *cancel culture*, se caractériserait par une censure croissante de l'expression, est alors interprété comme un signe de déclin de nos libertés publiques. Quant à savoir si ce sentiment est justifié, la question peut être abordée sous des angles aussi divers que l'influence des actionnaires sur les médias qu'ils contrôlent[2] ou encore les biais discriminatifs véhiculés par une automatisation de la modération des contenus en ligne[3].

Tout ceci nous emmènerait bien loin de notre sujet et il n'est pas question d'en traiter directement, mais de s'intéresser aux seuls éléments que le droit pénal apporte au débat. Il ne s'agit pas alors de ce que l'on *peut* ou ne *peut pas* dire, mais plus précisément de cette parole qui, notamment lorsqu'elle est publique, engage la responsabilité des personnes et, par conséquent, les expose à une sanction pénale. En incriminant certains propos, le législateur traduit le fait que les mots peuvent être source de danger, de dommage ou de souffrance ; qu'ils peuvent atteindre les personnes jusque dans leur honneur ou leur intimité. Cette langue interdite constitue au sein de la criminalité langagière – c'est-à-dire l'ensemble des infractions susceptibles d'être commises par le biais de la parole – un îlot particulier (A) battu par les vents de l'évolution du langage et de la liberté d'expression (B).

A. Un îlot dans l'archipel de la criminalité langagière

La parole peut à elle seule constituer l'élément matériel de nombreuses infractions qu'il est possible de regrouper schématiquement en trois catégories. Premièrement, la loi pénale s'intéresse à la présence et à l'absence de mots ; au fait de parler ou de se taire. C'est ainsi qu'est incriminé de diverses manières le fait de révéler ou divulguer des informations confidentielles ou personnelles. On songe par exemple aux dispositions relatives aux secrets protégés telles que la violation du secret professionnel (art. 226-13 C. pén.), de la défense nationale (art. 413-10 C. pén.), ou de l'instruction (art. 11 C. proc. pén.), et au recel de violation du

---

[2] J. Cage, B. Huet, *L'information est un bien public : Refonder la propriété des médias*, Seuil 2021.

[3] V. par ex. T. Grison, V. Julliard. « Les enjeux de la modération automatisée sur les réseaux sociaux numériques : les mobilisations LGBT contre la loi Avia », *Communication, technologies et développement*, 2021, n°10.

secret (art 321-1 C. pén.)[4]. En outre, la protection de la vie privée et de la sécurité des personnes a conduit le législateur à incriminer de nombreuses diffusions comme celles permettant l'identification d'un mineur en fugue, délaissé, qui s'est suicidé ou victime d'une infraction (art. 39 bis Loi 1881[5]), d'une victime d'agression sexuelle (art. 39 quinquies) ou d'un membre des forces de l'ordre (art. 39 sexies). À ceci, s'est ajouté en 2021[6] un délit consistant notamment à révéler des informations privées relatives à une personne permettant de l'identifier ou de la localiser aux fins de l'exposer à un risque (art. 223-1-1 C. pén., communément appelé « *doxing* »). Symétriquement, sont également incriminés des comportements consistant à ne rien dire. Il s'agit des délits de non-révélation, comme la non-dénonciation de mauvais traitements sur mineur ou personne vulnérable (art. 434-3 C. pén.) ou le fait de ne pas témoigner en faveur d'un innocent (art. 434-11 C. pén.).

Deuxièmement, le droit pénal incrimine les propos visant à tromper les individus ou les institutions[7] afin d'obtenir des choses aussi diverses que de l'argent, des informations[8] ou des faveurs sexuelles. Si le mensonge *stricto sensu* relève davantage de la sphère morale que juridique, une parole mensongère entre dans le champ pénal lorsqu'elle est crédible[9], notamment parce qu'elle s'accompagne de manœuvres (entendues ici au sens large), pouvant contribuer à la matérialité d'infractions comme l'escroquerie (art. 313-1 C. pén.), l'usurpation d'identité (art. 226-4-1 C. pén.), la publicité mensongère (art. L. 132-2 C. pén.) ou même le viol par surprise[10].

Troisièmement, et c'est cela qui nous intéresse ici, la loi incrimine certains propos en raison de leur propension à heurter les personnes en abîmant, par exemple, l'estime qu'elles ont d'elles-mêmes ou qu'elles espèrent d'autrui. En effet, la parole a cette capacité de nuisance qui se concrétise par des délits comme le chantage (art. 312-10 C. pén.), les menaces (art. 222-17 et suiv. C. pén.), la dénonciation calomnieuse (art. 226-10 C. pén.), ou encore le harcèlement sexuel (art. 222-33 C. pén.) ou moral

---

[4] Pour une application aux journalistes, v. par ex. Crim., 19 juin 2001, n°99-85.188, *Bull. crim.* n°149.
[5] Loi du 29 juill. 1881 sur la liberté de la presse.
[6] Loi n°2021-1109 du 24 août 2021 confortant le respect des principes de la République.
[7] Par ex. dans le cas du faux témoignage (art. 434-13 C. pén.).
[8] Crim., 26 oct. 2016, n°15-83.774 (au sujet d'une journaliste qui, par une mise en scène, avait infiltré un parti d'extrême-droite sur lequel elle écrivait un livre ; la Cour juge l'escroquerie caractérisée mais justifiée par la participation à un débat d'intérêt général).
[9] Y. MAYAUD, « La crédibilité, critère du mensonge punissable en droit pénal », *AJ Pénal*, 2008, p. 111.
[10] Crim., 23 janv. 2019, n°18-82.833 – Crim., 4 sept. 2019, n°18-85.919 (caractérisation de la surprise par « *l'emploi d'un stratagème destiné à dissimuler l'identité et les caractéristiques physiques de son auteur* »).

(art. 222-33-2 C. pén.). Parmi les infractions d'expression, se trouvent en outre les propos générateurs de violence, tels que la provocation aux crimes et délits (art. 23 et suiv. Loi 1881) et la provocation au terrorisme (art. 421-2-5 C. pén.).

Au sein de cette catégorie des paroles blessantes, se distingue une série d'infractions qui présentent la particularité de tirer leur caractère nuisible du *sens* même des mots employés par leur auteur. C'est sur ce point que se concentrent les paragraphes qui suivent ; sur cet îlot de criminalité langagière qui concerne la *langue* interdite, c'est-à-dire les mots qui, par leur signification, engagent la responsabilité de ceux qui les prononcent où les écrivent. En effet, alors que les termes précisément employés pour divulguer un secret ou menacer une personne ne sont pas déterminants dans la caractérisation de l'élément matériel de ces délits, il en va autrement en matière d'outrage, de diffamation et surtout d'injure. La caractérisation de ces infractions dépend très étroitement de la signification des termes employés par l'auteur des propos. Un léger glissement de sens peut les faire entrer ou sortir du champ pénal, engager ou non leur responsabilité. Il est des mots et des expressions qui dépassent les limites du vivre-ensemble et sur lesquels, pour cette raison, le droit pénal impose un tabou dont l'irrespect peut entraîner censures et sanctions.

En pratique, il s'agit d'abord de l'outrage, que celui-ci porte atteinte à la dignité ou au respect dû à une personne chargée d'une mission de service public ou dépositaire de l'autorité publique (art. 433-5 C. pén. ; art. 434-24 pour les magistrats), ou bien que, par sa connotation sexiste ou sexuelle, il porte atteinte à la dignité de la personne en raison de son caractère dégradant ou humiliant, ou crée à son encontre une situation intimidante, hostile ou offensante (art. 222-33-1-1 C. pén.). Il s'agit ensuite de l'incrimination de la diffamation et de l'injure, la seconde prenant le relais de la première lorsque les propos litigieux ne contiennent l'imputation d'aucun fait précis[11]. Ces deux infractions, que leur caractère public fait passer du domaine contraventionnel au domaine délictuel, et du Code pénal à la Loi de 1881 sur la liberté de la presse, sanctionnent une atteinte à l'honneur – l'estime de soi – ou à la considération d'une personne – l'estime des autres. Le détail de la jurisprudence offre à cet égard un florilège de termes et d'insinuations dignes d'inspirer Prévert, les auteurs de ce type de propos faisant preuve d'une intarissable créativité, traitant autrui de « *gros zébu fou* »[12], d'« *adepte de la chouille* »[13], d' « *endive moite* »[14], de « *dindon courroucé* »[15] ou de

---

[11] Crim., 17 févr. 1981, n°79-92.748, *Bull. crim.* n°64.
[12] Crim., 13 avril 1999, n°98-81.625, *Bull. crim.* n°77.
[13] Crim., 25 févr. 2014, n°13-80.826.
[14] CA Paris, 11e ch., 31 oct. 1996, n°3761-96.

« *pulpeuse charcutière casher* »[16]. Ce sont ici soit les mots eux-mêmes (« *sectaire, raciste et extrémiste* »[17]), soit le contexte dans lequel ils sont prononcés (comme le fait de qualifier de « *nazi* » le chef d'un parti d'extrême-droite notoirement antisémite[18]) qui sont considérés comme dépassant les limites de ce que le législateur – et derrière lui la société – considère comme acceptable. Naturellement, cette « acceptabilité » évolue avec la langue et la société.

B. Un îlot battu par les vents des évolutions terminologiques et sociétales

Quand il s'agit d'incriminer le sens d'un mot, le droit pénal se heurte à des impératifs contraires. D'une part, l'exigence de prévisibilité, émanation du principe constitutionnel et conventionnel de légalité, impose que tout un chacun puisse connaître à l'avance la propension d'un mot à caractériser une infraction. Est-ce une simple critique ou une injure ? Un simple commentaire dévalorisant ou une imputation diffamatoire ? D'autre part, la vocation générale et permanente de la loi nécessite une formulation pérenne des incriminations, nonobstant l'évolution constante de la langue et des sensibilités face à tel ou tel mot, expression ou fait social.

La loi de 1881 relève le défi avec une certaine élégance, se gardant de tomber dans l'ornière de la description du contenu pour s'en tenir à celle de l'effet. Plutôt que de tenter de lister les mots interdits, le législateur a choisi l'approche axiologique en se concentrant sur les valeurs sociales menacées par ces mots. Par exemple, il eût été imprudent, dans le cadre de la diffamation, d'incriminer le fait de qualifier autrui de « collabo », quand cette expression a perdu au fil du temps sa connotation historique. L'implication qu'elle contenait après la Seconde Guerre mondiale – celle qu'une personne aurait participé aux actions de l'occupant nazi et du régime de Vichy – a progressivement été remplacée par une signification beaucoup plus vague dont l'usage s'est banalisé, dénonçant un comportement perçu comme opportuniste ou en connivence avec un système injuste ou corrompu. De même, qualifier autrui de « bâtard » est de nos jours dénué de toute insinuation sérieuse concernant la légitimité du lien de filiation de la

---

[15] *Ibid.*

[16] CA Paris, 15 févr. 1988, *JCP* 1988, II, 21115, obs. E. AGOSTINI.

[17] Crim., 6 nov. 2007, n°06-89.077. À l'inverse, qualifier quelqu'un de « *pseudo-sociologue* » n'est, selon les juges, pas injurieux en raison de la banalisation du préfixe « *pseudo* » (Paris, pôle 2, ch. 7, 29 mai 2019, RG n°18/07507).

[18] CA Paris, pôle 2, ch. 7, 18 sept. 2019, RG n°18/06670, *Légipresse* 2019. 520. À l'inverse, le fait de qualifier une personne de « *fasciste* » n'est, selon les juges, pas injurieux dans un contexte d'opposition politique (TGI Paris, 17e ch., 10 avr. 2014, *Le Pen c/Mélenchon, Légipresse* 2014. 268, n°316-14).

personne visée et a ainsi perdu sa portée déshonorante[19]. En se limitant à dire que les propos portent atteinte à l'honneur ou à la considération, l'article 29 de la loi de 1881 incluait « collabo » ou même « bâtard » autrefois, mais plus aujourd'hui[20].

À cette évolution du sens des mots s'ajoute celle de la sensibilité des personnes et du public. Certains faits, qui pouvaient autrefois être considérés comme socialement inacceptables, et dont l'imputation portait incontestablement atteinte à l'honneur ou à la réputation, n'éveillent plus le même opprobre aujourd'hui. Par exemple, être issu d'une relation hors mariage – ce qui est le cas de 65 % des enfants nés en France en 2022[21] –, ou encore avoir des relations homosexuelles, n'est plus en soi une source d'exclusion sociale. Des propos imputant de tels faits à autrui ne sauraient donc, en eux-mêmes, constituer des infractions pénales alors même qu'ils étaient susceptibles de le faire au siècle dernier.

À l'inverse, d'autres termes autrefois jugés neutres sont à présent considérés de manière suffisamment défavorable pour que le droit pénal s'en inquiète. Il en va ainsi de nombreux mots racistes, sexistes, homophobes, transphobes, *etc.* Afin de marquer cette évolution sociétale, le législateur pénal a choisi de passer par la technique des circonstances aggravantes. Cette hiérarchisation visible des injures, manifestation de la fonction expressive du droit pénal, traduit un ajustement de la « langue interdite » aux valeurs contemporaines. L'honneur d'une personne n'est plus atteint par la nature de sa filiation, mais elle peut l'être par une attaque relative à son genre ou à ses origines. Par exemple, ont été condamnés pour outrage raciste le journaliste ayant qualifié une brigadière d'« *arabe de service* »[22], et pour injure sexiste le professeur ayant rétorqué à une collègue venue le saluer « *allez vous faire foutre, Madame* »[23]. Cette nouvelle préoccupation liée à la langue interdite s'est aussi manifestée en 2023[24] avec le renforcement de l'incrimination de l'outrage sexiste et sexuel, et son inscription dans le Livre II du Code pénal consacrée aux atteintes aux personnes.

Si l'évolution de la langue interdite se perçoit ainsi ponctuellement dans la lettre du Code pénal, la majeure partie de ces changements est reflétée par la jurisprudence. La nature générale de la loi l'impose et les exemples

---

[19] TGI Paris, ch. 17, 16 juin 2011, n°1022508186, *Légipresse*, n°286-16.

[20] Sur l'imputation de « *collaboration* », v. par ex. Crim., 17 févr. 1949, *Bull. crim.* n°66 (diffamation retenue) comparé à Crim., 22 sept. 2015, n°14-81.709 (diffamation écartée).

[21] INSEE, Statistiques de l'état civil, 16 janv. 2024.

[22] Crim., 19 déc. 2023, n°22-86.384.

[23] Crim., 3 avril 2024, n°23-81.857.

[24] Loi n°2023-22 du 24 janv. 2023 d'orientation et de programmation du ministère de l'intérieur.

jurisprudentiels sus évoqués, au sujet des évolutions de termes dont la nature outrageante, diffamatoire ou injurieuse a varié au cours du temps, le soulignent implicitement. Il revient donc quotidiennement au juge de déterminer, au fil des décisions, si un mot est outrageant, injurieux ou diffamatoire, d'imposer ou au contraire de lever un tabou. Même en faisant abstraction des biais liés aux problèmes de traduction[25] ou à la relative homogénéité sociale des magistrats[26], et en considérant que ces derniers font preuve d'une certaine neutralité dans leur appréciation, il n'est pas anodin que le droit les oblige à juger les mots pour juger les hommes. Certes, l'idée de faire intervenir un linguiste, un écrivain ou un anthropologue dans une audience pour se prononcer doctement sur l'exacte signification et la portée d'une expression peut faire sourire ; pourtant, il est intrigant que la justice pénale, si prompte à se réfugier derrière l'avis des experts, considère que tout usager de la langue en est spécialiste.

Juridiquement, le risque de cette appréciation casuistique qui seule permet au droit pénal de suivre l'incessante mouvance de la langue, concerne la légalité. L'exigence de précision, gage de prévisibilité, est quelque peu malmenée par les aléas de l'interprétation jurisprudentielle, phénomène que le contrôle de proportionnalité accentue sensiblement. En effet, face aux mots tabous, se dresse le respect de la liberté d'expression et son monument le plus abouti, l'article 10 de la Convention de sauvegarde des droits de l'homme et libertés fondamentales. Sous l'influence de la Cour européenne, s'est développée dans la jurisprudence de la Cour de cassation une mise en balance des intérêts qui conduit les juges, dans le cadre du contrôle de conventionnalité, à évaluer *in concreto* la compatibilité des incriminations avec la Convention européenne[27]. Il ne suffit plus, pour engager la responsabilité pénale de leur auteur, que des propos se révèlent injurieux ou diffamatoires. Il faut également que, dans une affaire donnée, l'infraction ne porte pas une atteinte disproportionnée à la liberté d'expression[28]. Par exemple, la chambre criminelle a considéré que le fait pour un conseiller municipal de qualifier le maire de « *chamallow mou et gluant* » ne dépassait pas les limites de la liberté d'expression[29]. Outre le fait que cette redéfinition jurisprudentielle du contour des incriminations[30],

---

[25] S. CHATILLON, « Droit et langue », *RIDC*, 2002, n°54, p. 687.

[26] Y. DEMOLI, L. WILLEMEZ, « La magistrature judiciaire, un corps d'élite à l'épreuve de la mobilité et des conditions de travail », *Archives de politique criminelle*, 2022, n°44, p. 249.

[27] M. BOUCHET, « L'utilisation du contrôle de proportionnalité par la Cour de cassation en droit pénal de fond », *RSC*, 2017, p. 495.

[28] J.-C. SAINT-PAU, « La liberté d'expression, cause de neutralisation de la responsabilité pénale », *in Mélanges en l'honneur du Professeur Philippe Conte*, LexisNexis, 2023, p. 765.

[29] Crim., 7 mai 2019, n°18-82.437.

[30] A. DEJEAN DE LA BATIE, *Les faits justificatifs spéciaux*, LGDJ 2020, préf. A. LEPAGE, N652 s.

qu'elle soit le fait du juge national ou européen[31], manque de légitimité démocratique[32] et menace la sécurité juridique[33], le contrôle de proportionnalité est lui aussi à la merci de l'évolution du périmètre de la liberté d'expression. C'est ainsi, par exemple, que le délit d'offense au Président de la République (anc. art. 26 Loi 1881) a été aboli en 2013[34] à la suite d'une condamnation de la France par la Cour européenne[35], le caractère intouchable de nos dirigeants ayant cédé la place à un droit de critique plus étendu. La liberté d'expression s'en est trouvée élargie d'autant.

Si la liberté d'expression peut ainsi diminuer le champ de la langue interdite, il monte depuis quelques années un sentiment diffus de contraction de cet espace de liberté indispensable à notre démocratie. Certes, la jurisprudence donne des lignes directrices, indiquant par exemple que le contexte politique ou satirique élargit le champ de la liberté d'expression au-delà de ses limites ordinaires[36]. Pourtant, le sentiment persiste : la parole publique est scrutée avec une vigilance qui confine à l'obsession. Sans en faire le procès aux juges eux-mêmes (seule une étude précise de la jurisprudence, notamment des décisions de fond, permettrait de déterminer si l'application du contrôle de proportionnalité s'est infléchie en défaveur de la liberté d'expression), on peut souligner une instrumentalisation par la classe politique des infractions liées à la langue. Brandir une menace de plainte – parfois fantasque – pour outrage, injure ou diffamation est devenu une arme régulièrement utilisée par les personnalités politiques[37]. Ne s'encombrant plus des limites posées par le droit pénal, la censure s'étend par d'autres canaux. Par exemple, alors que les poursuites contre lui avaient finalement été abandonnées, un humoriste a été licencié en raison d'une chronique dans laquelle il comparait le chef de l'État d'Israël à un nazi. Le droit pénal recule, la sanction disciplinaire – adossée à l'émoi politico-sociétal lié au contexte de la guerre au Proche-Orient – prend le relais. Certes, les sanctions

---

[31] La France a par exemple été condamnée par les juges de Strasbourg pour avoir retenu la qualification d'injure publique à l'encontre d'un magazine ayant qualifié d'« énergumène » un professeur d'histoire (15 20 nov. 2008, *Brunet-Lecomte et Lyon Mag c/France*, n° 13327/04).

[32] A. DEJEAN DE LA BATIE, *op. cit.*, N673 s.

[33] F. CHENEDE, « Contre-révolution tranquille à la Cour de cassation ? », *D.*, 2016, p. 796.

[34] Loi n°2013-711 du 5 août 2013 portant diverses dispositions d'adaptation dans le domaine de la justice en application du droit de l'Union européenne et des engagements internationaux de la France.

[35] CEDH, 14 mars 2013, *Eon c. France*, n°26118/10.

[36] V. par ex. Crim., 13 févr. 2001, n°00-85.853 (faire rimer « *raëlien* » avec « *vaurien* » n'excède pas les limites de la critique satirique).

[37] On songe par exemple aux nombreuses annonces de plainte pour diffamation de l'ancien ministre Gérald Darmanin contre une candidate aux régionales en 2021 (*Le Monde*, 23/05/21), des députés en 2022 (*Le Monde*, 14/12/22) et 2023 (*Le Parisien, 12/12/23*), ou encore un syndicaliste brestois en 2024 (*Libération*, 21/04/24).

disciplinaires se doivent également de respecter la liberté d'expression et sont ainsi susceptibles d'être censurées par la Cour européenne pour violation de l'article 10 de la Convention[38]. En pratique, cependant, la logique intrinsèque du droit pénal – telle qu'elle fait écho à l'article 5 de la Déclaration des droits de l'homme de 1789 – qui voudrait que tout ce qui ne relève pas de la langue interdite puisse être dit, se heurte à la réalité d'autres formes de tabous sur lesquels le principe de légalité n'a aucune prise.

Autre émanation du principe de légalité, l'exigence d'interprétation stricte de la loi pénale (art. 111-4 C. pén.) conduit également à scruter les termes choisis par le législateur dans la rédaction des incriminations.

II. La langue de l'interdit : les mots totems

Au-delà de la formulation de règles normatives – tel comportement est puni de telle peine –, la langue de l'interdit remplit une fonction performative qui s'appuie sur la symbolique des mots. Ceci se remarque dans la propension du droit pénal à adapter son langage pour refléter non seulement l'évolution des valeurs sociales, mais l'infléchissement des politiques répressives. Ce recours à des mots totems permet de sacraliser certains termes et, ainsi, de souligner l'importance – ancienne ou nouvelle – de certaines valeurs (A), mais il n'est pas sans écueil. Si la langue est incontestablement un soutien précieux de la norme pénale, un mot ne saurait à lui seul conjurer les maux humains. En surinvestissant la fonction symbolique des mots, le législateur court le risque de désacraliser la langue de l'interdit. Les mots sacrés banalisés redeviennent profanes (B).

A. La langue sacrée

Si une partie des textes d'incrimination se contentent de décrire un comportement (« *le fait de…* ») et d'y associer une peine (« *est puni de…* »), nombreuses sont les infractions auxquelles le législateur pénal choisit de donner un nom. Le meurtre, le viol, l'escroquerie, la diffamation, *etc*. Au-delà de l'utilité pratique de pouvoir s'y référer sans qu'il soit besoin de décrire le comportement incriminé, le fait de nommer les infractions participe à la fonction expressive de la loi pénale, celle par laquelle le législateur souligne la gravité – également communiquée par d'autres éléments comme la sévérité de la peine ou la place du texte au sein de l'arsenal répressif – du comportement incriminé.

Ces noms d'infractions, ces mots de l'interdit, jouent un rôle central non seulement dans la politique répressive, mais aussi dans l'inconscient collectif. Ils incarnent à eux seuls des maux, des peurs, parfois des fantasmes. Ils sont le réceptacle de nos valeurs et, pour cette raison, sont

[38] CEDH, 15 nov. 2015, *Bono c. France*, n°29024/11.

amenés à changer au fil de l'évolution des priorités sociétales. Certains disparaissent tandis que d'autres naissent ou changent de sens. Par exemple, le terme « terrorisme » a-t-il vu sa définition s'élargir au gré des attentats qui ont transformé « *une législation 'dérogatoire' à la marge du droit pénal commun en un dispositif de 'prévention répressive'* »[39]. À l'inverse, depuis la refonte de 1994, le crime de « parricide », s'il est toujours incriminé sous la forme de meurtre sur ascendant, ne fait plus l'objet d'une distinction particulière. Abandonnant un terme qui incarnait ce que la société considérait comme une transgression extrême d'un pilier de l'ordre patriarcal, la loi reflète dorénavant une vision plus égalitaire des relations familiales.

L'évolution des mœurs et des sensibilités se traduit également par la consécration dans la loi pénale de nouveaux mots lourds de sens. Ainsi la qualification d'« inceste » a-t-elle fait en 2010[40] une entrée remarquée à l'article 222-31-1 (aujourd'hui 222-22-3) du Code pénal. En 2021, ce terme a gagné de nouveaux galons, apparaissant dorénavant aux côtés du viol et des autres agressions sexuelles dans l'intitulé d'une section du code. Par ces modifications terminologiques toutes symboliques – la surqualification d'inceste est sans incidence sur la peine encourue – le législateur marque le refus de la société contemporaine de tolérer des violences sexuelles intrafamiliales autrefois tues ou minimisées. Cela met en exergue la nature politique du Code pénal, qui utilise ici la langue comme une arme au service d'un message plutôt que de la répression *stricto sensu.*

Une illustration plus récente du phénomène des nouveaux mots sacrés du droit pénal a été fournie par l'arrivée, en 2021[41], du terme « écocide » à l'article L. 231-3 du Code de l'environnement. S'adossant par mimétisme à la force symbolique d'un autre mot, celui de « génocide »[42], ce choix terminologique témoigne de la prise de conscience collective des enjeux liés à la protection de l'environnement. Pourtant, à lire le texte d'incrimination, on se demande si l'usage de ce mot n'est pas un écran de fumée destiné à

---

[39] J. ALIX, O. CAHN, « Les procès, révélateurs des mutations de la lutte contre le terrorisme », *AJ Pénal*, 2023, p. 33.

[40] Loi n°2010-121 du 8 févr. 2010 tendant à inscrire l'inceste commis sur les mineurs dans le code pénal et à améliorer la détection et la prise en charge des victimes d'actes incestueux.

[41] Loi n°2021-1104 du 22 août 2021 portant lutte contre le dérèglement climatique et renforcement de la résilience face à ses effets.

[42] Et, plus largement, à celle du suffixe latin « -cide » (« tuer ») qui fait écho à d'anciens crimes et délits symboliques comme le parricide, le fratricide ou le suicide.

dissimuler une répression pour le moins timorée[43]. La langue devient alors un outil de relations publiques derrière lequel les autorités se défilent.

L'opération marketing n'est pas toujours fructueuse, et il arrive que le législateur renonce complètement à nommer une infraction, faute de mot adéquat. C'est par exemple ce qui se passe en matière de délinquance liée aux nouvelles technologies et en particulier à l'avènement des réseaux sociaux. Face à des pratiques qui se sont fait connaître sous des termes anglophones dont l'usage ferait dissonance dans le Code pénal, le faiseur de lois trahit son malaise. Renonçant ponctuellement au pouvoir des mots – et affaiblissant d'autant la portée symbolique du geste d'incrimination – il crée des infractions innommées pour incriminer ce que la culture populaire désigne comme le « *revenge porn* » (diffusion sans son consentement de l'image à caractère sexuel d'une personne ; art. 226-2-1 C. pén.), le « *happy slapping* » (enregistrement ou diffusion d'actes d'agression ; art. 222-33-3 C. pén.) ou encore le « *doxing* » (art. 223-1-1 C. pén., évoqué précédemment).

La sémantique pénale ne se résume toutefois pas aux formules du Code ; elle s'étend au contraire aux termes utilisés par les juristes, les journalistes, les personnalités politiques, *etc*. Loin d'être une querelle d'initiés, la langue de l'interdit est un sujet qui nous concerne tous. C'est ainsi qu'apparaissent parfois des expressions qui, sans être utilisées dans le Code pénal lui-même, s'imposent dans le débat public. On songe par exemple à l'ancien premier ministre François Fillon à l'égard duquel l'expression d' « emploi fictif » s'est imposée alors même qu'il était question des délits de détournement de fonds publics (art. 432-15 C. pén.) et de complicité et recel d'abus de biens sociaux (art. L. 241-3 C. commerce). Que l'on se souvienne également de l'émoi suscité à l'automne 2022 par l'usage malheureux[44] par le ministre de l'Intérieur du mot « écoterrorisme », lui aussi d'origine anglo-saxonne, pour qualifier les actes violents de militants écologistes[45]. Que l'on s'interroge, dans un autre registre, sur la rapide adoption du mot-valise « sextorsion » pour désigner « *le fait pour un majeur d'inciter un mineur, par un moyen de communication électronique, à commettre tout acte de nature sexuelle sur lui-même ou avec un tiers* » (art. 227-22-2 C. pén.). Au-delà de la redondance – le comportement visé était déjà incriminé[46] – qui confirme

---

[43] J. LAGOUTTE, « Le principal et l'accessoire des dispositions pénales de la loi du 22 août 2021 portant lutte contre le dérèglement climatique et renforcement de la résilience face à ses effets », *Dr. Pénal*, 2021, étude 20.

[44] P. SPINOSI, « Ecoterrorisme », *JCP G*, 2022, act. n°1251.

[45] A. ALBERTINI, C. AYAD, « 'L'écoterrorisme', un terme flou qui continue de faire polémique », *Le Monde*, 3 nov. 2022.

[46] Au titre de la corruption de mineur (art. 227-22 C. pén.).

qu'il s'agit là d'un exemple de loi pénale déclarative[47], la terminologie – maladroite[48] mais percutante – imposée dès les débats parlementaires[49] traduit la recherche d'un effet d'annonce. Le recours à la force symbolique des mots dépasse les frontières de la loi.

Cependant, l'inscription d'un terme dans le Code pénal reste une consécration sans égale tant dans l'imaginaire collectif que dans le discours de politique répressive. S'invitent alors dans le débat les mots qui divisent ; ceux dont la force symbolique est louée par les uns mais redoutée par les autres. On songe en particulier à la controverse relative à l'inscription possible du terme « féminicide » dans le Code pénal. Outre les arguments techniques relatifs au flou sémantique[50] ou à la constitutionnalité du terme au regard du principe d'égalité devant la loi[51], la consécration du mot « féminicide » dans la loi française soulève des enjeux de fonds, certain y voyant un moyen de « *mieux identifier ce phénomène et de pouvoir y consacrer les moyens et les ressources nécessaires* » [52], tandis que d'autres s'inquiètent d'une terminologie s'engageant sur les dangers d'une remise en cause de l'indivisibilité du genre humain[53]. Une autrice[54] souligne que la solution dépend précisément de la vocation du droit pénal : s'agit-il d'une norme à destination des seuls juristes avertis, ou remplit-il une fonction « *expressive, symbolique, pédagogique et historique* » ? Dès lors que les actes concernés sont déjà sévèrement incriminés[55], inscrire le « féminicide » dans la loi française serait avant tout un acte de communication visant à « *rendre juridiquement visible une triste réalité* »[56], héritage d'une société sexiste et patriarcale.

L'adaptation de la langue pénale se voudrait ainsi le miroir de l'évolution de la société dans son rapport à l'interdit. Cependant, le poids des mots conduit parfois à un certain dévoiement sémantique.

---

47 C. Lazerges, « De la fonction déclarative de la loi pénale », *RSC*, 2004, p. 194. V. égal. V. Malabat, « Les infractions inutiles. Plaidoyer pour une production raisonnée du droit pénal », *in La réforme du code pénal et du code de procédure pénale, Opinio doctorum*, Dalloz 2009, p. 71.

48 J.-B. Perrier, F. Rousseau, « Le renforcement de la répression des infractions sexuelles contre les mineurs », *RSC*, 2021, p. 454.

49 Rapp. AN, n°3939, par A. Louis, 3 mars 2021 ; Rapp. Sénat, n°467, par M.Mercier, 23 mars 2021.

50 F. Coste, « 'Féminicide' ou le code pénal et la tour de Babel », *AJ Pénal*, 2020, p. 289.

51 Rapp. AN, n°2695, par F. Lazaar, 18 févr. 2020.

52 ONU Femmes, « Plaidoyer en faveur de la reconnaissance pénale du féminicide en droit français », 2019.

53 P. Conte, « Féminicide : le poids des mots – et des chiffres », *Dr. Pénal*, 2020, repère 1.

54 C. Hardouin-Le Goff, « Faut-il inscrire le 'féminicide' dans le Code pénal ? », *Le Club des Juristes*, 2023.

55 Not. par les circonstances aggravantes prévues aux art. 132-77, 132-80 et 221-4, C. pén.

56 C. Hardouin-Le Goff, *op. cit.*

B. La langue profanée

La violence des situations et des enjeux propres à la matière pénale imprègne son langage et lui donne une puissance symbolique qui fait tourner la tête du législateur contemporain. Les mots ne sont alors plus utilisés pour leur sens mais pour leur écho dans l'inconscient collectif, leur effet hypnotique ou sédatif sur l'opinion publique. Le phénomène se remarque notamment en matière d'infractions sexuelles[57] « *justement parce qu'elles ont trait à l'intime, heurtent les consciences et mettent en lumière des tabous* »[58]. L'omerta législative qui a longtemps prévalu – la première définition du viol dans le Code pénal date de 1980[59] – est aujourd'hui remplacée par une cacophonie normative[60] et sémantique.

Ainsi, par exemple, l'exhibition sexuelle a vu sa définition élargie en 2021[61] d'une façon que certains ont pu qualifier de « *remarquable effort de prestidigitation juridique* »[62], et peut dorénavant être caractérisée « *même en l'absence d'exposition d'une partie dénudée du corps* » (art. 222-32 C. pén.). N'en déplaise aux étymologistes, il n'est donc plus nécessaire de montrer son corps pour s'exhiber. Certes, on comprend la tentation de vouloir adosser la répression à un mot aussi évocateur qu'« *exhibition* », mais le risque ici est, à force d'ajouts et de codicilles, d'en diluer le sens et la portée.

Plus le symbolisme attaché à un terme est puissant, plus le risque de dévoiement par un surinvestissement sémantique est grand. C'est la raison pour laquelle l'évolution du mot « viol » en droit pénal fait l'objet de débats particulièrement vifs. Ce terme, qui désigne le « *mal suprême dans notre monde sorti de la religion* »[63], a connu, au fil des réformes, un glissement sémantique profond. Deux composantes de l'élément matériel, en particulier, ont fait l'objet de redéfinitions à répétition[64] : l'acte sexuel et le défaut de

---

[57] A. DEJEAN DE LA BATIE, « Du tabou au fantasme, les dérives sémantiques des infractions sexuelles », *in Mélanges en l'honneur du Professeur Philippe Conte*, LexisNexis 2023, p. 333.

[58] A. DARSONVILLE, « Le surinvestissement législatif en matière d'infractions sexuelles », *Archives de politique criminelle*, 2012, n°1, p. 31.

[59] Loi n°80-1041 du 23 déc. 1980 modifiant l'ancien article 332.

[60] C. DUBOIS, M. BOUCHET, « De la cacophonie des propositions de lois réformant les infractions sexuelles sur mineurs », *Gaz. Pal.*, 2021, n°10.

[61] Loi n°2021-478 du 21 avril 2021 visant à protéger les mineurs des crimes et délits sexuels et de l'inceste.

[62] E. DREYER, « S'exhiber aujourd'hui, c'est aussi ne rien montrer », *Gaz. Pal.*, 2022, n°29, p. 44.

[63] X. LAMEYRE, « Les deux corps de la justice pénale. Du corps violé au corps enfermé », *Revue Justices*, 2001, p. 23.

[64] La *Proposition de loi visant à modifier la définition pénale du viol et des agressions sexuelles* (Ass. nat., PPL n° 842, 21 janv. 2025) débattue devant le Parlement au moment de l'écriture de ces lignes (avril 2025) et dont l'objet louable est d'intégrer la

consentement. À l'origine ancré dans une matérialité de la violence physique, le « viol » tel qu'il est aujourd'hui défini dans le Code pénal tend à intégrer une multitude de situations et de comportements. Concernant le consentement, l'élargissement législatif[65] et jurisprudentiel[66] des adminicules que sont la contrainte morale et la surprise a été assorti en 2021[67] d'une dissociation complète des notions de viol et de consentement, en cas de victime mineure de quinze ans (art. 222-23-1 C. pén.). Certes, la réforme permet de faire l'économie de l'épineuse question du consentement qui « *n'a tout simplement pas sa place dans le débat lorsque la victime est particulièrement jeune* »[68]. Il eût toutefois été possible de prévoir des règles toutes aussi protectrices en créant, à l'exemple du droit anglais[69], un crime d'activité sexuelle avec un mineur de quinze ans.

La réforme de 2021 a également été l'occasion pour le législateur d'ajouter, afin de contrecarrer une jurisprudence controversée[70], les actes bucco-génitaux à ceux susceptibles de caractériser un viol, déconnectant ainsi ce terme de la notion de pénétration (art. 222-23-1 C. pén.). Certes, l'objectif de renforcement de l'égalité entre les sexes est essentiel. Cependant, non seulement il aurait également pu être atteint par le biais de l'individualisation de la peine[71], mais surtout, la méthode employée inquiète. Il est difficile de déterminer si cette tendance vise à étendre indéfiniment la portée symbolique du mot « viol » à des réalités hétérogènes, ou si elle révèle une indifférence au sens précis des termes utilisés. Au fil des faits divers, on court le risque que la liste des interactions concernées ne fasse que s'allonger, entraînant une absorption progressive des agressions sexuelles sous l'appellation de « viol ». À terme, ce glissement pourrait même conduire au remplacement de ce mot par une formule euphémistique telle qu'« *abus sexuel* »[72]. La pratique judiciaire de correctionnalisation du viol et l'introduction des cours criminelles – devant lesquelles les affaires de viol sont jugées par des magistrats professionnels au lieu d'un jury d'assises[73] –

---

notion de consentement dans la définition des agressions sexuelles, n'en demeure pas moins une nouvelle manifestation de l'insatiabilité du réformateur.

[65] Cf. les versions successives de l'art. 222-22-1 C. pén. issues des réformes de 2010 (loi n°2010-121 du 8 févr. 2010 sur l'inceste), 2018 (loi n°2018-703 du 3 août 2018 renforçant la lutte contre les violences sexuelles et sexistes) et 2021 (loi n°2021-478, *op. cit.*).

[66] Crim., 23 janv. 2019, *op. cit.* – Crim., 4 sept. 2019, *op. cit.*

[67] Loi n°2021-478, *op. cit.*

[68] Prop. loi Sénat, n°158, par A. Billon, 26 nov. 2020.

[69] *Sexual Offences Act 2003*, sect. 9 (victime mineure de 16 ans).

[70] Crim., 14 oct. 2020, n°20-83.273.

[71] C. DUBOIS, M. BOUCHET, *op. cit.*

[72] C. MENABE, « Le viol sans pénétration : la disparition amorcée des agressions sexuelles autres que le viol ? », *Gaz. Pal.*, 2021, n°29, p. 71.

[73] Les cours criminelles avaient d'ailleurs été présentées comme un remède à la correctionnalisation, mais les premières évaluations ne semblent guère le confirmer

estompent déjà les frontières sur le plan procédural. Ainsi diluée, la notion de viol englobe des situations si diverses qu'elle risque de perdre sa cohérence et son aura, pour devenir une infraction générique. Au nom de la répression, le législateur affaiblit peu à peu l'un des mots les plus emblématiques du Code pénal. À trop sacrifier à la « *pensée magique* »[74] qu'un mot totem peut à lui seul servir de clé de voute à l'édifice de la lutte contre les infractions sexuelles et sexistes, on court le risque d'éroder sa portée symbolique et de compromettre l'efficacité réelle des politiques répressives. La langue interdite deviendrait alors un simple outil rhétorique, vidé de sa capacité à incarner la gravité des comportements incriminés.

(Ministère de la Justice, *Rapport du Comité d'évaluation et de suivi de la cour criminelle départementale*, oct. 2022, spéc. p. 27 et suiv.).

[74] B. PY, « Infractions sexuelles et inceste : ce qui ne se conçoit pas bien n'a aucune chance de s'énoncer clairement », *Gaz. Pal.*, 2021, n°23, p. 13.

Enjeux juridiques de l'écriture inclusive : les paradoxes de l'égalité et de la non-discrimination en droit du travail

Elena MASCARENHAS
Doctorante en Droit privé
Université Lumière Lyon 2, CERCRID

L'horizon du droit français voit poindre une poignée de décisions de justice relatives à l'encadrement de la notion d'écriture inclusive depuis que la circulaire de 2017[1], visant à en interdire l'usage, a fait l'objet d'un recours pour excès de pouvoir[2]. Si le contentieux sur la démasculinisation du langage débute en 2000[3], les sciences juridiques peinent à circonscrire la notion émergente d'écriture inclusive ; son champ d'application étant tantôt ambigu[4], tantôt restreint (fonction publique[5], enseignement[6]). À mesure des péripéties jurisprudentielles, la doctrine s'interroge sur la licéité de l'usage de l'écriture inclusive[7] et sur l'éventuelle atteinte à la liberté d'expression des normes la promouvant[8]. À partir de 2023[9], la doctrine démontre que ces questions ne peuvent être tranchées sans connaître les effets d'un langage inclusif sur les inégalités et discriminations[10]. Les débats doctrinaux et politiques français réinvestissent la controverse terminologique des « droits de l'homme »[11] en mettant au goût du jour deux circulaires de la fin du XXe siècle (1986/1998) préconisant *la féminisation des noms de métier, fonction, grade ou titre* afin de répondre aux objectifs de l'égalité

---

[1] Premier ministre, *Circulaire relative aux règles de féminisation et de rédaction des textes publiés au Journal officiel de la République française*, 2017.

[2] CE, 2e et 7e SSR, 28 févr. 2019, *Association GISS et Fourtic*, n° 414821.

[3] CE, 9 juin 2000, *Association professionnelle des magistrats*, n°208243 ; CE, 28 nov. 2003, *Mme Cazalas*, n°224820.

[4] B. MORON-PUECH, « La grammaire peut-elle être illicite ? La réponse de l'arrêt GISS et Fourtic », *Tribonien* 3, n°1 (2019).

[5] Premier ministre.

[6] Ministre de l'Éducation nationale, de la Jeunesse et des Sports, Circulaire *Règles de féminisation dans les actes administratifs du ministère de l'Éducation nationale, de la Jeunesse et des Sports et les pratiques d'enseignement*, 2021.

[7] B. MORON-PUECH, *op. cit.*

[8] N. HERVIEU, « Écriture inclusive et langue française : Une histoire de droit... et de liberté », - *Administratif | Dalloz Actualité*, 21/03/2023.

[9] CA Paris, Pôle 6 – Ch. 10, 16 févr. 2023, n°20/02552.

[10] B. MORON-PUECH, « Liberté d'expression et langage inclusif genré sur le lieu de travail », *Revue de droit du travail*, 2024, n°5, p. 260.

[11] E. VIENNOT, *Non, le masculin ne l'emporte pas sur le féminin ! petite histoire des résistances de la langue française*, Donnemarie-Dontilly : Éditions iXe, 2014 ; C. BOSVIEUX-ONYEKWELU, « « Droits humains » vs « droits de l'Homme ». Arguments en faveur de l'inclusivité du langage des droits », *Cahiers du Genre*, 2020, n°2, pp.131-150.

femmes/hommes (F/H). Il en ressort que les mots féminins ont pour effet de visibiliser les femmes et de protéger leurs droits, comme en atteste l'évolution du droit du travail : parité dans les processus électoraux, attribution de vestiaires et toilettes dédiées, garanties liées à la grossesse. L'usage de mots féminins est néanmoins devenu l'objet d'une nouvelle controverse, étant devenu l'outil d'une instrumentalisation politique à l'encontre des droits des minorités sexuées et genrées et parfois même des femmes[12]. D'où la nécessité de renouveler le regard sur les enjeux du genre dans le langage juridique.

Des études anglophones et francophones placent l'égalité F/H au cœur de l'analyse des effets du *masculin générique*[13]. Cependant en France, les résultats les plus probants prennent une distance vis-à-vis de l'égalité F/H : les spécialistes des minorités genrées[14] attestent que l'usage de mots masculins et féminins induit une application discriminatoire de certains droits[15]. Les « mots genrés »[16] sont susceptibles de former un rempart aux droits subjectifs de personnes intersexes, de femmes ou d'hommes transgenres, et entravent la reconnaissance identitaire des personnes non-binaires[17]. Ces difficultés ne tiennent pas seulement à l'usage du masculin générique, mais également à la binarité de genre F/H, latente au niveau langage[18]. Au niveau normatif, elles se traduisent moins par l'atteinte au principe d'égalité F/H que de non-discrimination sur le sexe, l'identité de genre ou l'orientation sexuelle. Égalité et non-discrimination peinent à s'articuler dans les argumentaires français, ce qui renvoie le droit national à

---

[12] E. MASCARENHAS, « Les effets des mots féminins en droit français : de l'inclusion à l'exclusion ? (1791-2024) », dans (dir.) E. BRACCHI, A. CONDE, D. GARREAU, *Le genre : repenser la langue et le droit,* Garnier, (à paraître).

[13] M. LESSARD, S. ZACCOUR, « Quel genre de droit ? Autopsie du sexisme dans la langue juridique », *Revue de droit de l'Université de Sherbrooke*, 2017, n°2-3, pp. 227-298.

[14] B. MORON-PUECH, A. SARIS, L. BOUVATTIER, « La normalisation étatique de l'inclusivité du langage », *Cahiers du Genre*, 2020, n°2, pp. 151-176.

[15] B. MORON-PUECH, M. PETKOVA, « L'universalité de la "Déclaration Universelle des Droits de l'Homme" en question : le cas des personnes intersexuées », dans (dir.) B. K. SCHRAMM, *Queer(s) et droit international : études du réseau Olympe*, Paris : Société de législation comparée, 2021.

[16] E. MASCARENHAS, « Les effets des mots féminins en droit français : de l'inclusion à l'exclusion ? (1791-2024) », *op. cit.*

[17] E. MASCARENHAS, « Quelles formes linguistiques d'inclusivité pour le droit ? », *Cahiers du CRINI*, 2023, n°3 ; E. MASCARENHAS, B. MORON-PUECH, « La catégorisation homme-femme en athlétisme à l'heure des droits humains des minorités sexuées et genrées », *Recherches féministes*, 2023, n°1, pp. 109-129 ; B. MORON-PUECH, M. PETKOVA, *op. cit.*

[18] ALPHERATZ, *Grammaire du français inclusif : littérature, philologie, linguistique*, Châteauroux : Éditions Vent solars, 2018.

des tensions internes autant publiques que privées, ce que le droit du travail positif laisse voir de façon explicite[19].

Les principes d'égalité professionnelle F/H (Loi « Roudy »[20]) et de non-discrimination sur le sexe/genre (Lois « Auroux »[21], Loi « J21 » [22], Article L. 1132-1 du Code du travail) sont fréquemment mis en concurrence par les institutions et la doctrine travailliste[23]. Le premier principe reconnaît à grande échelle les « *inégalités de fait qui affectent les chances des femmes* » (Article L. 1142-4) afin de donner aux entreprises des indicateurs pour évaluer la situation F/H en leur sein (Article L. 2323-57 al. 3). Cette dimension collective le démarque du principe de non-discrimination dont l'objet est de sanctionner au cas par cas des différences de traitements dépourvues « *d'éléments objectifs* » (Article L. 1134-1 al. 2). Cette différence se répercute dans une riche réflexion doctrinale relative au choix du vocabulaire pour remplacer les termes d'égalité et de non-discrimination[24], sans s'étendre à la grammaire ni aux mots genrés qui permettent de désigner les personnes salariées[25]. Cette limite s'explique peut-être par la place paradoxale de l'écriture inclusive, coincée entre égalité et non-discrimination. Pour le vérifier, il faut interroger l'encadrement des usages inclusifs, mais également la pratique juridique de ces usages, ce qui place notre recherche entre les textes de loi et la négociation collective. Bien que le développement d'usages inclusifs du langage soit favorisé par le principe d'égalité professionnelle F/H (I), ses enjeux pratiques ne peuvent être compris et traités que par le principe de non-discrimination sur le sexe/genre (II).

I. L'égalité professionnelle F/H : terreau fertile de l'écriture inclusive

En faisant de la féminisation du langage un enjeu des lois de l'égalité professionnelle F/H (A), le droit du travail permet aux pratiques rédactionnelles inclusives de se diversifier à tout niveau (B).

---

[19] L. PERU-PIROTTE, *La lutte contre les discriminations en droit du travail*, Lille : Atelier national de reproduction des thèses, 2004.
[20] Loi n° 83-635 du 13 juillet 1983 portant modification du code du travail et du code pénal en ce qui concerne l'égalité professionnelle entre les femmes et les hommes.
[21] Loi n° 82-689 du 4 août 1982 relative aux libertés des travailleurs dans l'entreprise.
[22] Loi n° 2016-1547 du 18 novembre 2016 de modernisation de la justice du XXIe siècle.
[23] M. MERCAT-BRUNS, *Droit de la non-discrimination : de l'égalité à l'inclusion*, Paris : Société de législation comparée, 2024.
[24] *Ibid.*
[25] J. PORTA, I. ODOUL-ASOREY, L. CAMAJI, « « Travailleuse, travailleur » : une lecture du code du travail au prisme du genre », *in La loi et le genre : études critiques de droit français*, CNRS Éditions, 2014 ; B. MORON-PUECH, « Liberté d'expression et langage inclusif genré sur le lieu de travail », *op. cit.*

A. La nécessité de la féminisation du langage

Les enjeux égalitaires du langage précèdent la circulaire de 2017. Dès 1986 et 1998, deux circulaires rendent obligatoire la *féminisation des noms de métier, fonction, grade ou titre*. La première est adressée 3 ans après la promulgation de la loi « Roudy », la seconde 2 ans après l'arrêt Ponsolle[26]. Toutes deux visent à garantir les droits des femmes en matière professionnelle à partir d'un langage juridique qui les visibilise. Malgré une effectivité moindre, elles posent les jalons d'une reconnaissance légale des liens entre les mots genrés et l'égalité professionnelle F/H[27].

Dans les faits, la reconnaissance de ces liens est discrète dans la pratique législative. La loi de 1975[28] introduit dans le *Code pénal* une disposition interdisant la rédaction des offres d'emploi à destination d'un seul « sexe », homme ou femme. Par écho, la loi « Roudy » use de stratégies linguistiques qui dénotent en droit positif[29] : l'énoncé relatif aux garanties propres à la grossesse des femmes présente des mots féminins, tandis que l'énoncé visant à remplacer l'égalité de traitement F/H présente des mots féminins et masculins de façon paritaire. L'obligation légale d'établir un Rapport de Situation Comparée F/H pour les entreprises de plus de 50 personnes salariées n'est pas à l'abri de l'exigence de féminisation : difficile de rédiger un rapport sur la situation des femmes sans les nommer ! Cette disposition de la loi « Roudy » nécessite donc de recourir à un vocabulaire binaire F/H pour garantir l'égalité professionnelle F/H.

Les liens entre égalité professionnelle F/H et féminisation sont mis à mal par la circulaire de 2017 visant à bannir l'usage de « l'écriture dite inclusive » au profit d'un usage générique du masculin. Pourtant, cette circulaire « *défend en réalité une position opposée en condamnant l'usage du masculin générique dans les appels de poste* »[30]. Elle se démarque en outre de ces prédécesseuses en soumettant une ébauche de différentes techniques propres à respecter « *l'égalité entre les femmes et les hommes [...] concrète [...] réelle* », parmi lesquelles figurent la féminisation, la parité linguistique (l'apposition des formes masculines et féminines d'un mot) et l'épicénisation (l'utilisation de noms qui ne varient pas en genre). Seules les techniques assimilées au point médian ou à un langage non binaire sont susceptibles d'être interdites. C'est donc dans le plus grand des

[26] Soc., 29 oct. 1996, n° 92-43.680.
[27] B. MORON-PUECH, A. SARIS, L. BOUVATTIER, *op. cit.*, p. 154.
[28] Loi n°75-625 du 11 juillet 1975 modifiant et complétant le code du travail en ce qui concerne les règles particulières au travail des femmes ainsi que l'art. L.298 du code de la sécurité sociale et les art. 187-1 et 416 du code pénal.
[29] E. MASCARENHAS, « Les effets des mots féminins en droit français : de l'inclusion à l'exclusion ? (1791-2024) », *op. cit.*
[30] B. MORON-PUECH, A. SARIS, L. BOUVATTIER, *op. cit.*, p. 159.

paradoxes que le premier texte français mobilisant la notion d'écriture inclusive en limite l'usage, tout en reconnaissant que l'égalité professionnelle F/H exige un haut degré d'inclusivité des textes.

B. L'effervescence de langages inclusifs

Des pratiques conventionnelles favorisent également l'écriture inclusive au nom de l'égalité professionnelle F/H. Une recherche sur le site de *Légifrance* permet de répertorier des accords de branches et conventions collectives qui mobilisent la notion d'écriture inclusive. Compte tenu du caractère émergent de la notion, l'étude intègre les « variations diaéthiques »[31] de l'écriture inclusive[32], c'est-à-dire les données sur la diversité de ses techniques et de ses synonymes. Le corpus ne se restreint donc pas à la requête « écriture inclusive » ; il intègre les suivantes : « langage inclusif », « communication non sexiste », « rédaction non sexiste ». C'est bien dans le cadre d'une négociation relative à l'égalité professionnelle F/H que l'écriture inclusive (sous différentes appellations) est mentionnée. Une majorité des textes y recourt pour encadrer le processus de recrutement[33]. Une minorité ne la mentionne que pour en justifier le désintérêt[34]. Quant aux communications internes à l'entreprise, seule EDF semble pour l'instant se risquer à suggérer l'usage de l'écriture inclusive, le texte étant sur ce point moins normatif que prospectif.

---

[31] Alpheratz, *Grammaire du français inclusif*, *op. cit.*

[32] B. MORON-PUECH, « La reconnaissance des variations diaéthiques du français : une avancée pour les droits des femmes et des minorités genrées ? », *Gazette du Palais*, 16/05/2023, p. 22.

[33] Régies de quartier, Convention collective nationale des régies de quartier du 2 avril 2012 - Accord du 13 décembre 2022 relatif à l'égalité professionnelle, signature 13/12/2022 ; Missions locales et PAIO, Convention collective nationale des missions locales et PAIO du 21 février 2001 (étendu), signature 20/06/2018 ; SNCF ST DENIS 2 pl aux étoiles, Accord en faveur de l'égalité professionnelle entre les femmes et les hommes et de la mixité, signature 09/11/2021 ; EDF, Accord 2021-2025 pour la mixité et l'égalité professionnelle entre les femmes et les hommes à EDF SA, signature 03/12/2021 ; Convention collective nationale de l'industrie de la fabrication des ciments du 2 octobre 2019 (étendu), signature 02/10/2019.

[34] Préambule de la Convention collective nationale des sociétés concessionnaires ou exploitantes d'autoroutes ou d'ouvrages routiers du 27 juin 2006 - Accord du 19 avril 2018 relatif à la diversité et à l'égalité des chances (étendu), signature 02/01/2024 ; Préambule de la Convention collective nationale des entreprises de propreté et services associés du 26 juillet 2011 - Accord du 18 février 2021 relatif à l'égalité professionnelle entre les femmes et les hommes (inséré à l'annexe 5 de la convention collective) (étendu) ; Annexe « Annexe 1 Guide agir ensemble contre le harcèlement sexuel ou moral dans la branche de la publicité » de la Convention collective nationale de travail des cadres, techniciens et employés de la publicité française du 22 avril 1955 (étendu) ; Avenant n° 1 du 31 janvier 2022 à l'accord du 8 juillet 2021 relatif au harcèlement au travail et aux violences sexistes (étendu), signature 31/01/20.

Un seul texte confère explicitement un caractère contraignant à l'usage de l'écriture inclusive. En matière de recrutement, l'accord de la SNCF ST DENIS prévoit : « *Les fiches de poste et offres d'emploi seront rédigées sous la forme « épicène » de l'emploi proposé, c'est-à-dire en recourant à des mots non marqués du point de vue du genre.* ». Un rapide détour par le site internet de la SNCF ST DENIS révèle certes que dans les faits, les offres sont largement écrites suivant la technique de la parité linguistique (ex. : « *Mécanicien ou mécanicienne de maintenance des trains TER* ») et non de l'épicénisation.

Même au sein des accords en faveur de l'usage de l'écriture inclusive, des pratiques rédactionnelles sont utilisées sans correspondre à la notion d'écriture inclusive encouragée. Le masculin générique fait toujours acte de présence, quand d'autres techniques inclusives se succèdent de façon éparse sans cohérence. Par exemple, l'article 3 de l'accord des régies énonce : « *En ce qui concerne les salariés à temps partiel, les régies s'engagent à assurer l'accès à la formation professionnelle des salarié(e)s à temps partiel en fixant ces formations sur les jours de travail habituels.* ». Masculin générique et double flexion partielle se succèdent.

Le manque de cohérence et de systématicité révèle que la mise en œuvre du principe d'égalité professionnelle F/H laisse fleurir une gamme de techniques inclusives : doubles flexions (parité linguistique, barre oblique), doubles flexions partielles (parenthèse, point final, barre oblique, tiret), rédaction épicène. Il empêche néanmoins l'écriture inclusive de dépasser les textes sur l'égalité professionnelle F/H.

II. La non-discrimination sur le sexe/genre : champ de bataille de l'écriture inclusive

Le droit du travail n'indique pas si le caractère inclusif du langage s'évalue du point de vue des caractéristiques sexuées, de l'état civil ou du genre, ce qui le confronte à de multiples enjeux discriminatoires (A) et freine l'obtention d'effets réels (B).

A. Le conflit linguistique entre femmes et minorités genrées

La prise en compte du principe de non-discrimination sur le sexe/genre exacerbe les tensions relatives à l'écriture inclusive. Dans la mesure où la loi « J21 » ne subordonne plus le changement de la mention de sexe à l'état civil à quelconque traitement médical, chirurgical ou hormonal, il devient légitime pour un homme transgenre de contester la féminisation des dispositions du *Code du travail* et d'accords collectifs. Mais en fondant son argumentaire sur le motif discriminatoire du sexe ou de l'identité de genre ? Encore puisse-t-il définir les mots féminins contestés : qu'est-ce une

« femme salariée », ne serait-ce qu'une « femme » ? Certes, le principe d'égalité F/H suppose de pouvoir séparer les individus selon deux groupes masculin et féminin, comme dans le cas du bilan social annuel, mais cette distinction n'est appuyée sur aucune définition femme/homme. Même dans le *Vocabulaire Juridique* du doyen Gérard Cornu, ces mots sont tiraillés entre différentes acceptions[35], ce qui est perceptible en droit du droit du travail. Les dispositions du *Code du travail* relatives à la maternité convoquent le concept de « femme » d'un point de vue biologique, à raison d'une supposée capacité à être enceinte, accoucher et allaiter. C'est pourtant la mention de sexe à l'état civil qui fait office de preuve de l'identité de la personne salariée dans les services des Ressources Humaines et Sociales. Une troisième conception sous-tend le droit des mères adoptantes. Déterminer si ces droits subjectifs bénéficient aux personnes transgenres n'est pas une mince affaire.[36]

Pour contrer l'incertitude, une piste est de moduler le choix du motif discriminatoire selon que la disposition contestée convoque la dimension biologique (caractéristiques sexuées), juridique (état civil) ou sociale (rôle parental) de la « femme ». Cependant, ce type de distinction présente trois inconvénients : une forte dépendance à l'appréciation des juges, l'essentialisation des femmes, une caricature des enjeux juridiques de la transidentité. Sans compter la distorsion du principe de non-discrimination, dont le propre est de s'appliquer à des cas individualisés. Dans la mesure où la discrimination opère à partir du langage juridique, une autre piste est la notion de discrimination structurelle[37] ou indirecte[38]. Encore faut-il savoir si le fondement de la discrimination pour un homme transgenre est le sexe ou l'identité de genre. Il semble reposer sur le sexe lorsque le motif est l'état civil masculin, l'identité de genre lorsque le motif est la transidentité. Or, un homme transgenre est perçu comme un homme seulement parce qu'il est transgenre, de la même façon est-il transgenre parce qu'il présente désormais une identité masculine en droit. Faute de fondement, le raisonnement est lacunaire. Si les pans masculins et transgenres de son identité sont imbriqués et non distincts, la notion états-unienne de discrimination intersectionnelle[39] s'impose. Elle n'est cependant pas reconnue en droit français[40], la doctrine travailliste tendant à la faire émerger à partir de l'étude des discriminations

[35] G. CORNU, *Vocabulaire juridique*, 15e éd., Paris : PUF, 2024.
[36] E. MASCARENHAS, « Quelles formes linguistiques d'inclusivité pour le droit ? », *op. cit*.
[37] Soc., 24 sept. 2008, n°06-45.579 et n° 06-43.504.
[38] Soc., 10 nov. 2009, n° 08-42.286 et n°07-42.849 ; Soc., 12 juin 2013, n°12-14.153.
[39] K. CRENSHAW, « Mapping the Margins: Intersectionality, Identity Politics, and Violence against Women of Color », *Stanford Law Review*, 1991, n°6, pp. 1241-1299.
[40] CJUE, 24 nov. 2016, n° C-443/15.

combinées[41]. Or, l'application que la CJUE fait de la discrimination combinée reste tout sauf intersectionnelle, exigeant de pouvoir ramener la discrimination à des motifs compris de façon isolée les uns des autres[42]. Il ne reste à l'homme transgenre qu'à compter sur le caractère mixte de la charge de la preuve s'il veut obtenir réparation de son préjudice, encore qu'il réunisse les preuves suffisantes laissant penser que la discrimination peut être fondée alternativement sur le sexe *ou* l'identité de genre.

B. La lutte pour la concrétisation des effets inclusifs du langage

Alors que la contestation *a posteriori* de mots genrés reste délicate, les sciences du droit peuvent orienter *a priori* les processus rédactionnels des normes juridiques. Mais quelle technique inclusive privilégier ? La féminisation des textes au XXe siècle ne prémunit pas les minorités genrées contre les discriminations[43]. Faut-il donc débarrasser le *Code du travail* et les conventions collectives de la binarité de genre ? L'épicénisation (ex. : remplacer « femme salariée enceinte » par « personne salariée enceinte ») est la piste la moins défavorable à la protection des droits des personnes transgenres ou non-binaires dont l'état civil étranger n'est ni femme ni homme[44]. Les récents débats sur la constitutionnalisation du droit à l'avortement[45] révèlent qu'elle ne crée pas de consensus[46].

Choisir l'épicénisation revient à choisir des mots qui ne renvoient pas d'emblée aux femmes, au risque d'une dépersonnalisation pernicieuse de la règle de droit. En effet, même dans une « grammaire »[47] épicène, les mots ne sont pas neutres. Le risque est accru de manquer des effets genrés indésirables[48]. C'est le cas des termes « congés menstruels ». Dans le champ des négociations collectives, l'engouement suscité par cette formulation est accusé d'entretenir « *imprécision juridique, biais discriminatoire et*

---

[41] M. MERCAT-BRUNS, « Discrimination intersectionnelle : une notion émergente en droit du travail ? », *Bulletin Joly Travail*, 2021, n°4, pp. 52.
[42] CJUE, 24 nov. 2016, C-443/15.
[43] E. MASCARENHAS, « Les effets des mots féminins en droit français : de l'inclusion à l'exclusion ? (1791-2024) », *op. cit.*
[44] E. MASCARENHAS, « Quelles formes linguistiques d'inclusivité pour le droit ? », *op. cit.*
[45] E. MASCARENHAS, « Les effets des mots féminins en droit français : de l'inclusion à l'exclusion ? (1791-2024) », *op. cit.*
[46] S. M. OKIN, *Justice, Gender, and the Family*, New York: Basic Books, 1989, p. 102.
[47] A. JUNTER, C. CARDI, A.-M. DEVREUX, « Droit du travail et genre : entre codification et résistance à la domination masculine », *Cahiers du Genre*, 2014, n°2, pp. 19-37.
[48] S. OKIN, *op. cit.*, p. 102 ; C. CARDI, A.-M. DEVREUX, « Le genre et le droit : une coproduction. Introduction », *Cahiers du Genre*, 2014, n°2, pp. 5-18.

essentialisation »[49]. Dans le champ législatif, des propositions de loi envisagent de modifier trois codes (Code du travail, Code général de la fonction publique, Code de la sécurité sociale) sans que les changements linguistiques relatifs au genre et aux menstruations ne se concrétisent. La cause : l'imprécision des notions employées qui suggèrent alternativement des menstruations douloureuses, l'endométriose et d'autres maladies. Le risque est de faire du congé menstruel un arrêt de travail classique[50]. Le changement rédactionnel, voulu comme plus protecteur et inclusif, ne serait qu'un cache-misère de l'état du droit positif, avec pour seul effet anticipable l'augmentation des imprécisions juridiques.

La promotion de l'écriture inclusive doit d'autant plus être pensée à partir des enjeux de sa concrétisation que différentes difficultés s'entremêlent. L'égalité F/H implique de visibiliser les droits des femmes par des mots féminins, ces mêmes mots possiblement discriminatoires pour des minorités dont les opportunités et les garanties seraient moindres, ainsi que les risques de harcèlement plus élevés. Le problème se pose tout particulièrement en cas de litige, puisque les juges devraient comparer l'étendue du préjudice subi d'une part par les femmes, d'autre part par les minorités genrées. L'étude des effets d'un langage genré sur le droit apporte deux nouvelles questions : comment évaluer de façon concurrente le préjudice de chaque partie, et comment réparer le préjudice issu du langage genré ? Difficile de ne pas buter dès la première : les juges devraient trancher entre deux intérêts particulièrement différents, l'un ayant une importance numérique – ne pas visibiliser les femmes pourtant majoritaires leur est préjudiciable –, l'autre ayant une importance substantielle – l'interprétation des mots genrés porte atteinte aux droits humains des minorités genrées. Comment déterminer le moment à partir duquel accepter que la situation des personnes transgenres, minoritaires et minorisées, contrebalance la solution de juges qui trancheraient traditionnellement en faveur de la visibilité des femmes ? Ce dilemme, en plus d'être insupportable d'un point de vue social, est également contre-productif au regard des politiques publiques en faveur de l'égalité qui visent à protéger les femmes et minorités genrées. Avant d'être imposé aux juges, ce dilemme ne peut-il pas être dissout ? Une piste est de donner une forte attention au contexte[51] de rédaction (puis d'application) du texte, pour ne pas reproduire d'ambiguïtés telles celles de l'agissement sexiste (Article L. 1142-2-1). Ce dernier est défini comme « *tout agissement lié au sexe d'une personne* ». Il présente *a priori* l'avantage de penser la

---

[49] M. CARON-THERAGE, « Le congé menstruel : entre avancée sociale et biais discriminatoire », *Criminocorpus*, n°27,2025.

[50] *Ibid.*

[51] A. BAILLEUX, F. OST, « Droit, contexte et interdisciplinarité : refondation d'une démarche », *Revue interdisciplinaire d'études juridiques*, 2013, n°1, pp. 25-44.

notion de sexe à partir d'un enchevêtrement des discriminations identitaires, puisqu'il s'applique également aux agissements homophobes et transphobes. Il laisse cependant perplexe une partie de la doctrine travailliste pour qui l'adjectif « sexiste » ne renvoie qu'aux discriminations spécifiques des « femmes »[52] tandis que le terme « sexe » se distingue de l'orientation sexuelle et de l'identité de genre au regard de l'Article L. 1132-1.

Les préoccupations contemporaines égalitaires et antidiscriminatoires oscillent entre exigence de précision du vocabulaire (ex. : « entre les hommes et les femmes ») et concrétisation des effets des normes (« égalité réelle »)[53], mettant en lumière l'enjeu de l'efficacité de l'écriture inclusive. Contrairement aux autres enjeux de l'égalité professionnelle F/H dont la loi se charge directement d'assurer les effets « réels », l'écriture inclusive ne fait pas directement l'objet d'une disposition légale, si ce n'est par la féminisation des offres d'emploi. Seuls les accords collectifs s'en emparent, quoique sans valeur contraignante.

À défaut de choisir quelle technique inclusive à rendre obligatoire, il reste possible d'encadrer l'usage du masculin générique, plus à même de faire l'objet d'une interdiction au regard des deux principes d'égalité de non-discrimination[54]. Le droit du travail laisse la question au domaine de la formation sur l'égalité F/H. Or, les entreprises et partenaires sociaux appliquent trop souvent l'égalité « *sans conviction ou expertise* »[55], ce que rappelle une employée chargée de projet au sein de *Femmes Égalité Emploi* entretien[56], une association financée par le Fonds Social Européen dont l'objet est de former les collectivités, entreprises et syndicats à l'égalité professionnelle F/H et à la non-discrimination sexe/genre. Intervenant lors des processus de négociation collective, cette employée déplore que l'écriture inclusive soit rarement discutée, en dépit de l'intérêt qu'y porte la structure. Face au temps limité de formation et au manque de critères pour évaluer l'efficacité réelle de l'écriture inclusive, d'autres objectifs moins formels et « plus concrets » sont priorisés, comme l'égalité de rémunération. L'attachement du droit du travail à la distinction entre égalité formelle et concrète[57] dessert ainsi la promotion d'usages inclusifs dans les formations. Une première piste à moindre coût serait la distribution de listes épicènes de vocabulaire spécialisé, accompagnées de modèles de contrats d'embauche sans masculin générique. L'efficacité de ces seules mesures reste à éprouver.

---

[52] L. PERU-PIROTTE, *op. cit.*
[53] A. JUNTER, C. CARDI, A.-M. DEVREUX, *op. cit.*, p. 26.
[54] B. MORON-PUECH, « Quelle interdiction pour "l'écriture inclusive" ? », Audition rapporteur du Sénat, 12/10/2023.
[55] A. JUNTER, C. CARDI, A.-M. DEVREUX, *op. cit., p.* 27.
[56] Entretien semi-directif réalisé le 10/10/2024.
[57] L. PERU-PIROTTE, *op. cit.*

Pour l'employée, elles s'annoncent faibles. Lorsqu'elle accompagne les processus de négociation collective, sa mission est de formuler des suggestions d'amélioration aux entreprises. Elle les rédige de façon inclusive. Dans la version finale, les entreprises réécrivent systématiquement leurs textes au masculin. L'employée regrette un manque de temps pour expliquer ce choix rédactionnel de façon approfondie. Peu étonnant que l'ONU développe des formations sur le « langage inclusif »[58] de plus de 10h.

[58] Site de l'ONU, « Le langage inclusif », https://www.un.org/fr/gender-inclusive-language/toolbox.shtml (consulté le 29/10/2024).

Les enjeux de la simplification du droit : exigences démocratiques et logique de marché

Florent TAP
Docteur en droit et Rédacteur web juridique

Il est communément admis que le droit et le langage juridique sont complexes et ne sont accessibles qu'à un groupe restreint d'initiés. De nombreuses évolutions notables tendent néanmoins à revenir sur cet état de fait, et favorisent la simplification du droit positif aussi bien que du discours sur le droit.

Avant de commencer, posons quelques éléments de clarification. Nous entendrons par « simplification » le processus par lequel on rend quelque chose plus facile à comprendre, à utiliser ou à gérer en réduisant sa complexité. Cela peut impliquer l'élimination des éléments superflus, la clarification des concepts, la réduction du nombre d'étapes ou la réorganisation des informations.

Dans cette acception, il ne faut pas entendre par simplification la perte ou la dénaturation de sens. En ce sens, simple n'est pas simpliste.

L'objectif global de la simplification est de rendre un sujet, un processus ou un système plus accessible et moins complexe, sans pour autant altérer sa signification ou sa fonction essentielle.

Ces éléments de définition établis, nous pouvons dire que la simplification du droit et du langage juridique a plusieurs origines et vise plusieurs objectifs assez distincts. Si une première tendance à la simplification concerne un objectif démocratique d'accessibilité au droit et de clarification des normes applicables aux citoyens, une autre simplification du langage juridique est plus spontanément apparue à la faveur de la loi du marché juridique. Cette deuxième forme de simplification rejoint l'objectif de pédagogie et de clarté, mais elle vient de professionnels du droit qui souhaitent accroître leur visibilité en ligne et développer leur clientèle.

La première simplification obéit à des logiques de codification et est plutôt descendante, alors que la seconde se forme de façon plus spontanée et ascendante et se retrouve ensuite systématisée par le jeu des algorithmes des moteurs de recherche et de l'intelligence artificielle. Le but de cette contribution est de donner une vision de ces deux formes de simplification et de s'interroger à la fois sur les bénéfices en termes de compréhension de la norme mais aussi sur les risques de dilution ou d'appauvrissement du langage du droit.

Nous développerons successivement les objectifs (I) et les formes (II) de la simplification.

I. Les objectifs de la simplification

A. La simplification à visée essentiellement démocratique

La simplification peut d'abord poursuivre un but démocratique. Dans ce cas, elle vise surtout à rendre la norme plus accessible et compréhensible à ses destinataires. On rappellera que la jurisprudence du Conseil constitutionnel consacre à cet égard un objectif à valeur constitutionnelle d'accessibilité et d'intelligibilité de la loi[1]. Cet OVC vise à garantir que les lois soient à la fois compréhensibles et accessibles pour les citoyens, permettant ainsi à chacun de connaître ses droits et obligations sans ambiguïté ni confusion.

L'enjeu ici est donc de simplifier le droit dans sa structure, son agencement normatif et sa formulation linguistique. Ces modifications ont souvent besoin de venir d' « en haut », par le biais d'une législation, d'un règlement ou d'un document issu d'un groupe de travail.

La visée est dite démocratique car il s'agit de faire en sorte que le droit soit moins complexe pour ceux qui en sont les sujets, à la fois dans le fond et dans la forme. Cette exigence de simplification est devenue prégnante avec l'évolution contemporaine du droit, qui voit progressivement le passage d'un droit d'autorité à un droit de raison. Le commandement strict et lapidaire ne suffit plus et l'État de droit exige transparence et justifications, que ce soit à l'égard du législateur, de l'administration ou du juge.

Cette évolution se traduit par exemple, quoique de façon encore timide, par le développement de la motivation des cours souveraines en France. Longtemps dominée par l'*imperatoria brevitas*, leur motivation tend à devenir plus pédagogique, plus discursive et, en définitive, plus normative.

B. La simplification à visée essentiellement mercatique

Un autre mouvement de simplification du langage juridique, moins évident de prime abord et moins abordé dans la littérature doctrinale, est celui imposé par le marché. La simplification vise ici à rendre le droit accessible et clair pour rendre service à ses clients et gagner en visibilité sur les moteurs de recherche ou les réseaux sociaux.

À une époque où l'information est désormais très majoritairement consommée en ligne et où la communication digitale devient essentielle, les professionnels du droit doivent adapter les formes de leur communication. Cette vulgarisation du langage juridique, souvent perçue comme une perte de technicité, est en réalité un levier stratégique essentiel pour améliorer la

---

[1] CC, 16 déc. 1999, n°99-421 DC, Loi portant habilitation du Gouvernement à procéder, par ordonnances, à l'adoption de la partie législative de certains codes.

compréhension des offres, capter l'attention des clients potentiels et se démarquer dans un environnement fortement concurrentiel. Les articles de blog, les guides juridiques, les livres blancs ou encore les publications sur les réseaux sociaux doivent être structurés de manière à maximiser leur lisibilité tout en répondant aux questions les plus posées par les utilisateurs.

Cette démarche de simplification n'est toutefois pas sans risque. Les juristes doivent éviter le piège d'une vulgarisation excessive qui risquerait de rendre le discours superficiel, approximatif ou inexact. Il s'agit donc de trouver un équilibre subtil entre l'accessibilité et l'expertise. L'objectif est de répondre aux questions précises des clients de manière claire, mais en apportant toujours une plus-value par des conseils fondés sur l'expertise.

II. Les formes de la simplification

A. La simplification normative du droit et du langage juridique

1. Les tentatives législatives de simplification du droit

Voilà près de 20 ans que le législateur français a affirmé sa volonté de rendre le droit plus accessible et compréhensible, à la fois sur le fond et sur la forme, à travers une série de lois de simplification.

La loi n° 2004-1343 du 9 décembre 2004 de simplification du droit a marqué un premier pas important en rationalisant des dispositifs complexes dans des domaines comme le droit des entreprises et les marchés publics. La loi n° 2011-525 du 17 mai 2011 de simplification et d'amélioration de la qualité du droit a poursuivi cet effort en supprimant des normes obsolètes et en améliorant la cohérence législative, notamment en matière de droit du travail et de professions réglementées. En 2015, la loi n° 2015-177 du 16 février 2015 relative à la modernisation et à la simplification du droit et des procédures dans les domaines de la justice et des affaires intérieures a allégé les obligations administratives et a clarifié des procédures judiciaires civiles et commerciales.

Cette dynamique s'est encore renforcée avec la loi n° 2018-727 du 10 août 2018 pour un État au service d'une société de confiance (dite loi ESSOC), qui a instauré un « droit à l'erreur », réduisant les sanctions administratives pour favoriser un environnement administratif plus souple envers les entreprises et les citoyens. Enfin, la loi n° 2019-744 du 19 juillet 2019 de simplification, de clarification et d'actualisation du droit des sociétés a poursuivi la modernisation du droit des sociétés en simplifiant les démarches administratives liées à leur gestion et à leur structure.

Ces réformes montrent une volonté constante de simplifier les règles applicables, le langage juridique et de rapprocher le droit des justiciables et administrés. Cette volonté se retrouve également dans la démarche des institutions juridictionnelles.

2. La simplification de la rédaction des décisions de justice

Les deux ordres juridictionnels administratifs et judiciaires ont également, ces dernières années, fait évoluer leur manière de rédiger et de motiver leurs décisions en vue de tendre vers plus de simplification.

C'est au Palais-Royal que ce mouvement a d'abord été amorcé, avec pour point de départ le rapport du groupe de travail, présidé par Philippe Martin, sur la rédaction des décisions de la juridiction administrative, remis au vice-président du Conseil d'Etat en avril 2012[2]. Dès sa lettre de mission du 20 octobre 2010[3], le vice-président Jean-Marc Sauvé rappelle que si la méthode traditionnelle de rédaction des décisions « *présente certes d'importantes qualités, en termes notamment de rigueur et de précision du raisonnement* », il convient d'admettre que celle-ci « *a toutefois été conçue à une époque où les décisions du Conseil d'Etat avaient moins qu'aujourd'hui à analyser des textes souvent longs et complexes et où le souci de motivation développée, à l'intention des requérants comme des administrations, s'exprimait moins fortement* ».

Le rapport Martin a retenu au total dix-huit propositions, ayant pour objectif de rendre les décisions du Conseil d'Etat tout à la fois plus lisibles et davantage motivées. Parmi ces propositions, étaient notamment suggérés la mention des moyens dans les motifs de la décision, la référence explicite aux règles jurisprudentielles appliquées et le remplacement du considérant et de la phrase unique par une présentation formelle découpée en paragraphes numérotés et composés de phrases courtes et compréhensibles.

C'est à l'issue d'une phase d'expérimentation, le 10 décembre 2018, qu'un groupe de travail présidé par le président Bernard Stirn a adopté un « *vade-mecum* sur la rédaction des décisions de la juridiction administrative »[4]. Ce *vade-mecum* confirme la suppression du considérant et

---

[2] « Rapport du groupe de travail sur la rédaction des décisions de la juridiction administrative », en ligne sur le site du Conseil d'État : https://www.conseil-etat.fr/actualites/actualites/groupe-de-travail-sur-la-redaction-des-decisions-de-la-juridiction-administrative-rapport-final (consulté le 2 avril 2025).

[3] *Ibid.*, Annexe n°5, p. 218.

[4] « *Vade-mecum* sur la rédaction des décisions de la juridiction administrative », en ligne sur le site du Conseil d'État, https://www.conseil-etat.fr/actualites/actualites/juridiction-administrative-nouveaux-modes-de-redaction-des-decisions (consulté le 2 avril 2025).

de la phrase unique, le recours au style direct et la suppression de certains termes désuets ou inusités. L'ambition affichée dès 2010 est clairement réaffirmée par le président Stirn, qui évoque « *un objectif de meilleure compréhension des décisions, à la fois par une rédaction plus accessible et par un enrichissement de la motivation* »[5].

Peu de temps après la remise du rapport Martin, la Cour de cassation a entamé, à partir de 2015, un processus de transformation analogue, sous l'impulsion du président Bertrand Louvel[6]. C'est au terme de ces travaux, en avril 2017, qu'a été rendu public le *Rapport de la commission de réflexion sur la réforme de la Cour de cassation*[7], la coordination des réflexions relatives à la question spécifique de la motivation et de la rédaction des décisions ayant été confiée au professeur Pascale Deumier[8].

Ce rapport propose notamment de développer une motivation enrichie pour certains arrêts de la Cour considérés comme particulièrement importants. Le rapport mentionne ainsi « *les revirements de jurisprudence, la réponse à une question juridique de principe, lorsqu'il est répondu à l'évocation de la violation d'un droit ou d'un principe fondamental, lorsqu'est exercé un "contrôle de proportionnalité", lorsque l'arrêt présente un intérêt pour l'unification de la jurisprudence et le développement du droit, ainsi que pour les questions préjudicielles* ».

À côté de la question spécifique de la motivation, le rapport préconise la suppression des attendus et prône le recours à un style plus direct et moins formaliste. Après environ deux ans d'expérimentation sur la base de ces propositions, et de nombreux arrêts « test », la Cour de cassation a diffusé, en décembre 2018, une *Note relative à la structure des arrêts et des avis et à leur motivation en forme développée*.

B. La rédaction web juridique : les enjeux d'un langage spécifique

Dans les parties qui suivent, nous utiliserons un certain nombre d'anglicismes non absolument nécessaires. Cet ouvrage étant consacré aux langues et à leur bon emploi, nous nous excusons par avance de céder à ce travers de l'époque. Mais dans les domaines que nous allons aborder

---

[5] B STIRN, « Entretien », *JCP A*. n°51-52, 26 déc. 2018, p. 931.

[6] B. LOUVEL, « Réflexions à la Cour de cassation », *Dalloz actualités*, 25 juin 2015.

[7] « Rapport de la commission de réflexion sur la réforme de la Cour de cassation », site de la Cour de cassation,
https://www.courdecassation.fr/commission-de-reflexion-sur-la-reforme-de-la-cour-de-cassation-2017 (consulté le 2 avril 2025).

[8] V. not. : P. DEUMIER, « Repenser la motivation des arrêts de la Cour de cassation ? Raisons, identification, réalisation », *D.* 2015, p. 2022 ; « Motivation enrichie : bilan et perspectives », *D.* 2017, p. 1783.

maintenant – référencement sur internet, informatique, communication en ligne – les anglicismes sont conventionnellement admis et employés. Il serait dès lors inopportun de vouloir à tout prix faire notre gaulois réfractaire.

1. Le référencement naturel : la règle d'or de la présence en ligne

Qu'est-ce que le référencement naturel (SEO) et comment fonctionne-t-il ?

Le référencement naturel, ou SEO (*Search Engine Optimization*) regroupe l'ensemble des techniques utilisées pour améliorer la visibilité d'un site web dans les résultats organiques des moteurs de recherche, principalement Google, qui domine le marché. Contrairement aux campagnes payantes (*SEA - Search Engine Advertising*), le SEO vise à obtenir un meilleur classement sur le long terme, sans coûts publicitaires directs, en s'appuyant sur l'optimisation technique, la qualité du contenu et l'acquisition de liens entrants.

Le référencement naturel s'appuie sur plusieurs algorithmes complexes, dont l'objectif est d'évaluer la pertinence et la qualité des pages web par rapport à une requête donnée. Ces algorithmes sont régulièrement mis à jour par Google. Bien que les critères exacts restent en partie confidentiels, certains principes sont connus et reconnus par les experts du SEO.

Le référencement naturel repose sur trois leviers principaux.

Tout d'abord, l'optimisation technique : cela inclut l'architecture du site, la vitesse de chargement des pages (*core web vitals*), l'optimisation mobile (*responsive design*) et la sécurisation (HTTPS). Un site techniquement performant permet aux robots des moteurs de recherche (*crawlers*) de mieux explorer et indexer les pages.

Ensuite, du contenu de qualité : le contenu est au cœur de la stratégie SEO. Google privilégie les pages fournissant des informations pertinentes et bien structurées pour le lecteur intéressé. Il est donc essentiel de produire des articles optimisés autour de mots-clés ciblés, en prenant soin d'intégrer des balises meta (balise *title*, description, Hn) et en répondant aux intentions de recherche des utilisateurs.

Enfin, de la notoriété : la popularité d'un site est évaluée en fonction des *backlinks* (liens entrants) qu'il reçoit depuis d'autres sites externes. Plus un site reçoit des liens de qualité, c'est-à-dire issus de sites d'autorité et pertinents, plus son classement augmente, ce qui contribue à améliorer son positionnement dans les résultats de recherche.

Le SEO repose sur des règles strictes imposées par les moteurs de recherche, telles que la pertinence des mots-clés, l'optimisation mobile et la rapidité du site. Google utilise plus de 200 critères pour déterminer l'ordre des résultats, notamment la qualité du contenu, l'autorité du domaine, et l'expérience utilisateur (ex. : taux de rebond, durée de visite). Les enjeux pour les entreprises et les professionnels du droit, y compris les cabinets d'avocats, sont d'autant plus importants que l'accès à l'information juridique en ligne est en constante augmentation. Le SEO permet donc de capter l'attention des utilisateurs, de convertir des prospects en clients, et d'accroître la notoriété numérique.

2. Les enjeux du SEO pour les professionnels du droit

Pour les professionnels du droit, en particulier les avocats, le SEO constitue un enjeu stratégique incontournable. Le secteur juridique est fortement concurrentiel, notamment en ligne, où la majorité des prospects effectuent des recherches avant de contacter un avocat. Les cabinets d'avocats doivent donc veiller à être bien positionnés sur les requêtes locales (ex. : "avocat droit des affaires Paris"), ainsi que sur les questions juridiques précises liées à leurs domaines d'expertise (ex. : "divorce à l'amiable procédure"). Le SEO permet aux avocats d'apparaître dans les résultats lorsque des internautes recherchent des services ou des informations dans des domaines juridiques spécifiques.

L'un des moyens les plus efficaces pour un avocat d'améliorer son référencement est la création d'un blog juridique ou d'une rubrique « actualités » alimentée sur son site. En publiant régulièrement du contenu sur ses domaines de compétences, un avocat peut à la fois optimiser son SEO et attirer des prospects en répondant aux questions que se posent les internautes. Par exemple, un avocat spécialisé en droit des sociétés pourrait rédiger des articles sur des thématiques telles que la création d'entreprise, les obligations légales des dirigeants, ou encore les conséquences fiscales d'une cession d'entreprise. L'objectif de ce contenu n'est pas purement doctrinal, il est immédiatement tourné vers l'acquisition de clients.

Ainsi, lorsqu'un internaute recherche "Comment céder une entreprise ?" sur Google il peut se retrouver, grâce à une stratégie de contenu SEO efficace, sur l'article rédigé par un avocat en droit des affaires traitant de cette question. L'internaute, en lisant l'article, apprécie l'expertise affichée et prend contact pour une consultation. En plus d'attirer du trafic qualifié, ce type de contenu améliore également la réputation et l'autorité de l'avocat dans son domaine de compétence. Un blog bien référencé peut ainsi devenir une source de prospects réguliers tout en consolidant l'image d'expertise du cabinet.

3. Le langage mercatique ou copywriting

Le *copywriting* est une technique de rédaction orientée vers la vente et l'action. Contrairement à une écriture purement informative ou descriptive, le *copywriting* a pour but de convaincre et d'inciter le lecteur à effectuer une action spécifique : s'inscrire à une newsletter, télécharger un guide, demander une consultation ou acheter un produit ou un service. Les textes rédigés dans cette optique doivent être clairs, accessibles et persuasifs. En marketing, il s'agit d'un outil fondamental pour transformer des prospects en clients.

Ce langage est volontairement simple et vulgarisé, car l'objectif est de rendre le message compréhensible pour le plus grand nombre. Cela passe souvent par l'élimination de termes complexes ou techniques, au profit d'un vocabulaire clair, direct, et orienté vers les bénéfices pour le lecteur. Pour les professionnels du droit, l'adoption des techniques de rédaction issues du marketing peut sembler contre-intuitive, car le monde juridique repose sur des formulations techniques, des termes précis et un langage souvent très spécialisé. Pourtant, les juristes – notamment ceux qui souhaitent attirer des clients grâce à leurs contenus – ont tout intérêt à adopter les pratiques du *copywriting* dans leur communication.

La simplification du langage juridique est ici un élément clé. L'un des premiers principes du *copywriting* est d'adapter son discours à la cible. En droit, cela signifie que les termes techniques ou les formulations trop spécialisées doivent être abandonnés ou expliqués de manière accessible. Par exemple, plutôt que d'utiliser des termes comme « procédure contentieuse », il est préférable d'expliquer de manière plus directe que cela signifie engager un procès ou une action en justice.

L'objectif est de montrer comment le juriste peut résoudre un problème concret pour le client, en utilisant un discours orienté vers les bénéfices. Le *copywriting* pousse donc à structurer les informations en fonction des préoccupations des clients et non selon des considérations purement juridiques. L'accent est mis sur le résultat et non sur les détails techniques du droit.

C. Le Legal Design : une nouvelle manière de communiquer le droit

Le *Legal Design* est une approche pluridisciplinaire qui combine le droit, le graphisme et la communication afin de rendre les informations juridiques plus accessibles et compréhensibles[9]. L'enjeu est de repenser totalement la

[9] V. M. PIERRE, « [Focus] *Legal Design*, recherche et innovation pédagogique », *Le Quotidien*, mai 2022.

manière dont les documents juridiques sont rédigés et présentés, en plaçant l'utilisateur final au centre de la réflexion et de la conception. Inspiré des principes du *design thinking*, une méthode de résolution de problèmes centrée sur l'utilisateur, le *Legal Design* émerge dans les années 2010, en particulier sous l'impulsion de l'université de Stanford et de son programme d'innovation juridique, le *Legal Design* Lab, fondé par Margaret Hagan[10]. Depuis, elle s'est diffusée à travers le monde et est de plus en plus utilisée par les professionnels du droit pour améliorer l'expérience client, que ce soit dans la communication des informations, la conception des contrats, ou même la résolution des litiges.

Le *Legal Design* est particulièrement utile dans l'élaboration des documents juridiques : contrats, politiques de confidentialité, conditions générales de ventes, procédures de passation de marchés publics, *etc*. La rédaction traditionnelle de ces documents se concentre principalement sur l'exhaustivité et la technicité, au détriment parfois de la lisibilité. Cela peut entraîner une incompréhension, une méfiance, voire un désengagement de la part des clients et utilisateurs.

Dans ce cadre, le *Legal Design* a donc pour mission de rendre les informations plus claires, tout en conservant leur rigueur juridique. Cela passe par une simplification du langage, une structuration visuelle des informations et l'utilisation de supports visuels (infographies, schémas, pictogrammes).

Le *Legal Design* permet de se concentrer sur les besoins des clients. En prenant en compte l'expérience de lecture et de navigation dans un document, un contrat complexe peut devenir un outil interactif où les informations clés sont mises en avant et faciles à trouver. Cela permet non seulement d'éviter des incompréhensions, mais également de renforcer la perception de la qualité des services offerts.

Ce nouveau moyen de communication juridique permet aussi d'accélérer la prise de décision. Lorsque les informations sont présentées de manière claire et que les utilisateurs comprennent pleinement les termes d'un contrat ou les implications d'une décision, les discussions et les négociations peuvent être plus rapides et efficaces.

Le *Legal Design* s'applique à divers aspects du métier de juriste, tant dans le cadre des relations avec les clients que dans l'organisation interne d'un cabinet ou d'une entreprise. L'une des applications les plus courantes du *Legal Design* est la refonte des contrats. Au lieu de présenter un contrat sous la forme d'un document dense et difficile à lire, le *Legal Design*

---

[10] https://law.stanford.edu/organizations/pages/legal-design-lab/

propose des contrats visuels. Ces contrats peuvent inclure des infographies, des pictogrammes et des tableaux, facilitant ainsi la compréhension des droits et obligations. Le *Legal Design* peut aussi simplifier les documents de politiques de confidentialité dans le cadre du RGPD, souvent complexes, pour les rendre compréhensibles pour un utilisateur néophyte, sans pour autant sacrifier la rigueur légale.

Perspective : l'intelligence artificielle générative, quelle simplification pour demain ?

Le développement des outils d'intelligence artificielle générative dans le domaine juridique marque une transformation profonde de la pratique du droit et de la manière de penser le droit. Ces outils, déjà capables de produire des textes, d'analyser des documents, des milliers de jurisprudences et d'interpréter des masses considérables de données, offrent des perspectives vertigineuses. Ces fonctionnalités, bien maîtrisées et encadrées, permettent des gains de productivité substantiels, qui laissent aux professionnels le temps de se concentrer davantage sur des tâches à plus forte valeur ajoutée, comme la stratégie juridique, le conseil client ou le développement de leur activité.

L'un des risques principaux dans la rédaction juridique générée, totalement ou partiellement, par un outil d'IA (ou LLM pour *Large Language Model*), réside toutefois dans la simplification excessive du contenu. Ces outils ont tendance à produire des formulations standardisées et à éviter les nuances subtiles qui sont parfois essentielles au raisonnement et à l'interprétation juridiques. Ce que Hart appelait la « *texture ouverte* » du droit se concilie mal avec l'analyse automatisée et probabiliste des algorithmes.

En résumé, la perspective est double : une simplification des tâches mais un risque d'appauvrissement concomitant de la langue du droit. Face à cela les juristes devront donc être plus vigilants et créatifs que jamais, car c'est là leur raison d'être.

Partie 2 : Le(s) droit(s) des langues

INTRODUCTION

Thomas PERROUD
Professeur de droit public
Université Paris Panthéon-Assas, CERSA

Ce temps de la réflexion est consacré au droit des langues. Les différentes analyses que l'on va lire ici permettent à la fois de mieux comprendre la difficulté de donner plus de place aux autres langues dans notre enseignement, mais aussi d'étendre la réflexion à des langues auxquelles nous n'avons pas l'habitude de réfléchir, la langue des signes ou les langues non territoriales. L'ensemble des problématiques présentées se rapporte à un problème juridique et politique plus général : la difficulté de penser le pluralisme dans l'ordre juridique français, lequel se décline éminemment du point de vue linguistique dans un pays où l'État souhaite contrôler jusqu'aux modes de communications des personnes entre elles. Les différentes analyses livrées ici sur la question des langues dans l'ordre national montre bien que le service public n'est pas tant « à la française », qu'« à la parisienne ». Le service public français est pensé et encadré par et pour Paris. Les textes livrés ici en sont une excellente preuve.

Philippe Boula de Mareüil, Albert Rilliard et Frédéric Vernier livrent un texte exposant le projet grandiose de l'*Atlas sonore des langues*. Ce projet est né du besoin de réagir à l'érosion de la diversité linguistique mondiale, avec près de la moitié des 7 000 langues en danger d'extinction. Ce patrimoine immatériel, souvent menacé par l'hégémonie des langues nationales, est documenté grâce à un site interactif permettant d'écouter et de lire la fable d'Ésope « La bise et le soleil » dans plus de 1 000 versions linguistiques. L'Atlas propose une base pour développer des outils éducatifs et valoriser les langues menacées, tout en évitant leur folklorisation.

Myriam Caressa a travaillé, elle, sur la langue des signes française. Il s'agit d'une langue visuogestuelle qui joue un rôle central dans la communication des personnes sourdes. Pourtant, malgré sa reconnaissance légale depuis 2005, son statut juridique et son utilisation pratique demeurent restreints. Cette situation met en lumière les tensions entre l'accès à la citoyenneté, l'inclusion sociale et les limites de sa reconnaissance en tant que langue officielle. Institutionnalisée au XVIIIe siècle grâce à l'abbé de l'Épée, la LSF a pourtant été exclue de l'enseignement en 1880 à la suite du Congrès de Milan, qui privilégia l'oralisme. Elle renaît à partir des années 1970, sous l'impulsion des communautés sourdes, époque où elle retrouve une place dans les établissements spécialisés. Elle connaît en 2005 une reconnaissance juridique puisqu'elle est qualifiée de « *langue à part entière* », mais sans bénéficier d'une protection constitutionnelle ni d'un régime juridique autonome. Cette loi garantit un accès à la LSF pour les personnes sourdes dans des domaines spécifiques (éducation, justice, services publics), mais sans généraliser son usage comme langue officielle. Malgré cette reconnaissance, l'enseignement en LSF reste rare, avec un nombre limité d'établissements offrant une éducation bilingue, alors même qu'il s'agit d'un outil central d'accès à la citoyenneté et que, depuis 2016, les discriminations fondées sur l'incapacité de s'exprimer en français sont explicitement interdites, renforçant indirectement la protection des locuteurs de la LSF. La LSF souffre aussi de ne pas avoir été consacrée comme langue officielle de la République. Aussi, une reconnaissance juridique plus ambitieuse, accompagnée d'efforts institutionnels renforcés, serait nécessaire pour garantir sa préservation et sa valorisation en tant que langue et patrimoine culturel.

Laure Galinon a réfléchi aux relations entre langue française, administration et ressortissants étrangers. L'usage de la langue française, rendu obligatoire par l'Ordonnance de Villers-Cotterêts (1539), s'applique à tous les actes judiciaires et administratifs en France. Cependant, les ressortissants étrangers, confrontés à la barrière linguistique, doivent naviguer entre des exigences juridiques complexes et des droits garantis par des textes internationaux. Alors que les textes internationaux (CEDH, Pacte international relatif aux droits civils et politiques) garantissent des droits aux étrangers et notamment une traduction des informations clés dans une langue comprise et le droit à un interprète lors des procédures judiciaires ; ces droits sont en France limités à certaines procédures spécifiques, comme l'asile, les refus d'entrée, ou les placements en rétention. Malgré les dispositions du Code de l'entrée et du séjour des étrangers (CESEDA), l'absence de traduction ne rend pas automatiquement un acte administratif illégal. L'assistance d'un interprète est parfois soumise à des conditions restrictives (par exemple, uniquement pour les étrangers analphabètes). Parallèlement, depuis les lois de 2003 et 2005, la maîtrise du français est devenue une condition pour l'obtention de titres de séjour (niveau A2 requis pour un séjour pluriannuel) et la naturalisation (niveau B2, nécessitant une compétence avancée). Ces exigences ont un effet excluant pour les personnes vulnérables (analphabètes, non scolarisées, âgées ou en situation de handicap). La Défenseure des droits a souligné les effets discriminatoires de ces mesures, accentués par le manque de ressources pour l'apprentissage du français. Danièle Lochak critique à raison cette évolution, affirmant que l'exigence de maîtrise linguistique sert davantage à trier qu'à intégrer.

Bozena Billerey réfléchit au droit et à l'accès à l'éducation pour les élèves allophones en France. L'accueil des élèves allophones constitue un enjeu majeur pour le système éducatif français. Ces élèves, arrivant de divers horizons culturels et linguistiques, doivent surmonter des obstacles, tels que l'apprentissage du français, l'intégration sociale et l'accès à une éducation adaptée. Ce défi s'inscrit dans le principe républicain d'égalité des chances, visant à lutter contre les discriminations et à promouvoir la cohésion sociale. Cet enjeu s'inscrit en outre dans un cadre de droit international favorable à l'accueil et donc à la nécessité d'adapter le service aux besoins spécifiques de ces publics. Les organisations internationales, telles que l'UNESCO et l'ONU, ont établi des principes fondamentaux pour garantir l'accès à l'éducation : la lutte contre la discrimination et la promotion de l'égalité des chances, le droit universel à l'éducation et la protection des enfants réfugiés et migrants. La Déclaration de Salamanque, elle, pose comme impératif l'inclusion scolaire pour répondre aux besoins éducatifs spéciaux, y compris les élèves allophones. Ce cadre est renforcé au niveau européen avec des directives mises en place pour renforcer l'accueil des enfants de travailleurs migrants et promouvoir un apprentissage bilingue ou plurilingue. La France a progressivement renforcé ses dispositifs pour intégrer les élèves allophones : depuis la création des premières classes spécifiques pour les enfants migrants jusqu'à l'introduction des Unités pédagogiques pour élèves allophones arrivants et la mise en place de centres d'accueil pour coordonner les efforts. Dans la période récente, d'autres dispositifs ont encore été mis en place. Malgré ces avancées, plusieurs lacunes persistent, que la Cour des comptes a mises en évidence dans un rapport récent : inégalités territoriales, manque de formation des enseignants, suivi des élèves déficient, soutien linguistique limité. Autant de points sur lesquels les politiques français devraient insister.

Victor Guset analyse, lui, les langues non territoriales. De quoi s'agit-il ? Depuis 1999, les langues non territoriales, comme le yiddish, le rromani, le berbère ou la langue des signes française (LSF), sont reconnues comme des « Langues de France ». Elles se distinguent des langues régionales par leur absence d'ancrage territorial spécifique. Malgré leur inclusion dans cette catégorie, leur protection demeure largement insuffisante comparée à celle des langues régionales. La reconnaissance des langues non territoriales repose sur deux critères : d'une part, la pratique traditionnelle sur le territoire national et, d'autre part, leur situation de vulnérabilité. L'inclusion dans ce répertoire n'est pas exempte d'arbitraire. Certaines langues, comme l'arabe maghrébin et le berbère, ont été incluses en raison de pressions politiques ou d'enjeux sociaux, alors que d'autres langues partageant des caractéristiques similaires (castillan, portugais) ont été exclues. Cette incohérence reflète un embarras persistant sur les critères de sélection. Malgré tout, la protection attachée à cette qualification reste très limitée. Aucune mesure normative ne vient protéger ces langues, qui ne bénéficient pas d'une protection constitutionnelle. En outre, la faible mobilisation des locuteurs et l'association de ces langues à des phénomènes migratoires freinent leur valorisation. L'absence d'un territoire spécifique complique également la mise en œuvre de politiques adaptées. Sur ces langues pèse donc un risque redoublé d'oubli.

Yoann Fernandez interroge l'opportunité d'une révision constitutionnelle pour autoriser l'enseignement des et en langues régionales. L'enseignement des langues régionales en France joue un rôle clé dans leur préservation et leur valorisation, face à une transmission intergénérationnelle déclinante. Cependant, cette démarche se heurte à des obstacles constitutionnels et législatifs liés à l'unité et à l'indivisibilité de la République, dont Tristan Berthoumieux a bien démontré les ressorts politiques[1]. L'histoire de l'enseignement des langues régionales est jalonnée de conflits. D'abord interdites, les langues régionales ont été progressivement reconnues à partir de la loi Deixonne (1951). D'autres lois et circulaires ont renforcé cette reconnaissance (classes bilingues, lois de 2005 et 2013). Les langues régionales sont certes intégrées dans le Code de l'éducation, mais leur enseignement reste facultatif et non contraignant. Les tentatives de légiférer sur des méthodes comme l'enseignement immersif ont été limitées par des censures constitutionnelles[2]. L'article 4 de la loi n° 2021-641 du 21 mai 2021 relative à la protection patrimoniale des langues régionales et à leur promotion créait « un enseignement immersif en langue régionale ». Il a été censuré par le Conseil au nom de l'unité et de l'indivisibilité de la République qui imposent le français comme langue officielle, ce qui interdit d'attribuer des droits spécifiques aux locuteurs de langues régionales. Une révision constitutionnelle est donc désormais nécessaire pour revenir sur cette jurisprudence.

Jean-Marie Pontier mène une interrogation sur les liens entre langues et droits culturels. Ces liens suscitent des interrogations complexes dans le cadre juridique français. Alors que le droit n'est pas la première discipline concernée par la question des langues, il intervient lorsqu'il s'agit de « droits culturels ». Cette étude explore les paradoxes et les limites du traitement juridique des langues et des droits culturels en France. Ces liens sont d'abord caractérisés par une dissymétrie juridique entre langue française et autres langues, la première ayant un statut privilégié dans notre système juridique, statut protégé par la Constitution et la loi. La protection des langues régionales est, elle, plus récente dans l'ordre constitutionnel et la loi Deixonne de 1951, si elle autorise l'enseignement des langues régionales, enseignement facultatif, garantit la prééminence de l'enseignement du français. En regard, les droits culturels sont eux vagues et peu opérationnels du point de vue juridique. Pourquoi de telles limites aux droits culturels en France ? Le rôle de l'État et des institutions républicaines est un premier facteur explicatif. La centralisation culturelle française est bien connue et

[1] T. Berthoumieux, *L'idéologie républicaine et la jurisprudence constitutionnelle relative aux langues régionales*, *in* T. Perroud (dir.), *Les grandes décisions du Conseil constitutionnel. Approche politique*, Lextenso, Coll. Grandes décisions, 2024.
[2] *Ibid.*

elle se traduit aussi par une centralisation du service public culturel. Jean-Marie Pontier préconise donc un renforcement de ces droits culturels, notamment par la reconnaissance d'un droit à la langue qui se déclinerait en langue nationale, régionale et locale.

TITRE 1 : LE DROIT A LA LANGUE

Valorisation de la diversité linguistique à travers un atlas sonore

Philippe Boula de Mareüil
Linguiste, Directeur de recherche au CNRS
Université de Paris-Saclay & CNRS, LISN

Albert Rilliard
Linguiste, Chargé de recherche au CNRS
Université de Paris-Saclay & CNRS, LISN

Frédéric Vernier
Maître de conférences en informatique
Université de Paris-Saclay & CNRS, LISN

Introduction

À l'heure de la mondialisation, qui favorise les langues de grande diffusion, on estime que la moitié des 7 000 langues du monde sont en danger d'extinction[1]. La France n'est pas épargnée, avec ses quelque 70 langues en comptant les Outre-mer[2]. Langues ou dialectes ? Vieille question et en partie mauvaise question, la distinction étant plus politique que linguistique. Rappelons la boutade attribuée au sociolinguiste M. Weinreich : une langue est un dialecte avec une armée et une marine. Nous éviterons par ailleurs le terme de *patois*[3], souvent considéré comme péjoratif, les mêmes arguments étant ressassés depuis des siècles[4]. Toujours est-il que ces variétés linguistiques, dans leur grande majorité, n'ont pas de tradition écrite et que ce patrimoine immatériel est aujourd'hui menacé[5].

Pour promouvoir la diversité linguistique, nous proposons de présenter un atlas sonore des langues régionales ou minoritaires qui, à partir de la France

---

[1] C. Moseley, *Atlas of the World's Languages in Danger*, UNESCO, Paris, 2010.

[2] B. Cerquiglini, *Rapport au Ministre de l'Éducation nationale, de la Recherche et de la Technologie, et à la Ministre de la Culture et de la Communication*, 1999.

[3] On peut citer l'abbé Grégoire, *Rapport sur la nécessité et les moyens d'anéantir les patois et d'universaliser l'usage de la langue française*, Convention nationale, Paris, 1794 : « *Proposerez-vous [...] des traductions ? Alors vous multipliez les dépenses [...]. Ajoutons que la majeure partie des dialectes vulgaires résistent à la traduction, [...] les uns [...] sont absolument dénués de termes relatifs à la politique ; les autres sont des jargons lourds et grossiers, sans syntaxe déterminée, parce que la langue est toujours la mesure du génie d'un peuple.* ».

[4] J.-F. Courouau, « L'invention du patois ou la progressive émergence d'un marqueur sociolinguistique français XIIIe–XVIIe siècles », *Revue de linguistique romane*, 2005, n°69, pp. 185–226.

[5] C. Hagège, *Halte à la mort des langues*, Odile Jacob, Paris, 2002 ; J. A. Fishman, *Reversing language shift: Theoretical and empirical foundations of assistance to threatened languages*, Multilingual Matters, Clevedon, 1991.

hexagonale (en 2017), a été étendu (depuis 2018) aux territoires d'Outre-mer, aux langues sans territoire compact comme le rromani, ainsi qu'à des pays limitrophes de la France et, plus récemment, à des pays d'Amérique latine. Cet atlas en ligne < https://atlas.lisn.upsaclay.fr > permet d'écouter (et de lire) la même fable d'Ésope dans plus de 1000 versions, dans des langues/dialectes d'Europe et des langues amérindiennes, notamment. Nous en dresserons un panorama en nous limitant à la France : nous verrons que ces langues soulèvent des questions communes et controversées, du fait de leur obsolescence. L'éclatement dialectal de ces langues, presque consubstantiel à leur état minoritaire, alimente ainsi un discours puriste, fixiste et essentialiste : « on ne dit pas comme ça » ou, entre deux variétés de ces langues, « ils [les autres] ne parlent pas comme nous ». Dans ces conditions, le passage à l'écrit des langues minoritaires, crucial pour leur documentation et leur survie, soulève d'importantes questions, sources de querelles de clocher et génératrices de passions[6]. Différentes solutions proposées, qui continuent à faire débat, seront discutées ici : plus ou moins phonétiques (reflétant une prononciation locale particulière) ou englobantes (mettant en avant l'unité des dialectes).

« *Les langues régionales appartiennent au patrimoine de la France* », stipule depuis 2008 l'article 75-1 de la Constitution de la Ve République française, mais on se heurte toujours au sacrosaint article 2 (de 1992) : « *La langue de la République est le français* ». S'en est saisi le Conseil constitutionnel, pour censurer en 2021 les principaux articles de la loi relative à la protection et à la promotion des langues régionales, dite loi Molac, pourtant votée à une large majorité par l'Assemblée nationale[7]. Ces vicissitudes, même si elles ont pu avoir comme contre-effet la reconnaissance de nouvelles langues régionales comme langues d'enseignement, illustrent les crispations politiques autour de cette question linguistique. Faute d'enseignement institutionnel et de transmission au sein des cellules familiales, l'avenir de la plupart des langues de France est pour le moins incertain. Notre prétention n'est pas de les revitaliser mais de les revaloriser. Nous présenterons dans ce qui suit le matériel, le protocole, les locuteurs et les langues collectées de notre atlas sonore (I) ; puis nous aborderons la réception du projet et des exploitations dialectométriques qui en ont été faites (II).

---

[6] D. Caubet, S.Chaker, J. Sibille, *Codification des langues de France,* L'Harmattan, Paris, 2001.

[7] M. Feltin-Palas, *Sauvons les langues régionales !*, Héliopoles, Paris, 2022. M. Launey, *La République et les langues*, Raisons d'agir, Paris, 2023.

I. Matériel, protocole, locuteurs et langues collectées

La fable d'Ésope « La bise et le soleil » est utilisé depuis plus d'un siècle par l'Association phonétique internationale (API), pour décrire nombre de langues et dialectes du monde, et est accessible en une centaine de versions sur le site de l'API. Nous avons pour notre part fait traduire et enregistré cette histoire (120 mots en français, environ 1 minute de parole) en basque, breton, alémanique alsacien, francique, flamand occidentale et dans des variétés romanes[8]. Nous l'avons ensuite fait traduire dans des dizaines de langues issues des départements/régions et territoires d'Outre-mer (Caraïbe, Océans Pacifique et Indien) : les langues de Guyane[9], les créoles[10], les langues kanak[11], les langues polynésiennes[12] et les langues de Mayotte[13]. Le texte a également été traduit dans la langue des signes française (LSF) et dans les langues dites non territoriales de France telles que le r(r)omani[14], envers lesquelles la République reconnaît avoir une responsabilité patrimoniale[15].

Les locuteurs enregistrés, le plus souvent des personnes âgées (de plus de 60 ans en moyenne), étaient issus de milieux socioprofessionnels variés. Ils ont été enregistrés dans des pièces calmes et il leur était demandé de signer un consentement pour une libre diffusion de leur voix. Un protocole commun a été appliqué, dans lequel les locuteurs étaient invités à traduire cette histoire dans leur langue maternelle, soit directement avec le texte français sous les yeux, soit à partir d'un texte écrit qu'ils préféraient lire. Les enregistrements ont ensuite été égalisés, et un grand soin a été apporté à leurs transcriptions orthographiques, fournies par les locuteurs eux-mêmes et/ou corrigées/produites par des linguistes. Ces données fournissent une sorte d'instantané des usages actuels, montrant que les langues minoritaires,

---

8 P. Boula de Mareüil, A. Rilliard, F. Vernier, « Enregistrements et transcriptions pour un atlas sonore des langues régionales de France », *Géolinguistique*, 2017, n°17, pp. 23–48.

9 I. Leglise, B. Migge, *Pratiques et linguistiques en Guyane,* IRD Éditions, Paris, 2007.

10 M. Cayol, R. Chaudenson, C. Barat, *Atlas linguistique et ethnographique de la Réunion*, Éditions du CNRS, Paris 1984–1995 ; J. Le Du, G. Brun-Trigaud, *Atlas linguistique des petites Antilles,* Éditions du CNRS, Paris. 2011 ; S. Ehrhart, *Le créole français de St-Louis (le tayo) en Nouvelle-Calédonie*, H. Buske Verlag, Humburg, 1993.

11 J.-C. Rivierre, « Langues de l'extrême-sud et plus particulièrement le nââ kwênyiì, langue de l'Île des Pins », *in* A.-G. Haudricourt, J.-C. Rivierre, F. Rivierre, C. Moyse-Faurie, J. de la Fontinelle (dir.), *Les langues mélanésiennes de Nouvelle-Calédonie*. DEC, Nouméa, 1979, pp. 72–79 ; C. Moyse-Faurie, « La Nouvelle-Calédonie et le statut des langues kanak : quelques repères historiques », *Langues et société,* 2014, n°26, pp. 9–11.

12 G. Lazard, L. Peltzer, *Structure de la langue tahitienne*, Peeters, Paris, 2000. J. Vernaudon, « L'origine des langues polynésiennes », *Langues et cité,* 2017, n°28, pp. 2–3.

13 F. Laroussi, *Langues, identités et insularité : Regards sur Mayotte*, PURH, Rouen/Le Havre, 2010.

14 M. Courthiade, *A succint history of the Rromani language*, INALCO, Paris, 2013.

15 B. Cerquiglini, *op. cit.*, 1999.

même si elles se trouvent souvent dans une situation critique, sont aujourd'hui encore une réalité précieuse.

A. Langues régionales de France hexagonale

La page d'accueil du site Internet, accessible en français et en anglais < https://atlas.lisn.upsaclay.fr >, s'ouvre sur la France hexagonale, découpée en 25 aires dialectales. Nous avons fait figurer, en plus des frontières de départements français[16], les limites entre domaines linguistiques, retenant les langues régionales ou dialectes primaires suivants, lesquels reprennent une partition classique en :

- **langues romanes** — d'oïl (picard, gallo, normand, mainiot, angevin, poitevin-saintongeais, parlers centraux, champenois, bourguignon-morvandiau, franc-comtois, lorrain roman et wallon), d'oc (languedocien, provençal, gascon, nord-occitan, croissantin), catalan, corse et francoprovençal, avec une signalétique particulière pour les parlers liguriens cantonnés à des villes isolées comme le bonifacien ou le monégasque ;
- **langues germaniques** (alsacien, flamand occidental, francique) ;
- **« autres langues »** (basque et breton).

Ces dernières langues, sur le territoire français, sont traditionnellement subdivisées en dialectes : luxembourgeois, mosellan et rhénan pour le francique, labourdin, bas-navarrais et souletin pour le basque ; trégorois, léonard, cornouaillais et vannetais pour le breton. Même si chacun de ces dix dialectes est représenté par au moins un point d'enquête, nous n'avons pas fait figurer ces étiquettes sur la carte, pour des raisons d'échelle. Il en va de même des parlers centraux d'oïl, que nous n'avons pas subdivisés en percheron, tourangeau et berrichon-bourbonnais, et du domaine nord-occitan, que nous n'avons pas subdivisé en auvergnat, limousin et vivaro-alpin, même si nous avons collecté plusieurs enregistrements dans chacune de ces variétés.

La majorité des associations de défense et de promotion des langues d'oïl et d'oc insistent sur le pluriel dans le premier cas (« les langues d'oïl », chacune sur un pied d'égalité avec le français) et sur le singulier dans le second (« la langue d'oc », une et diverse). Ces deux conceptions étant difficilement conciliables[17], par respect pour nos informateurs d'oïl et d'oc,

---

[16] Des options permettent de supprimer ces limites (ou celles de provinces dans les pays voisins), de même que la légende et les points d'enquête, ou au contraire de faire apparaître les mers et d'autres informations.

[17] H. ABALAIN, *Le français et les langues historiques de la France*, Éditions Jean-Paul Gisserot, Paris, 2007.

nous n'avons pas tranché : nous avons indiqué dans la légende « langue(s) d'oïl » et « langue d'oc (occitan) ». Une case à cocher permet de zoomer sur le Croissant, dans le centre de la France, pour faire apparaître des points d'enquête qui, sinon, seraient trop rapprochés à l'échelle du territoire français, à l'intérieur et autour de cette zone de transition. Nommé en raison de sa forme de demi-lune[18], le Croissant ne possède pas de traits linguistiques qui lui soient propres, mais s'y entrelacent des traits d'oïl et d'oc qui sont d'un grand intérêt. Par ailleurs, une double graphie a été ajoutée pour certaines variétés, en particulier d'occitan (provençal). Une page « À propos » permet d'en savoir plus, avec nos publications, ainsi que celles de la presse écrite ou audiovisuelle sur le sujet) et permet de télécharger les données sous une licence *Creative Commons*. Enfin, un menu « Rechercher » permet d'entrer un nom de commune pour localiser celle-ci par un drapeau sur la carte.

B. Langues des Outre-mer et langues non-territoriales

Sur le site, des onglets et menus déroulants permettent d'ouvrir les cartes de la Zone Amérique-Caraïbe (Antilles-Guyane), de l'Océan Indien (Mayotte et La Réunion), du Pacifique (Nouvelle-Calédonie et Wallis-et-Futuna d'une part, Polynésie française d'autre part). On peut également y accéder directement en cliquant à l'intérieur des rectangles de la carte du monde qui permet de naviguer de créole en créole, à base lexicale française < https://atlas.lisn.upsaclay.fr >. En cochant les cases adéquates en bas de la page, on peut faire apparaître de nouveaux enregistrements (et leurs transcriptions) dans d'autres créoles. De plus, un onglet permet d'ouvrir une carte de l'espace euro-méditerranéen, avec les langues non-territoriales de France.

Si, en France hexagonale et dans sa périphérie, ce sont des noms de localité qui sont affichés, ce sont des noms de langues ou de variétés de langues que nous avons rapportés ailleurs : par exemple, « québécois estrien » sur la carte du monde (à défaut de langue régionale propre à Saint-Pierre-et-Miquelon), judéo-espagnol (dans ses deux variétés ḥaketía et djudyó, respectivement cartographiées à Tanger et à Thessalonique) sur la carte des langues non-territoriales. Le judéo-espagnol, qui n'était pas mentionné dans le rapport Cerquiglini[19], a depuis été ajouté à la liste des « langues non-territoriales de France ». Il en va de même de la LSF pour laquelle, en raison de son statut particulier, nous avons réalisé un enregistrement audiovisuel — auprès d'une conteuse professionnelle. La

---

[18] J. RONJAT, *Essai de syntaxe des parlers provençaux modernes*, Imprimerie nationale, Paris, 1913.

[19] B. CERQUIGLINI, *op. cit.*, 1999.

vidéo a été « doublée » en français par une chercheuse spécialiste de la LSF, qui de plus a écrit un texte explicatif d'une longueur équivalente à la fable : un clip met en avant le fait que les mouvements des épaules et des yeux campent les protagonistes de l'histoire, à savoir le vent et le soleil. En résumé, les langues de France que nous avons cartographiées, en plus de celles de métropole, sont les suivantes :

- **créole** guadeloupéen, créole martiniquais, créole guyanais, créole réunionnais — des Hauts (des Petits Blancs ou yab) et des Bas — et tayo (créole à base lexicale française de Saint-Louis, en Nouvelle-Calédonie) ;
- **langues nengee** (créoles des Noirs Marrons, à base lexicale anglaise avec éventuellement une influence portugaise) : aluku, ndyuka, pamaka, saamaka ;
- **hmong** (langue asiatique de la famille miao-yao) **et langues amérindiennes** : kali'na, wayana (langues caribes), arawak, palikur (langues arawakiennes), teko, wayãpi (langues tupi-guarani) ;
- **langues de Mayotte** : shimaore (bantou), kibushi (d'origine malgache) ;
- **langues kanak** : nyelâyu, jawe, nêlêmwa, vamale, zuanga, pwaamei, paicî, ajië, 'ôrôê, xârâcùù, drubea, numèè, kwényï, iaai, drehu, nengone ;
- **langues polynésiennes** : faga uvea, wallisien, futunien, tahitien (y compris dans sa variété reo Maupiti), pa'umotu (napuka, tapuhoe, parata, maragai), rurutu, ra'ivavae, rapa, marquisien ('eo 'enana mei Nuku Hiva, 'eo 'enana mei 'Ua Pou, 'eo 'enata), mangarévien ;
- **langues non-territoriales** de France : arabe dialectal (marocain, algérien, tunisien, syrien, palestinien), judéo-arabe, berbère (tachelhit, tamazight, rifain, kabyle et mozabite), judéo espagnol, yiddish, arménien occidental, rromani, LSF.

Des efforts particuliers ont été déployés pour cartographier les huit aires coutumières de Nouvelle-Calédonie et les cinq archipels de Polynésie française, où nous avons fait figurer — sur les îles représentées avec leurs lagons — deux variétés de tahitien, trois de marquisien du Nord ('eo enana) et du Sud ('eo enata) ainsi que quatre variétés de pa'umotu. Partout, nous avons accordé beaucoup de soin à la transcription orthographique de ce qui est dit, avec entre crochets les formules de fin (du type « c'est fini ») que souvent les locuteurs kanak ont souhaité introduire, par rapport au français. Des problèmes techniques ont dû être résolus (liés par exemple aux diacritiques comme les macrons, assez importants dans les langues polynésiennes et possibles frein à leur écriture électronique, pour indiquer la quantité vocalique), en plus de problèmes linguistiques fort intéressants. Les questions de traduction de mots comme *bise* et *manteau*, notamment, ont été l'occasion de discussions très enrichissantes avec les locuteurs enregistrés sur le terrain :

- *bise* 'vent du Nord' : 'tramontane' dans certains dialectes romans, 'alizés' dans certains dialectes polynésiens, emprunts hébraïques dans certaines langues juives ;
- *voyageur* : 'pèlerin' dans certains dialectes romans, 'vagabond' dans certains dialectes germaniques ;
- *manteau* : 'burnous' dans certains dialectes arabes, protection contre la pluie dans certaines langues amérindiennes ; linge (*jii*) offert pour « faire la coutume » ou *paleto* (en fait un emprunt d'origine obscure) que revêt un chef coutumier lors de son intronisation, dans certaines langues kanak.

C. Illustration de mots isolés

Ces données peuvent être utilisées à des fins d'analyses phonétiques[20] ou de dialectométrie[21], ou encore à des fins didactiques. Une méthode a été appliquée pour extraire semi-automatiquement des mots à partir de la fable d'Ésope traduite en dialectes romans de France et dans les langues de Polynésie française[22]. La première tâche consistait à déterminer comment une douzaine de mots tels que *bise, soleil, manteau* ou *voyageur* avaient été traduits dans 193 versions recueillies en France romane et 14 versions recueillies en Polynésie française — tirant parti de la similitude orthographique, du contexte et de la position des mots. Des occurrences des mots traduits ont ensuite été extraites des enregistrements alignés en

---

[20] Les données collectées ont été utilisées pour documenter la prononciation du /R/ chez des locuteurs (âgés) qui « roulent » les *r*, de façon plus ou moins stable, dans leur dialecte : gascon, languedocien, francoprovençal, bourguignon et mainiot. Il en ressort que les [r] apicaux sont davantage présents en attaque de syllabe ou en coda interne qu'en fin de mot, et chez les locuteurs âgés davantage que chez les plus jeunes. V. T. PREMAT, P. BOULA DE MAREÜIL, « Le */R/* "roulé" en français et dans quelques langues régionales de France », *32es Journées d'Études sur la Parole*, Aix-en-Provence, 2018, pp. 55–63.

[21] P. BOULA DE MAREÜIL, G. ADDA, L. LAMEL, A. RILLIARD, F. VERNIER, « A speaking atlas of minority languages of France: collection and analyses of dialectal data », *19th International Congress of Phonetic Sciences*, Melbourne, 2019, pp. 1709–1713.

[22] Ces langues présentant à l'intérieur de chaque famille une certaine homogénéité, ces cas d'école étaient intéressants à considérer. V. K. KNYAZEVA, P. BOULA DE MAREÜIL, F. VERNIER, « Aesop's fable "The North Wind and the Sun" used as a Rosetta Stone to extract and map spoken words in under-resourced languages », *13th International Conference on Language Resources and Evaluation,* Marseille, 2022, pp. 2072–2079. Ce travail renouait avec les atlas linguistiques traditionnels, généralement fondés sur des mots/concepts isolés. V. J. GILLIERON, E. EDMONT, *Atlas linguistique de la France*, Champion, Paris, 1902–1910.

phonèmes. Les alignements corrigés ont enfin été cartographiés et des fonds de carte ont été dessinés, pour rendre immédiatement visibles divers phénomènes linguistiques.

Le résultat final, accessible par des cases à cocher sur le site, permet d'illustrer la variation lexicale, morphologique et phonétique. Pour ne prendre qu'un exemple, la carte du mot *bise* montre des aires avec des traductions spécifiques comme *cisampa* (en Languedoc) et *aura* (en Provence), *galèrne* (à l'Ouest), *tramuntana* (en Corse et autour de Monaco), tandis que des variantes autour du type 'vent' prédominent dans le Nord-Ouest. Ces items peuvent être capturés par des expressions régulières que le linguiste peut facilement modifier.

II. Réception du projet et exploitation dialectométrique

A. Discours épilinguistiques

Il semble que la richesse de notre patrimoine linguistique intéresse également le grand public, puisque notre site a attiré plus d'un million de visiteurs. Il continue à bénéficier d'un certain écho médiatique : il fait régulièrement l'objet d'interviews dans la presse écrite et audiovisuelle (radio/télévision), et l'information a bien été relayée dans les réseaux sociaux, permettant de redonner une visibilité à des langues et dialectes souvent dévalorisés. Ceux-ci doivent de plus faire face à une double minoration, de la part de leurs locuteurs mêmes, tenants d'un immobilisme hostile à toute évolution et de la part de locuteurs des langues dominantes. Nous avons reçu des centaines de courriels de réactions positives (le plus souvent) ou négatives. Parmi les critiques, nous rapportons ci-dessous quelques extraits de messages montrant les tensions autour de la graphie (1)[23], la suspicion d'illégitimité (2), l'essentialisation de la langue, la nostalgie d'un passé idéalisé, la quête romantique d'authenticité[24] (3).

(1) « je suis très étonné qu'à Maillane (pays de Frédéric Mistral) vous osiez mettre uniquement la graphie et la prononciation dite classique, alors que vous faites la différence dans les formes maritimes. Cela frise l'outrage, surtout qu'il a été prouvé que la modernisation de la graphie par Mistral s'est essentiellement appuyée sur le parlé rhodanien. Je ne doute pas que vous saurez corriger cette erreur ».

(2) « ça sent la connerie occitaniste »

---

[23] Suite à cet échange et à d'autres avec des provençalistes, nous avons ajouté (en 2023) une double graphie pour tous les points d'enquête en Provence.

[24] M. BUCHOLTZ, « Sociolinguistic nostalgia and authentication of identity », *Journal of Sociolinguistics*, 2003, n°7(3), pp. 398–416.

(3) « Concernant [...] le bout d'occitan enregistré au Pont de Montvert... [...] il y avait une façon de raconter les histoires [...] ; mon grand-père (locuteur natif) avait cette intonation particulière, [...] c'est un bon exemple de cette langue régionale qui, pour moi, est un peu une madeleine de Proust et qui, quand je l'entends [...], ne résonne pas tout à fait avec les souvenirs de mon enfance... »

D'autres commentaires épilinguistiques, jugeant par exemple que la langue provençale parlée par tel ou tel informateur, qui ne « roule » pas assez les *r*, n'est pas « pure », ont été analysés[25]. Si l'on osait reprendre le concept de glottophobie popularisé par Blanchet — qui a relayé sans en être l'auteur le vif commentaire (2) —, on n'hésiterait pas à qualifier ces réactions de « glottophobes ». Le passage à l'écrit est un prérequis incontournable pour l'élaboration de matériel pédagogique, pour l'enseignement et la revitalisation des langues/dialectes minoritaires ; et les résultats de la dialectométrie, offrant des mesures de distances objectives, peuvent contribuer à trancher entre langues et dialectes, mais doivent être pris avec précaution, comme nous allons le voir pour le Croissant.

B. Comparaisons dialectométriques et glottométriques

La transcription orthographique des langues régionales soulève d'importants problèmes théoriques et pratiques. La transcription phonétique n'est pas plus simple ni plus rapide. Nous avons comparé les transcriptions orthographiques d'une part, phonétiques d'autre part, de 36 enregistrements réalisés à l'intérieur et à proximité du Croissant, toujours de la fable d'Ésope. Sur cette base, nous avons calculé un taux de différences entre variétés, que nous avons représenté par des techniques d'analyse de données. Les résultats permettent de visualiser une sorte de distance entre les parlers du Croissant, les (autres) parlers d'oc et les parlers d'oïl : ils suggèrent que le Croissant constitue une entité autonome, plus proche des parlers nord-occitans que des parlers d'oïl[26].

---

[25] P. Blanchet, « Coexistence entre "'néolocuteurs" d'un "'néoprovençal'" et "primolocuteurs"' d'un '"provençal hérité" : enjeux et effets de domination, de spoliation et de revitalisation », *Revue d'Études d'Oc*, 2022, n°175, pp. 121–159. P. Boula de Mareüil, M. Courthiade, F. Vernier, « De la Provence aux Balkans : discours épilinguistiques autour d'un atlas sonore des langues régionales ou minoritaires d'Europe », *in* A. Rialland, M. Russo (dir.), *Les langues régionales de France. Nouvelles approches, nouvelles méthodologies, revitalisation*, Éditions de la Société de Linguistique de Paris, Paris, 2023, pp. 247–283.

[26] P. Boula de Mareüil, G. Adda, L. Lamel, « Comparaison dialectométrique de parlers du Croissant avec d'autres parlers d'oc et d'oïl », *in* L. Esher, M. Guerin, N. Quint, M. Russo (dir.), *Le Croissant linguistique entre oc, oïl et francoprovençal : des mots à la grammaire, des parlers aux aires*, L'Harmattan, Paris, 2021, pp. 159–172.

En n'utilisant non plus les distances d'édition classiques en dialectométrie, mais en suivant les principes de la méthode comparative et en particulier de la glottométrie historique[27], nous avons entrepris de classifier l'ensemble des variétés romanes de notre atlas sonore. En retenant un point d'enquête pour chacune des 21 variétés romanes illustrées en France — et une quarantaine d'autres en Europe occidentale —, plus de 140 innovations par rapport au latin ont été codées sous la forme de 1 (présence) ou 0 (absence). La zone d'oïl se montre de loin la plus innovante (*cf.* figure 1), et les résultats de techniques d'apprentissage automatique confirment la robustesse d'une division Nord/Sud. Parmi les caractéristiques les plus importantes/ discriminantes figurent la chute des voyelles finales qui caractérise les dialectes gallo-romans septentrionaux. La plupart des innovations concernent des traits phonétiques/phonologiques. Cependant, on trouve également des traits morphosyntaxiques et lexicaux, comme le sujet obligatoire (au moins sous la forme d'un pronom), dans les variétés gallo-romanes septentrionales, et la substitution de CUM par APUDI > *amb* 'avec' dans les variétés occitano-romanes.

La ligne de partage passe au milieu du domaine occitan, avec l'oïl et les dialectes intermédiaires (francoprovençaux, nord-occitans, croissantins) regroupés au Nord, le reste au Sud. De fait, le Croissant partage nombre d'innovations avec le nord-occitan, le francoprovençal et (la plupart) des variétés d'oïl : par exemple, la palatalisation du CA latin et la chute des consonnes devenues finales en gallo-roman, notamment au participe passé (ex. auvergnat *eschaufat* [ejtsawfa] < EXCALFATU(M) 'réchauffé'). En ne retenant que les innovations morphosyntaxiques (et lexicales), les variétés occitanes septentrionales et méridionales, dont celles du Croissant, sont regroupées — avec les variétés francoprovençales et catalanes. La comparaison de ces résultats permet de visualiser immédiatement que le Croissant constitue une aire de transition au sein du domaine (gallo-)roman. De nouveau, on voit que le regroupement des dialectes n'est pas univoque, comme la différence entre langues et dialectes.

(Figure 1, voir page suivante)

[27] A. FRANÇOIS, « Trees, Waves and Linkages: Models of language diversification», *in* C. BOWERN, B. EVANS (dir.), *The Routledge Handbook of Historical Linguistics*. Routledge, Londres, 2014, pp. 161–189.

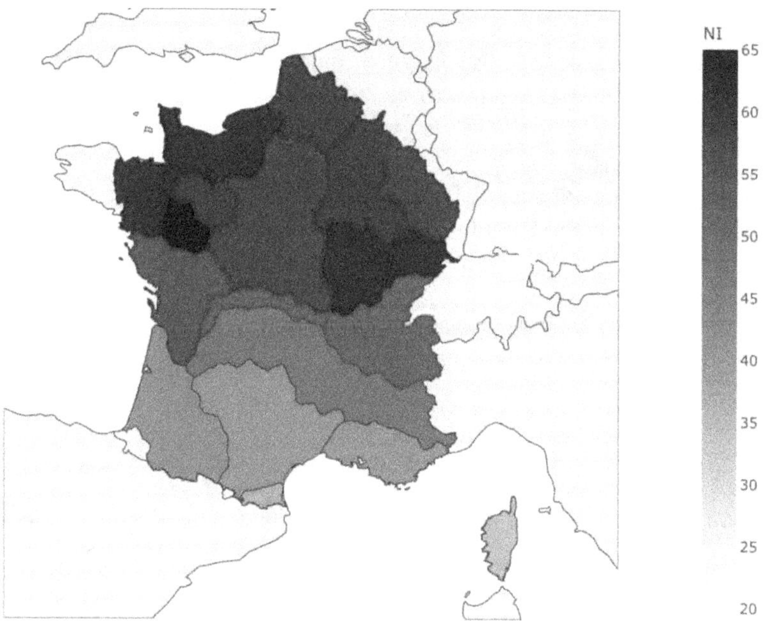

Figure 1 : Carte de la France romane montrant les aires plus ou moins innovantes par rapport au latin. (NI : « Nombre d'Innovation »)

Conclusion et perspectives

Nous avons décrit un atlas sonore qui, partant des langues régionales de France hexagonale, s'est enrichi de différentes cartes interactives ; et nous avons présenté des extensions possibles, sociolinguistiques ou plus dialectologiques. Le fait que ce site web donne à entendre une histoire (sur une base comparable) n'est sans doute pas étranger à son succès auprès du grand public. Néanmoins, des mots isolés pourront être ajoutés, issus d'une liste d'une centaine de mots/concepts (des classiques évoquant notamment la faune et la flore), que nous continuons à enregistrer, suivant une approche coordonnée. Il y a presque urgence, dans la mesure où la transmission de nombre de langues minoritaires n'est pas assurée auprès des jeunes. Ce travail collaboratif ne nous dit rien du nombre de locuteurs de chaque langue/dialecte, qui d'après certaines évaluations serait en hausse pour le basque[28] ; mais un sondage récent montre la difficulté de l'entreprise, aboutissant pour l'occitan à un taux de 7 % de locuteurs <https://www.ofici-occitan.eu/fr/les-enjeux/>. Avec cet atlas linguistique, sans folklorisation ni muséification, nous espérons rendre du prestige aux dialectes, leur donner une image positive, faute de pouvoir enrayer le déclin de leur usage.

[28] M. FELTIN-PALAS, *op. cit.*

L'hégémonie des langues nationales masque une diversité linguistique que la Charte européenne des langues régionales ou minoritaires (signée par la France en 1999, mais non ratifiée) se proposait de promouvoir. De même, l'Unesco, qui a proclamé la « *décennie internationale des langues indigènes* », insiste sur la nécessité du multilinguisme pour comprendre l'Autre, pour s'ouvrir à la différence. La tâche n'est pas simple, mais l'enjeu est de taille, pour donner une plus grande visibilité à la richesse du paysage linguistique. Associer les langues minoritaires à la modernité, avec des outils cartographiques innovants, pourra, espérons-le, contribuer à donner à notre héritage linguistique une reconnaissance en tant que vecteur de créativité.

Droit et LSF : une relation triangulaire

Myriam CARESSA
Maîtresse de conférences en droit privé et sciences criminelles
Université Paris-Est Créteil, LIPHA (EA7373)

« *Lorsqu'une langue meurt avec ses couleurs, ses nuances, le peuple meurt aussi.* »[1]

Parmi les langues de France, il en est une quelque peu à part. Parce qu'elle n'est pas territoriale, bien que des spécificités locales existent, parce qu'elle n'est pas attachée à une communauté, bien que ses locuteurs en constituent une[2], parce que sa transmission n'est quasiment jamais filiale mais acquise[3] la langue des signes française soulève des problématiques qui lui sont propres.

La langue des signes française (ci-après « *LSF* ») est le système linguistique visuo-gestuel reconnu en France. Elle n'est cependant pas la manifestation visuo-gestuelle du français qui existerait à côté de ses formes orale et écrite, mais une langue à part entière. Reconnue par les linguistes depuis des décennies[4], elle ne l'est juridiquement que depuis 2005[5].

Ses locuteurs dits « naturels »[6], les personnes sourdes[7], sont ainsi contraints de maîtriser deux langues : la LSF et le français en sa forme écrite.

---

[1] M. TALVIO, *Pensées éternelles,* Finlande, XXe, *in* F. MONTREYNAUD (dir.) *Dictionnaire de citations du monde*, éd. Le Robert, coll. Les Usuels, 2008, [langue], p. 376, n°7.

[2] M. DETHORRE, « Sourds, langues et surdités à travers les temps », *Contraste* 2023/2, n°58, pp. 11-31.

[3] B. GARCIA, F. ENCREVE, « La langue des signes française » *in* G. KREMNITZ (dir.), *Histoire sociale des langues de France,* PUR 2013, p. 619 : environ 95% des sourds naissent dans des familles entendantes ; CH. CUXAC, E. ANTINORO PIZZUTO, « Emergence, norme et variation dans les langues des signes : vers une redéfinition notionnelle », *Langage et société* 2010, n°131, pp. 37-53.

[4] CH. CUXAC, « La langue des signes est-elle une langue ? Petite histoire d'une grande question », *Langue française* 2003, n°137, pp. 3-11 ; H. MARKOWICZ, « La langue des signes : réalité et fiction », *Langages* 1979, n°56, pp. 7-12.

[5] Loi n°2005-102 du 11 févr. 2005 pour l'égalité des droits et des chances, la participation et la citoyenneté des personnes handicapées, art. 75 portant création de l'article L. 312-9-1 du Code de l'éducation dont la première phrase est : « *La langue des signes française est reconnue comme une langue à part entière* ».

[6] B. GARCIA, F. ENCREVE, « La langue des signes française », *op. cit.*, p. 619. B. GARCIA, interviewée pour Le Figaro, 27 janv. 2020, « La langue des signes : pourquoi il faut l'apprendre » : « *Concernant les sourds locuteurs de la [LSF], les chiffres sont incertains: ils oscillent entre 80 000 et 120 000* ».

[7] En France, on estime à 100.000 le nombre de sourds profonds de naissance avec la LSF pour « langue de vie » et à 7 millions le nombre de personnes déficientes auditives (chiffres 2025 : https://www.info.urgence114.fr/).

C'est le « bilinguisme sourd »[8]. Si les nouvelles technologies ont facilité l'utilisation de la LSF grâce aux vidéos, elles ont également décuplé les autres modes de communication en français (SMS, courriel, messages vocaux, *etc.*). En outre, les progrès scientifiques à destination des sourds visent la disparition de la surdité, considérée comme un handicap, et, partant, altèrent l'intérêt porté à la LSF[9], réduite au rang d'outil de communication.

Or, non seulement la pleine maîtrise du français écrit s'avère, pour nombre de sourds, un réel obstacle pouvant aller jusqu'à l'illettrisme[10], mais le français oral – encore imposé ou majoritaire dans de nombreuses situations – leur est inaccessible. Cela interroge tant sur la portée réelle de la reconnaissance accordée à la LSF que sur la place faite à ses locuteurs. La reconnaissance accordée à la LSF lui garantit-elle un statut autonome ?

La présente étude juridique n'a pas vocation à analyser les liens entre la LSF et les personnes sourdes, que ce soit en termes linguistiques, sociaux ou culturels. Pour autant, quand bien même une partie des locuteurs de la LSF maîtrisent – plus ou moins parfaitement le français, en particulier dans sa forme orale – décorréler la LSF de ses locuteurs « naturels » est impossible[11], voire erroné[12].

Ainsi, alors que la LSF aurait pu être la langue visuo-gestuelle officielle de la République (I), elle n'est que la langue de ceux qui ne peuvent pas oraliser le français (II).

I. L'autre français

Depuis 2005, la LSF est juridiquement reconnue comme « *langue à part entière* ». Si cette reconnaissance doit certainement être saluée, elle n'en demeure pas moins tardive (A) et limitée (B).

---

[8] B. GARCIA, M. PERINI, « Normes en jeu et jeu des normes dans les deux langues en présence chez les sourds locuteurs de la Langue des Signes Française », *Langage et société* 2010, n°131, pp. 75-93 ; J. CHALUDE, « Bilinguisme et biculturalisme : être ou ne pas être sourd ? », *La nouvelle revue de l'adaptation et de la scolarisation* 2010, vol. 49, pp. 71-79.

[9] A. VANBRUGGHE, « La langue des signes française, langue du monde, langue de la République ? », *Raison présente* 2022, n°221, pp. 45-54.

[10] D. GILLOT, Rapport au Premier ministre L. JOSPIN, *Le Droit des sourds : 115 propositions*, 1er juin 1998 : « *80% des sourds profonds sont illettrés, 5% des sourds profonds accèdent à l'enseignement supérieur* ». B. GARCIA, M. PERINI, *op. cit.* ; P. DALLE, « La place de la langue des signe dans le milieu institutionnel de l'éducation : enjeux, blocage et évolution », *Langue Française* 2003, n°137, pp. 32-59.

[11] D. GILLOT, *op. cit.*

[12] Ch. CUXAC, *op. cit.* ; P. DALLE, *op. cit.*

A. Une reconnaissance tardive

Bien qu'ayant « toujours » existé, à tout le moins comme modes de communication visuo-gestuels, les langues des signes n'ont été institutionnalisées en France qu'à la fin du XVIIIe siècle, avant que leur enseignement ne soit brutalement rejeté. Il faudra plus d'un siècle pour qu'elles refassent péniblement surface dans l'enseignement et encore plus de dix ans pour que la LSF soit reconnue comme langue à part entière.

1. L'institutionnalisation

La communication gestuelle est le mode de communication spontané des personnes sourdes[13]. Ainsi, des langues des signes primitives existent depuis aussi longtemps qu'existent des communautés de sourds[14]. Cependant, en l'absence d'écriture, il n'en reste que peu de traces[15].

Il faut attendre le milieu du XVIIIe siècle pour que l'abbé de l'Epée crée en France une école à destination des jeunes sourds fondée sur la méthode gestuelle[16]. Si l'abbé de l'Epée n'est pas à proprement parler le créateur de la LSF[17], il a su en assurer le développement, en rassemblant en un même lieu ses locuteurs : l'Institut National des Sourds-Muets de Paris[18]. À la différence des langues régionales et patois, la langue des signes qui y est enseignée n'est pas considérée comme contraire au Français[19], du moins pas au début.

2. Le rejet

En 1880, le Congrès de Milan – 3e congrès international pour l'amélioration du sort des sourds – conclut à la supériorité de l'oralisme

---

[13] F. BERTIN, « La langue des signes, une langue vivante comme les autres ? Petite histoire d'une grande question linguistique », *La nouvelle revue de l'adaptation et de la scolarisation* 2010, vol. 49, pp. 13-19

[14] B. GARCIA, F. ENCREVE, « La langue des signes française », *op. cit.*, p. 619.

[15] M. DETHORRE, *op. cit.*

[16] V. not. O. SCHETRIT, « La reconnaissance de la langue des signes comme langue à part entière », *Cahier français*, 2021/1, n°419, pp. 113-119 ; P. ENCREVE, « A propos des droits linguistiques de l'homme et du citoyen », *Diversité* 2007, n°151, pp. 23-30.

[17] A. VANBRUGGHE, *op. cit.*

[18] Décret de l'Assemblée nationale du 21 juill. 1791 et loi du 29 juill. 1791 relative à M. l'Abbé de l'Epée, et à son établissement en faveur des Sourds et Muets : « *L'Assemblée nationale [...] croyant devoir accorder une protection spéciale à l'établissement fait en faveur des sourds & muets, décrète [...]* ».

[19] B. GARCIA, F. ENCREVE, « La langue des signes française », *op. cit.*, p. 619.

V. en part. Rapport de l'abbé H. GREGOIRE, *Rapport sur la nécessité et les moyens d'anéantir les patois et d'universaliser l'usage de la langue française*, 1794 : l'Institut des sourds-muets y est expressément mentionné sans que l'usage de la langue des signes ne soit proscrite (certainement que les signes étaient considérés comme une méthode d'apprentissage du français et non comme une langue concurrente).

(lecture labiale et production de son) et se prononce en faveur de l'éradication des langues des signes dans l'éducation des jeunes sourds[20]. Pour des raisons analogues à celles invoquées contre les langues régionales – unité linguistique, renforcement du sentiment patriotique, liberté d'accès aux textes fondateurs de la République, inclusion, *etc.* – la France suit et proscrit la langue des signes dans l'enseignement[21].

3. La renaissance et reconnaissance

Dans les années 1970, sous la pression de la communauté sourde, notamment par le biais de ses associations[22], cette interdiction absolue finira par céder : c'est le « Réveil Sourd »[23]. C'est également à cette période qu'est fixée la terminologie « langue des signes française »[24], loin de toute référence à de simples gestes, gestuelles ou mimiques. À compter de 1976, la LSF cessera d'être interdite dans les établissements spécialisés relevant des affaires sociales[25].

Depuis 1991, la LSF est officiellement autorisée pour l'éducation des sourds[26]. Les parents d'un enfant sourd peuvent ainsi choisir ses modalités d'enseignement : soit en français (oral et écrit), soit en communication bilingue (LSF et français écrit) dans un établissement spécialisé[27]. Pour autant, la loi de 1991 ne reconnaît pas expressément à la LSF le statut de langue. Il faudra attendre 2005, pour qu'enfin la LSF soit juridiquement

---

[20] V. not. O. SCHETRIT, *op. cit.*

[21] Pour une présentation détaillée de la brutalité de cette proscription v. not. R. DELAMOTTE-LEGRAND et R. SABRIA, « L'enfant sourd et ses langues : l'unicité des choix en parcours langagiers pluriels », *in* V. CASTELLOTTI (dir.), *D'une langue à d'autres : pratiques et représentation*, , coll. Dyalang, éd. PURH, 2001, p. 81.

[22] P. ENCREVE, *op. cit.* ; P. DALLE, *op. cit.*

[23] S. KERBOURC'H, *Le Réveil Sourd. D'hier à aujourd'hui (1971-2006) : de l'action collective d'un mouvement socioculturel pour la réhabilitation de la Langue des signes française, à la construction d'une identité collective pour la participation sociale des sourds,* Thèse de sociologie, EHESS, Paris, 2006 ; S. KERBOURC'H, *Le Mouvement Sourd (1970-2006). De la Langue des signes française à la reconnaissance sociale des sourds,* éd. L'Harmattan, Paris 2012 ; A. VANBRUGGHE, *op. cit.*

[24] P. ENCREVE, *op. cit.*

[25] A. THEVENET, S. HENNION-MOREAU, « Education des jeunes sourds », *RDSS*, 1991, p. 347. v. not. Arrêté du 15 déc. 1976 du Ministère de la Santé, relatif au certificat d'aptitude aux fonctions de professeurs d'enseignement technique aux déficients auditifs.

[26] Loi n°91-73 du 18 janv. 1991 portant dispositions relatives à la santé publique et aux assurances sociales, art. 33, al. 1er : « *Dans l'éducation des jeunes sourds, la liberté de choix entre une communication bilingue – langue des signes et français – et une communication orale est de droit.* » À noter : Circ. n°87-273 et 87-08 du 7 sept. 1987 qui reconnaissait déjà expressément l'existence d'un choix bilingue à côté de la méthode orale.

[27] Auj. article L. 112-2-2 C. éduc. – codifié par la Loi n°2005-102 du 11 févr. 2005 pour l'égalité des droits et des chances, la participation et la citoyenneté des personnes handicapées, art. 19 relatif à l'accessibilité à la scolarité.

reconnue comme « *une langue à part entière* »[28] et, sous-entendue, la langue des signes officielle en France.

Cette reconnaissance, particulièrement tardive pour ses locuteurs, l'est également pour les juristes. Rappelons que dès 1988, le Parlement Européen demandait à tous les États membres de reconnaître une langue des signes officielle[29]. Constatant dix ans plus tard que seuls quatre États membres sur quinze l'avaient fait, le Parlement Européen avait réitéré son invitation[30]. En 2001 et 2003, c'est au tour de l'Assemblée parlementaire du Conseil de l'Europe d'inviter les États à une reconnaissance officielle[31].

Ce retard est d'autant plus étonnant que depuis 1976 la LSF a été réintroduite dans l'enseignement et qu'elle n'entrait pas en concurrence avec une autre langue des signes en France.

Par ailleurs, si la loi de 2005 a reconnu à la LSF le statut de « *langue à part entière* », elle ne l'a toutefois pas consacrée ni retenue comme langue de la République.

B. Une reconnaissance limitée

La reconnaissance n'est pas la consécration, ni dans son régime, ni dans sa symbolique. La qualité de « *langue à part entière* » attribuée à la LSF ne lui a pas octroyé un régime juridique propre, autonome et général. Les droits qui lui sont attachés continuent de devoir être énumérés et sont, en pratique, bien souvent malmenés.

1. La non-consécration

La loi de 2005 n'a pas consacré la LSF[32]. D'abord, ce n'est pas une loi constitutionnelle, mais une loi ordinaire. Elle n'avait pas le pouvoir de lui octroyer une reconnaissance constitutionnelle. Quant à l'article 75-1 de la Constitution, issu de la loi constitutionnelle de 2008[33], il porte exclusivement

---

[28] Loi n°2005-102 du 11 févr. 2005 pour l'égalité des droits et des chances, la participation et la citoyenneté des personnes handicapées, art. 75.

[29] Résolution du Parlement Européen du 17 juin 1988 sur le langage gestuel à l'usage des sourds, *JO C*, 187 du 18 juill. 1988, p. 236.

[30] Résolution du Parlement Européen du 18 nov. 1998 sur le langage gestuel, *JO C*, 379 du 7 déc. 1998, p. 66.

[31] Recommandations de l'Assemblée parlementaire du Conseil de l'Europe :

- n°1598 du 1er avril 2003, Protection des langues des signes dans les États membres du Conseil de l'Europe ;
- n°1492 du 23 janv. 2001, Droits des minorités nationales, §12.XII.

[32] Pour une analyse un peu datée de la situation en Europe, v. not. Rapport de N. TIMMERMANS, *Le statut des langues des signes en Europe*, Conseil de l'Europe, juin 2005.

[33] Loi n°2008-724 du 23 juill. 2008 de modernisation des institutions de la Ve République, art. 40.

sur les langues régionales : « *les langues régionales appartiennent au patrimoine de la France* » ; ce qui exclut la LSF.

Ensuite, ce qui a été reconnu à la LSF c'est la qualité de « *langue* », c'est-à-dire un mode de communication avec une grammaire, une syntaxe et un vocabulaire propre[34]. C'est la seule langue à avoir été juridiquement qualifiée de « *langue à part entière* ».

Enfin, cette reconnaissance n'est pas générale. Le Titre VI de la loi de 2005 impose, au nom de la « *Citoyenneté et participation à la vie sociale* » des personnes handicapées, l'accès à la LSF dans certaines situations énumérées aux articles 74 et suivants. En particulier, l'article 75 crée dans le Code de l'éducation une nouvelle section intitulée « *L'enseignement de la langue des signes* » comprenant un seul article (L. 312-9-1) qui reconnaît à la LSF la qualité de « *langue à part entière* » pour permettre aux élèves de recevoir un enseignement « *de* » la LSF (et non « *en* » LSF) et de la choisir comme épreuve optionnelle, notamment au bac[35].

En somme, la LSF n'a pas été consacrée comme la langue visuo-gestuelle officielle de la République[36]. Aucun régime juridique général ne lui a été directement rattaché. Aucune protection constitutionnelle ne lui a été accordée[37].

2. La reconnaissance énumérée

Pour autant, à force d'énumérations, il appert que la LSF est bien la seule langue visuo-gestuelle reconnue en France[38]. En ce sens, si elle ne dispose pas de l'ensemble des droits accordés au français, elle bénéficie néanmoins d'une couverture distincte de celle des langues régionales ou étrangères. Dans de nombreuses situations où une personne est dans l'impossibilité d'entendre ou d'oraliser le français, l'utilisation de la LSF est garantie. Tel est le cas notamment pour accéder à la justice[39] ou à l'éducation[40], passer des

---

[34] H. MARKOWICZ, *op. cit.*

[35] Deux arrêtés du 10 sept. 2007 du Ministère de l'Education nationale, *JO*, n°0241 du 17 oct. 2007.

[36] Malgré une nouvelle résolution de l'Assemblée parlementaire du Conseil de l'Europe (n°2247 du 23 nov. 2018, Protéger et promouvoir les langues des signes en Europe).

[37] V. not. les réponses apportées à AN, Q n°37265 du 16 mars 2021 et AN Q n°40134 du 13 juill. 2021 : « *la LSF est bien une langue de France à part entière, et à ce titre son inscription dans la Constitution ne serait pas opportune au regard du statut déjà acquis* ».

[38] Site du Ministère de la Culture : https://www.culture.gouv.fr/Thematiques/langue-francaise-et-langues-de-france/Agir-pour-les-langues/Promouvoir-les-langues-de-France ; DGLFLF, Rapport *Les langues de France*, 2e éd., 2016.

[39] Art. 23-1, CPP. Cet article prévoit l'assistance par un interprète en langue des signes si l'une des parties est atteinte de nullité (à noté cet article date d'avant la loi de 2005 puisqu'il a été créé par le Décret n°2004-836 du 20 août 2004 et n'a pas été modifié depuis). Art. 63-1

appels d'urgence santé[41] (le 114 – numéro national d'urgence pour les personnes déficientes auditives[42]) ou le permis de conduire[43]. Des garanties similaires existent également au niveau international[44].

3. L'utopique pleine reconnaissance

En pratique, toutefois, ces garanties sont malmenées, au point qu'une pleine reconnaissance de la LSF en France semble illusoire. Rien qu'en termes d'éducation, la réalité du choix du mode de communication (français ou bilingue LSF-français écrit) est loin de ce que prévoient les textes[45].

D'une part, l'existence d'un choix est discutable compte tenu de la très faible capacité d'accueil des structures proposant le bilinguisme[46]. En 2019, il ne restait que quatre instituts spécialisés dans l'éducation des jeunes sourds offrant une scolarité complète et bilingue[47]. En 2024, seuls trois Pôles d'enseignement des jeunes sourds sur le territoire national proposaient un enseignement bilingue de la maternelle au lycée[48] et limitaient le nombre d'élèves sourds accueillis (à 56 élèves pour le PEJS de Toulouse)[49].

(gardé à vue), 102 (témoin), 121 (mis en examen), 345 (accusé), 408 (prévenu), D. 594-4 et D. 594-5 CPP.

[40] Art. L. 112-2-2, C. éduc. Art. D. 312-99 et D. 312-102, CASF.

[41] Art. D. 98-8-1 s. CPCE.

[42] https://www.info.urgence114.fr/prehome/ (deux version du site existent : en LSF, grâce à des vidéos, et en français écrit).

[43] Art. R. 221-3-1, C. route et arrêté du 20 avril 2012 fixant les conditions d'établissement, de délivrance et de validité du permis de conduire (art. 2 – qui permet de recourir à un interprète en « *langage* » des signes).

[44] Convention de New York, 30 mars 2007, ONU, relative aux droits des personnes handicapées : accessibilité (art. 9), accès à la justice (art. 13 lu avec art. 2), liberté d'expression (art. 21), éducation (art. 24.3.b et 24.4), vie culturelle (art. 30.4).
CEDH, 1950 : procès équitable (art. 6).

[45] Comme cela avait déjà été soulevé : v. not. F. KESSLER, « Le choix de la communication des jeunes sourds : des textes réglementaires indispensables et… suffisants ? », *RDSS*, 1993, p. 180 ; F. KESSLER, « Le choix du mode de communication des jeunes sourds à l'école : précisions », *RDSS*, 1993, p. 539 ; P-F. GACHET, « La scolarisation des jeunes sourds. Où en est-on cinq ans après la loi du 11 févr. 2005 », *La nouvelle revue de l'adaptation et de la scolarisation* 2010, vol. 49, pp. 95-99 ; A. VANBRUGGHE, *op. cit.*

[46] Circ. n°93-201 du 25 mars 1993 : « *En ce qui concerne la communication bilingue, ce choix sera, dans un premier temps, conditionné par la possibilité d'organisation des structures d'accueil et d'enseignement prévoyant des équipes pédagogiques bilingues à la compétence reconnue* ».

[47] Rapport commun IGAS n°2017-069R, IGEN et IGAENR n°2018-048, mai 2018, *Scénarios d'évolution des instituts nationaux des jeunes sourds et des jeunes aveugles*.

[48] A. HENRY, « *École en langue des signes pour enfants sourds : la rentrée s'annonce compliquée faute de places* », France 3 TV Info Occitanie, 24 juin 2024.

[49] M. PHILIPS, *« « Ils s'assoient sur le droit de scolarité des enfants sourds » : des parents se battent pour l'apprentissage en langue des signes »*, France 3 TV Info Occitanie, 15 mai 2024.

D'autre part, depuis 2005, quel que soit le mode de communication choisi, la scolarisation des élèves sourds doit pouvoir se faire en classes ordinaires. Or ce n'est matériellement pas possible[50] : il faudrait un interprète LSF par classe, qui ne peut traduire que pendant 45 minutes avant de devoir être relayé, une coordination avec l'enseignant sur le cours (l'interprète n'étant pas spécialiste de la matière enseignée), un niveau de LSF suffisant de l'élève pour que le recours à l'interprète soit efficace (or en milieu ordinaire, avec qui l'élève sourd pratiquera-t-il la LSF ?), repenser l'ensemble des examens, *etc.* Cette situation est dramatique : chaque obstacle dans la scolarité des élèves sourds est un frein à leur accès à l'enseignement supérieur (qui n'est pas mieux loti en termes de LSF)[51] et à un métier qualifié[52], par manque de compétences[53].

Loin d'être consacrée, la LSF n'est en réalité reconnue et protégée qu'au titre de ses locuteurs « naturels » afin de limiter leur exclusion de la vie en société.

II. Le français des autres

La langue de la République est le français[54], tant dans sa forme écrite qu'orale. Or cette dernière forme est inaccessible aux personnes dans l'impossibilité de vocaliser. Elles se retrouvent *de facto* amputées de leurs droits dès que le français oral est utilisé ou imposé.

La LSF est alors nécessaire pour leur permettre tant d'accéder et d'exercer leurs droits (A) que d'éviter leur exclusion de la collectivité (B). Ainsi, le statut particulier de la LSF n'est pas autonome, mais subordonné à ses locuteurs[55].

---

[50] P. MADER, « Quels aménagements aux examens pour les élèves sourds ? », *La nouvelle revue de l'adaptation et de la scolarisation* 2010, n°49, pp. 131-138 ; P. DALLE, *op. cit.*

[51] Le Parisien, 16 oct. 2024, « *A l'issue d'un « marathon de quatre ans », elle soutient et décroche sa thèse en langue des signes »*.

[52] Le Nouvel Obs, 7 mars 2024, « *Me Duchemin : une avocate sourde mais pas sans voix, grâce à l'intelligence artificielle »*.

Pour une analyse sur les difficultés pratiques en milieu professionnel, v. not. : S. DALLE-NAZEBI et S. KERBOURC'H, « Du mouvement Sourd aux bureaux de travail », *La nouvelle revue de l'adaptation et de la scolarisation* 2013, n°64, pp. 53-64 ; S. DALLE-NAZEBI et S. KERBOURC'H, « L'invisibilité du « travail en plus » de salariés sourds », *Terrains et travaux* 2013/2, n°23, pp. 159-177.

[53] V. not. AN, Q n°2125 du 11 oct. 2022, « *Education des jeunes sourds, langue des signes et implants cochléaires »*.

[54] Art. 2 de la Constitution de 1958.

[55] À une question sur la constitutionnalisation de la LSF est répondu que sa protection est garantie au titre du handicap du locuteur sourd : v. not. Sénat, Q n°20504 du 4 févr. 2021 ; AN Q n°35996 du 2 févr. 2021.

A. L'accès indirect à la citoyenneté

Empêcher les personnes dans l'impossibilité de vocaliser de recourir à la LSF a pour effet immédiat de les amputer d'une partie de leur citoyenneté. Ainsi en était-il par exemple des dispositions de l'article 972 du Code civil relatives au testament authentique. Selon la rédaction originelle, héritée d'une loi de 1803, le testament authentique imposait une double formalité de dictée et de lecture devant et par notaire(s), privant *de facto* les personnes sourdes-muettes de la possibilité de tester par acte public[56]. Depuis 2015[57], la nouvelle version de l'article permet le recours à un interprète lorsque le testateur ne peut s'exprimer en français.

Ainsi, la LSF est un outil d'accession non pas seulement à certains services publics – comme cela est reconnu à d'autres personnes ne maîtrisant pas le français[58] – mais bien à ce qui devrait être une pleine citoyenneté. Pour autant, la LSF n'offre qu'un accès indirect, reposant sur un interprète. Pour des raisons pratiques, l'accès à la LSF est souvent complété[59] voire remplacé par d'autres outils.

1. Un outil d'accession à la citoyenneté

Les dispositions juridiques mentionnant la LSF ne s'y intéressent pas en tant que langue. Ce ne sont pas des droits linguistiques à proprement parler. La quasi-totalité de ces dispositions s'intéresse aux locuteurs atteints de surdité. Celle-ci est en effet considérée comme un handicap au sens où elle vient limiter les activités ou restreindre la participation à la vie en société des personnes concernées[60]. L'accès à la LSF pour celles-ci devient un outil d'équité. C'est un droit en plus qui leur est accordé pour bénéficier – à terme – des mêmes droits.

Ainsi, c'est au titre du handicap que constitue la surdité que la loi de 2005 garantit l'accès à la LSF dans l'éducation, dans les médias télévisuels[61], pour le permis de conduire, dans les relations avec les services publics[62]. De même, l'accès à la LSF devant les juridictions n'est garanti

---

[56] N. LAURENT-BONNE, « Le testament du sourd-muet. Perspectives historico-comparatives », *RDT Civ.* 2013, p. 797.

[57] Loi n°2015-177 du 16 févr. 2015, art. 3.

[58] V. *infra* L. GALINON, « La langue française, l'administration et les ressortissants étrangers : des exigences à géométrie variable ».

[59] P. MADER, *op. cit.*

[60] Art. L. 114, CASF (créé par la fameuse loi n°2005-102 du 11 févr. 2005 pour l'égalité des droits et des chances, la participation et la citoyenneté des personnes handicapées).

[61] Sur la lente arrivée de la LSF pour traduire les débats politiques v. not. M. MUGNIER, « Le vote des personnes handicapées. Un long combat pour la dignité », *AJDA*, 2024, p. 1481.

[62] Loi n°2005-102 du 11 févr. 2005 pour l'égalité des droits et des chances, la participation et la citoyenneté des personnes handicapées ; respectivement art. 75, 74, 77 et 78.

qu'au titre de la surdité de la personne concernée par la procédure[63], ou de ses troubles de la parole ou de l'audition[64]. Pour les personnes non parties au procès, l'accès est moins certain[65]. Le bénéfice des centres relais et téléphone universel, permettant d'accéder à un interprète en LSF, n'est garanti qu'aux utilisateurs sourds ou malentendants, au titre de leur handicap[66].

2. *Un outil d'accession indirect à la citoyenneté*

Si la loi permet au locuteur sourd l'exercice de sa citoyenneté en LSF, elle ne garantit pas que son interlocuteur la comprenne. Ainsi, les enseignants d'élèves sourds n'ont pas à maîtriser la LSF, ni les juges ou agents administratifs. Ce qui est garanti c'est l'accès sans frais à un interprète qualifié qui pourra servir d'interface[67]. Ce faisant, le locuteur sourd, libre et autonome dans l'exercice de sa citoyenneté, ne l'est qu'indirectement.

Or, en pratique, l'accès à un interprète en LSF n'est pas si simple. Le nombre d'interprètes qualifiés sur le territoire par rapport aux besoins est extrêmement faible, leurs disponibilités limitées et leurs compétences variables (maîtriser la LSF ne signifie pas que l'interprète maîtrise le vocabulaire juridique par exemple). Ainsi, les hôpitaux publics tentent de mettre en place des binômes interprète-intermédiateur[68]. Ce dernier, généralement sourd, a pour rôle de communiquer directement avec le patient

---

[63] Art. 63-1 (gardé à vue), 102 (témoin), 121 (mis en examen), 345 (accusé), 408 (prévenu), CPP.

[64] Art. D. 594-5, CPP.

[65] S. DEBARRE, « L'examen médical en garde à vue : une obligation pour les mineurs de 13 à 16 ans », *AJ* Pénal, 2024, p. 158, note sous TJ, Paris, JE, 20 juill. 2023, n°22041000544 : Mère sourde et muette d'un mineur entendant de 15 ans déféré devant le juge des enfants, aucun interprète pour la mère, pas de nullité relative au défaut d'interprète car la personne concernée par la procédure est le mineur lui-même.
v. *contra* CE, 1ère et 4e Ch. Réunies, 15 mars 2019, n°414751 : en application de l'article 76 de la loi 2005-102 « *[...] les juridictions sont tenues de fournir aux personnes présentes à l'instance qui en font la demande en temps utile l'assistance qu'impose leur surdité. La méconnaissance de cette obligation entache en principe d'irrégularité la décision juridictionnelle* ».

[66] Art. L. 33-1.I.p, CPCE ; art. L. 112-8, C. conso. ; Ordonnance n°2023-857 du 6 sept. 2023 relative à l'accessibilité des personnes sourdes, malentendantes, sourdaveugles et aphasique aux services téléphoniques.

[67] Pour une étude sur le recours à l'interprète en LSF devant les juridictions v. not. V. GUSET, « Le justiciable sourd : un justiciable comme les autres ? », *RDP*, 2020, p. 619.

[68] Aussi appelé « sourd-relais » ou « sourd-intermédiaire », dans le domaine judiciaire : V. GUSET, *op. cit.*

puis de traduire en LSF avec un niveau de vocabulaire médical adapté à l'interprète qui vocalisera en français au médecin[69].

Cette chaîne longue et compliquée explique pourquoi les textes permettent de recourir à des interprètes non-qualifiés[70], voire à d'autres outils de communication.

3. Un outil parmi d'autres

La LSF, en tant qu'outil d'accès à la citoyenneté, peut être écartée à la demande de l'intéressé[71], au profit d'outils plus adaptés à ses besoins (par ex. : la langue française parlée complétée[72] si la personne concernée maîtrise davantage le français que la LSF) ou plus directs, c'est-à-dire sans le recours à un tiers. Ainsi, les textes prévoyant le recours à un interprète en LSF prévoient également le recours à d'autres outils : tout autre dispositif de communication adapté au choix du locuteur[73], toute méthode ou dispositif technique permettant de communiquer[74], par écrit[75], par un service de traduction simultanée écrite et visuelle[76], par le service téléphonique universel[77], *etc.*

Si le dictaphone existe de longue date, les outils de saisie vocale et de lecteur de texte, à destination spécifique des sourds, créés par des entreprises privées sont beaucoup plus récents[78] et viennent pallier les lacunes étatiques. Permettre le recours à tout autre outil sans qu'aucun n'existe ou ne soit fourni par l'État interroge sur sa responsabilité. En sus, en l'état actuel de la technologie, ces outils fonctionnent, à notre connaissance et sauf à ce qu'ils renvoient à un interprète à distance, uniquement sur la base du français écrit et oral, dont la maîtrise est très variable en fonction des locuteurs sourds.

---

[69] V. brochure d'information de l'Unité d'informations et de soins des sourds de l'AP-HP, oct. 2020.

[70] V. not. art. 23-1 al. 2, CPC.

[71] CE, 15 mars 2019, n°414751 : Le TA ne peut pas imposer au justiciable sourd de venir accompagné d'une personne capable d'assurer la traduction, alors que le justiciable avait, en tant utile, demandé à être assisté par un interprète en LSF.

[72] Ensemble de gestes de la main près de la bouche pour faciliter la lecture labiale. V. not. Art. D. 98-8-3, CPCE.

[73] Ex. : Arrêté du 20 avril 2012 fixant les conditions d'établissement, de délivrance et de validité du permis de conduire (art. 2).

[74] Art. 63-1 (gardé à vue), 102 (témoin), 121 (mis en examen), 345 (accusé), 408 (prévenu), D. 594-5, CPP.

[75] Art. 102, 121, 345, 408, CPP.

[76] Art. L. 112-8, C. conso. ; D. 98-8-3, CPCE.

[77] Art. L. 112-8, C. conso.

[78] Par ex. l'application AVA date de 2017 – https://fr.ava.me/ - *Le Monde*, 26 juin 2017, « *Thibault Duchemin, son combat contre le silence* » ; ou ACCEO https://www.acceo-tadeo.fr/pages/grand-public/acceo.html.

Lorsqu'elle n'est pas cloisonnée à son rôle utilitaire, la LSF est un vecteur de communication et de partage. Elle est l'élément visible de la Culture Sourde, qui, à défaut de bénéficier d'une protection directe, bénéficie de la protection accordée à ses locuteurs.

B. L'accès protégé à la collectivité

La LSF étant une langue acquise, et non transmise, elle est rarement la langue utilisée en privé ou en famille[79]. En ce sens, la LSF doit être protégée car elle permet aux sourds de disposer d'une méthode de communication avec l'extérieur[80]. Elle leur garantit l'accès à une collectivité qui ne soit pas strictement limitée au cercle privé ou familial[81].

À ce titre et parce que ses locuteurs « naturels » constituent une minorité considérée comme vulnérable du fait de leur surdité des protections additionnelles non-spécifiques à la LSF elle-même lui sont applicables. Tel est le cas classiquement de la protection au titre de la liberté d'expression et de la non-discrimination.

Cet ensemble de protections a un double but : permettre l'accès à une plus large communauté et prévenir l'exclusion sociale.

1. La liberté d'expression

La liberté d'expression est une liberté fondamentale en France, protégée tant par des textes internes[82], qu'internationaux[83]. Elle garantit à toute personne la possibilité de faire connaître aux autres ses pensées et opinions, de communiquer librement. Or, pour pouvoir exprimer librement une idée, il faut d'abord pouvoir s'exprimer librement, c'est-à-dire pouvoir choisir sa langue ou son mode d'expression[84]. Ainsi, la liberté d'expression suppose le respect de la diversité linguistique[85]. Cette protection est d'autant plus importante que la liberté d'expression « *est une des garanties essentielles du respect des autres droits et libertés* »[86]. Dès lors, la LSF est protégée parce

[79] A. VANBRUGGHE, *op. cit.*

[80] V. not. : International Visual Theater (https://ivt.fr/), chansigne (v. doc. FR TV 2024, *Chansigneuse, la musique au bout des doigts*), commentaires sportifs (not. F. EVEN, « JO 2024. Un quart de finale de football féminin France-Brésil commenté en langue des signes et en direct pour les sourds et malentendants », FanceInfo 3, Pays de la Loire, 03 août 2024), *etc.*

[81] B. GARCIA, F. ENCREVE, « La langue des signes française », *op. cit.*, p. 619.

[82] Art. 11, DDHC, 1789.

[83] Art. 19, DUDH, 1948; art. 10, CEDH, 1950 ; art. 11, Charte des droits fondamentaux de l'Union européenne, 2000.

[84] CC, 29 juill. 1994, n°94-345 DC : « *cette liberté implique le droit pour chacun de choisir les termes jugés par lui les mieux appropriés à l'expression de sa pensée* », sans qu'ils aient à être en français.

[85] V. not. art. 22, Charte des droits fondamentaux de l'Union européenne.

[86] CC, 29 juill. 1994, n°94-345 DC.

qu'elle constitue le mode d'expression de la Communauté Sourde. En d'autres termes, hors leurs rapports spécifiques avec l'administration publique, des personnes doivent pouvoir librement et sans entrave communiquer en LSF.

2. La glottophobie

Cette faculté n'est pas exempte de rejets, aux formes plus ou moins graves, communément appelés « glottophobie »[87]. Forgée par le sociolinguiste Ph. Blanchet, cette expression, sans être définie juridiquement, recouvre un ensemble de manifestations hostiles (mépris, haine, agressions, l'exclusion, *etc.*) au regard soit de l'utilisation d'une langue parlée autre que la langue attendue, soit d'une utilisation jugée inférieure ou incorrecte de celle-ci (du fait d'un accent par exemple). L'utilisation de la LSF tombe dans la première situation. Si le préjudice subi du fait du comportement hostile à l'égard de la LSF peut dans certains cas donner lieu à réparation, ce comportement ne caractérisait pas nécessairement une discrimination sujette à sanction.

3. La non-discrimination

La discrimination est le fait de traiter différemment une personne sur la base d'un critère défini. Pour qu'un comportement puisse être qualifié de discriminatoire, il faut que le critère de distinction soit expressément interdit. Tel est le cas de la langue, depuis des années, dans de nombreux textes internationaux : Déclaration Universelle des Droits de l'Homme de 1948 (art. 2, al. 1er), Convention Européenne de sauvegarde des Droits de l'Homme de 1950 (art. 14), Pacte International des Droits Economiques, Sociaux et Culturels de 1966 (art. 2 al. 2), Pacte International des Droits Civils et Politiques de 1966 (art. 4, 24 al. 1er, 25 et 26), Convention relative aux Droits de l'Enfant de 1989 (art. 2 al. 1er, 29 al. 1er, 30 et 40 al. 2.b.vi) et Charte des Droits Fondamentaux de l'Union européenne de 2000 (art. 21 al. 1er).

Pour autant, il faut attendre 2016 pour que les textes internes reconnaissent et sanctionnent les discriminations, non pas fondées sur la langue[88], mais uniquement sur la « *capacité à s'exprimer dans une langue*

---

[87] Terme forgé par le sociolinguiste Ph. Blanchet. V. not. Ph. BLANCHET, *Discrimination : combattre la glottophobie*, éd. Lambert-Lucas, 2019.
[88] À l'exception manifeste du Code du sport (art. L. 100-1 al. 5) depuis la loi n°2022-296 du 2 mars 2022 visant à démocratiser le sport en France, art. 7 : « *La loi favorise un égal accès aux activités physiques et sportives, sans discrimination fondée sur [...] la langue* ».

autre que le français »[89]. Pareilles discriminations sont interdites, en particulier dans le milieu professionnel à peine de nullité[90], et de manière générale à peine de sanction pénale[91]. L'infraction pénale est constituée que la discrimination soit opérée contre une personne physique s'exprimant dans une autre langue que le français, ou contre une personne morale dont tout ou partie de ses membres ont la capacité de s'exprimer dans une langue autre que le français.

Ainsi, en l'état actuel du droit, sont protégés contre toute forme de discrimination les locuteurs de la LSF, qu'ils soient sourds ou non, qu'ils puissent ou non s'exprimer en français sous quelle que forme que ce soit. Sont également protégés les groupements et associations ayant pour membres des locuteurs de la LSF, *a fortiori* les associations de défenses de la LSF et de ses locuteurs. Sans être spécifique à la LSF, cette protection est directe.

Par ailleurs, la LSF est protégée de manière indirecte lorsqu'elle est le mode d'expression d'un locuteur sourd, considéré comme handicapé. La LSF bénéficiera alors de protections additionnelles, notamment au titre des discriminations fondées sur le handicap. Ainsi, si des associations ne peuvent agir au pénal pour la défense de la LSF – à la différence des associations de défense de la langue française[92] – elles le peuvent au titre du handicap de ses locuteurs[93]. Parfois désignée comme « langue du handicap », la LSF ne saurait s'y cantonner, au risque de disparaître[94], comme la surdité, avec les progrès technologiques et médicaux.

---

[89] Art. 86, Loi n°2016-1547 du 18 nov. 2016 de modernisation de la justice du XXIe siècle. Pour une critique de cette formulation, v. not. L. GAMET, « Glottophobie et droit du travail », *Droit social* 2019, p. 580.

[90] Art. L. 1132-1, L. 1132-4, C. trav.

[91] Art. 225-1 et 225-2, CP (3 ans et 45.000 euros d'amende).

[92] Art. 2-14, CPP.

[93] Art. 2-8, CPP.

[94] A. VANBRUGGHE, *op. cit.*

La langue française, l'administration et les ressortissants étrangers : des exigences à géométrie variable

Laure GALINON
Avocate au barreau de Toulouse

Depuis l'édiction de l'Ordonnance dite de « Villers-Côterrêts » du 15 août 1539, l'usage de la langue française est obligatoire pour tous les actes judiciaires.

Dans le contentieux des étrangers, cela implique que lorsqu'un ressortissant étranger s'adresse à une administration, il doit le faire en langue française et communiquer des pièces traduites en français.

C'est en ce sens que les dispositions de l'article L.141-1 du Code de l'entrée et du séjour des étrangers et du droit d'asile prévoient : « *Sous réserve des dispositions du présent code, l'usage de la langue française est prescrit dans les échanges entre le public et l'administration, conformément à la loi n° 94-655 du 4 août 1994 relative à l'emploi de la langue française* ».

Il n'en demeure pas moins qu'en contentieux des étrangers, les langues étrangères occupent et doivent occuper une place importante dans les actes administratifs et les actes judiciaires aux fins de préservations des droits des ressortissants étrangers (I). Cette place est à mettre en parallèle avec celle qu'occupe la langue française dont la maîtrise est devenue une condition pour se voir reconnaître des droits en France (II).

I. La place des langues étrangères en droit des étrangers : des principes et des réalités

Le droit international est venu consacrer que dans certaines circonstances, la langue française n'est pas la seule langue qui doit intervenir (A). En effet, dans certaines hypothèses, les ressortissants étrangers ont droit à ce que certaines informations – contenues dans des actes nécessairement établis en langue française – leur soient communiquées dans une langue qu'ils comprennent (B).

A. Des principes issus du droit international

La Convention européenne des droits de l'homme prévoit, aux termes de son article 6 que : « *Tout accusé a droit notamment à : a) être informé, dans le plus court délai, dans une langue qu'il comprend et de manière détaillée, de la nature et de la cause de l'accusation portée contre lui* » et « *e) se faire assister gratuitement d'un interprète, s'il ne comprend pas ou ne parle pas la langue employée à l'audience* ».

Les dispositions de l'article 13 de la même convention complètent cet article en protégeant le droit au recours effectif dans les termes suivants : *« Toute personne dont les droits et libertés reconnus dans la présente Convention ont été violés, a droit à l'octroi d'un recours effectif devant une instance nationale, alors même que la violation aurait été commise par des personnes agissant dans l'exercice de leurs fonctions officielles ».*

Le Pacte international relatif aux droits civils et politiques et plus précisément son article 14 impose que : *« Toute personne accusée d'une infraction pénale a droit, en pleine égalité, au moins aux garanties suivantes [...] À se faire assister gratuitement d'un interprète si elle ne comprend pas ou ne parle pas la langue employée à l'audience ».*

Se transposant au contentieux des étrangers, ces garanties s'appliquent dans toutes les procédures judiciaires ou administratives au ressortissant étranger qui ne comprend pas ou ne parle pas suffisamment la langue française.

Concrètement, cela peut se traduire par le droit de bénéficier de la traduction de certains actes administratifs ou actes de procédure et, parfois, par le droit à l'assistance d'un interprète.

B. Les réalités du droit national

En dépit des principes sus-évoqués, le droit à la communication des informations dans une langue comprise se limite à seulement certaines procédures dans le contentieux des étrangers.

Il s'agit essentiellement des procédures d'asile, des procédures de refus d'entrée sur le territoire, des procédures d'éloignement et des mesures de contrainte en vue de l'exécution des mesures d'éloignement (retenue administrative, garde à vue, rétention).

C'est ainsi que les dispositions de l'article L. 141-2 du Code de l'entrée et du séjour des étrangers et du droit d'asile prévoient : « *Lorsqu'un étranger fait l'objet d'une décision de refus d'entrée en France, de placement en rétention ou en zone d'attente, de retenue pour vérification du droit de circulation ou de séjour ou de transfert vers l'État responsable de l'examen de sa demande d'asile et qu'il ne parle pas le français, il indique au début de la procédure une langue qu'il comprend. Il indique également s'il sait lire. Ces informations sont mentionnées sur la décision de refus d'entrée, de placement ou de transfert ou dans le procès-verbal prévu au premier alinéa de l'article L. 813-13. Ces mentions font foi sauf preuve contraire. La langue que l'étranger a déclaré comprendre est utilisée jusqu'à la fin de la procédure. Si l'étranger refuse d'indiquer une langue qu'il comprend, la langue utilisée est le français* ».

Celles de l'article L. 613-4 du même Code prévoient que : « *L'étranger auquel est notifiée une décision portant obligation de quitter le territoire français est également informé qu'il peut recevoir communication des principaux éléments, traduits dans une langue qu'il comprend ou dont il est raisonnable de supposer qu'il la comprend, des décisions qui lui sont notifiées en application des chapitres I et II.* ».

Enfin, celles de l'article L. 744-4 disposent que : « *L'étranger placé en rétention est informé dans les meilleurs délais qu'il bénéficie, dans le lieu de rétention, du droit de demander l'assistance d'un interprète, d'un conseil et d'un médecin, et qu'il peut communiquer avec son consulat et toute personne de son choix. Ces informations lui sont communiquées dans une langue qu'il comprend. En cas de placement simultané en rétention d'un nombre important d'étrangers, la notification des droits mentionnés au premier alinéa s'effectue dans les meilleurs délais. Les modalités selon lesquelles s'exerce l'assistance de ces intervenants sont précisées, en tant que de besoin, par décret en Conseil d'État* ».

En dehors de ces procédures, aucune disposition n'impose un droit à obtenir la communication des informations dans la langue comprise par l'étranger.

Aussi, quand un ressortissant étranger sollicite la délivrance d'un visa auprès d'un consulat ou encore d'un titre de séjour auprès de la préfecture, aucune disposition du Code de l'entrée et du séjour des étrangers et du droit d'asile n'impose à l'autorité administrative de communiquer les informations, qu'elles aient trait à la demande ou à la réponse qui est faite à cette demande, dans une langue comprise par le demandeur.

Au demeurant et même dans l'hypothèse où le Code de l'entrée et du séjour des étrangers protège le droit à obtenir la communication des informations dans la langue comprise par le ressortissant étranger, le non-respect de cette garantie n'emporte aucune conséquence sur la légalité de l'acte administratif. Tout au plus, et même pour un acte administratif qui doit être motivé en vertu des dispositions du Code des relations entre le public et l'administration, l'absence de traduction est seulement de nature à rendre inopposable le délai de recours.

- Sur le droit à l'assistance d'un interprète

Le droit à l'assistance d'un interprète est prévu par les dispositions de l'article L. 141-3 du Code de l'entrée et du séjour des étrangers et du droit d'asile : « *Lorsque les dispositions du présent code prévoient qu'une information ou qu'une décision doit être communiquée à un étranger dans une langue qu'il comprend, cette information peut se faire soit au moyen de formulaires écrits dans cette langue, soit par l'intermédiaire d'un interprète. L'assistance de l'interprète est obligatoire si l'étranger ne parle pas le français et qu'il ne sait pas lire. En cas de nécessité, l'assistance de l'interprète peut se faire par l'intermédiaire de moyens de télécommunication. Dans une telle hypothèse, il ne peut être fait appel qu'à un interprète inscrit sur une liste établie par le procureur de la République ou à un organisme d'interprétariat et de traduction agréé par l'administration. Le nom et les coordonnées de l'interprète ainsi que le jour et la langue utilisée sont indiqués par écrit à l'étranger ».*

La rédaction des dispositions de l'article L. 141-3 du Code de l'entrée et du séjour des étrangers et du droit d'asile présente une certaine ambiguïté dans la mesure où l'obligation du recours à un interprète semble limitée à l'hypothèse dans laquelle l'étranger, non seulement ne parle pas français, mais en outre ne sait pas lire.

En tout état de cause et même dans les hypothèses où l'assistance d'un interprète est requise, le Code de l'entrée et du séjour des étrangers et du droit d'asile autorise donc le recours à l'interprétariat par l'intermédiaire de moyens de télécommunication.

Deux conditions sont alors requises : l'interprète doit, soit être inscrit sur la liste établie par le procureur de la République, soit appartenir à un organisme d'interprétariat agréé par l'administration. Enfin, le recours à un moyen de télécommunication n'est possible qu'en cas de nécessité (autrement dit, l'impossibilité de l'interprète de se déplacer).

Reste que malgré ce cadre légal, la circonstance qu'un interprète officie par téléphone sans justifier de la condition d'inscription sur la liste ne porte pas, par elle-même, une atteinte aux droits lorsqu'il s'agit d'apprécier la portée d'une irrégularité dans le cadre d'une procédure de placement en rétention[1] et ne prive pas non plus l'étranger d'une garantie de nature à entacher d'illégalité une décision administrative[2].

---

[1] 1ère civ., 20 nov. 2019, n°18-24.930 : « *Mais attendu qu'ayant, par motifs adoptés, relevé la nécessité, peu commune, de recourir à un interprète en langue vietnamienne et constaté que celui-ci, recherché dès 8 heures 15 et requis à 9 heures 30, s'était présenté à 11 heures 30, permettant une notification des droits à 11 heures 45, le premier président a fait ressortir les circonstances insurmontables résultant de la rareté des experts pratiquant la langue requise et en a exactement déduit que les services de police avaient mis en œuvre les diligences nécessaires pour parvenir à une notification des droits dans les meilleurs délais, de sorte que la procédure était régulière ;*
Et attendu que l'ordonnance retient, par motifs adoptés, qu'il est établi que le document d'information sur le fichier Eurodac a été effectivement traduit à l'étranger placé en rétention et que celui-ci en a correctement compris la traduction ; qu'ayant souverainement apprécié l'absence d'atteinte aux droits résultant de ce que l'interprète, qui a effectué sa mission par voie téléphonique, n'était pas inscrit sur l'une des listes mentionnées à l'article L. 111-9 du

Concernant la présence des interprètes devant les juridictions, lorsque le juge judiciaire constate que le ressortissant étranger a indiqué au début de la procédure administrative ne pas comprendre la langue française ou que le juge constate que le ressortissant étranger ne comprend pas le français, il doit accomplir toute diligence pour permettre à l'étranger d'être assisté d'un interprète lors des audiences de prolongation des mesures privatives de liberté (maintien en rétention administrative ou en zone d'attente) .

Il en va différemment devant le juge administratif.

En raison du caractère écrit de la procédure administrative contentieuse, lorsque l'étranger n'est ni assigné à résidence, ni retenu, ni détenu, la procédure relève de la formation collégiale spéciale et il s'agit là d'une procédure essentiellement écrite où l'assistance d'un interprète n'est pas prévue par la loi.

Ainsi, l'assistance d'un interprète est prévue uniquement dans le cadre des procédures relevant du juge unique, conformément aux dispositions de l'article L. 922-2 du Code de l'entrée et du séjour des étrangers et du droit d'asile qui prévoient que : « *Le recours est jugé par le président du tribunal administratif ou le magistrat qu'il désigne à cette fin parmi les membres du tribunal ou parmi les magistrats honoraires inscrits sur la liste mentionnée à l'article L. 222-2-1 du Code de justice administrative. L'étranger peut demander au président du tribunal administratif ou au magistrat désigné le concours d'un interprète et la communication du dossier contenant les pièces sur la base desquelles la décision contestée a été prise. L'audience est publique. Elle se déroule sans conclusions du rapporteur public, en présence de l'intéressé, sauf si celui-ci, dûment convoqué, ne se présente pas. L'étranger est assisté de son conseil s'il en a un. Il peut demander au président du tribunal administratif ou au magistrat désigné qu'il lui en soit désigné un d'office* ».

Reste que même dans ces hypothèses, l'assistance d'un interprète est exclue pour la rédaction des recours alors que l'on rappellera que les requêtes devant les juridictions administratives doivent être rédigées en langue française à peine d'irrecevabilité[3] et que, statuant sur la légalité du

---

code de l'entrée et du séjour des étrangers et du droit d'asile, le premier président a pu en déduire que les conditions de l'article L. 552-13 du même code n'étaient pas réunies ».

[2] CAA Bordeaux, 1e ch., 21 nov. 2019, n°19BX01974 : « *Si Mme F... se prévaut de ce que les services de l'interprète ont été fournis par téléphone sans que le préfet n'en justifie la nécessité conformément aux dispositions précitées de l'article L. 111-8 du code de l'entrée et du séjour des étrangers et du droit d'asile, il ne ressort pas des pièces du dossier que les modalités techniques du déroulement de l'entretien l'auraient privée d'une garantie. Dès lors, le moyen tiré de l'irrégularité de la procédure suivie doit être écarté* ».

[3] CE, 27 janv. 1992, n°12744.

décret n°2011-819 du 8 juillet 2011, le Conseil d'État a jugé que le délai de quarante-huit heures imposé pour introduire un recours contre une obligation de quitter le territoire français sans délai, sans placement en rétention administrative ni assignation à résidence était suffisant pour permettre à un étranger ne parlant pas le français de se faire assister lors de la procédure par une personne de son choix maîtrisant suffisamment la langue française[4].

En outre, pour les autres procédures orales telles que les référés, ni le Code de l'entrée et du séjour des étrangers et du droit d'asile, ni le Code de justice administrative ne prévoient un droit à l'assistance d'un interprète.

Concrètement, cela signifie qu'un demandeur d'asile dont les droits ne seraient pas respectés peut bien sûr saisir le juge des référés libertés – par une requête rédigée en français – assister à l'audience mais sans interprète, faisant ainsi obstacle à ce qu'il réponde aux questions du juge et ce qu'il comprenne les débats…

En parallèle de la place réservée aux langues étrangères dans le contentieux des étrangers, la langue française, elle, occupe une place croissante et est devenue une condition d'obtention des droits (droit au séjour, droit à la nationalité).

II. La place de la langue française dans le droit au séjour des étrangers : une exigence accrue

Depuis de nombreuses années, la maîtrise de la langue française fait l'objet de législations toujours plus exigeantes (A), quitte à fragiliser les droits acquis et à créer des discriminations pour les ressortissants étrangers (B).

A. Un niveau de maîtrise croissant

À travers de nombreux textes législatifs, la langue française est devenue une condition d'obtention des droits pour de plus en plus de ressortissants étrangers.

Depuis la loi n°2003-1119 du 26 novembre 2003 relative à la maîtrise de l'immigration, au séjour des étrangers en France et à la nationalité, l'obtention de la carte de résident est conditionnée à l'intégration de l'étranger dans la société et dans la République.

Deux années plus tard, la loi n°2005-32 du 18 janvier 2005 de programmation pour la cohésion sociale a créé le contrat d'accueil et d'intégration, devenu depuis le contrat d'intégration républicaine, et a matérialisé ces nouvelles exigences.

---

[4] CE, 22 juin 2012, n°352388.

Aujourd'hui, la majorité des titres de séjour d'une durée supérieure à une année sont concernés par ce contrat conclu entre l'étranger et l'administration : que ce soit la carte de résident ou le titre de séjour pluriannuel.

À travers la loi n°2016-274 du 7 mars 2016 relative au droit des étrangers en France, le législateur avait prévu que la délivrance d'une carte de résident nécessitait une connaissance de la langue française au moins égale à un niveau défini par décret en Conseil d'État, les étrangers âgés de plus de soixante-cinq ans n'étant pas soumis à cette condition, à savoir un niveau de connaissance du français au moins équivalent au niveau A2 du cadre européen commun de référence pour les langues du Conseil de l'Europe.

Désormais, en application de la loi n°2024-42 du 26 janvier 2024 pour contrôler l'immigration, améliorer l'intégration, la condition d'intégration républicaine de l'étranger dans la société française requise pour la première délivrance de la carte de résident sera appréciée, en particulier au regard du résultat obtenu à un examen civique qui devra être supérieur à un seuil fixé par décret mais également au regard de la connaissance de la langue française de l'étranger, dont le niveau, désormais fixé par la loi, devra être « *de nature à lui permettre au moins de comprendre des conversations suffisamment claires, de produire un discours simple et cohérent sur des sujets courants et d'exposer succinctement une idée* », ce qui correspond au niveau B1 du cadre européen commun de référence pour les langues[5].

La même logique vise les titres de séjour pluriannuel et la naturalisation.

Plus précisément, la délivrance d'un titre de séjour pluriannuel est aujourd'hui soumise à la justification par l'étranger de son assiduité aux formations prévues dans le cadre du contrat d'intégration républicaine, notamment aux formations en langue française qui peuvent lui être prescrites en début de parcours si à l'issue d'un test de connaissances il n'atteint pas le niveau A1 (« *niveau d'utilisateur élémentaire, introductif ou de découverte* » selon le cadre européen de référence pour les langues).

Il faut savoir que près d'un quart des étrangers qui suivent cette formation n'atteint pas ce niveau A1 à l'issue du parcours d'intégration républicaine mais est éligible à une carte de séjour pluriannuelle.

Désormais, avec la loi n°2024-42 du 26 janvier 2024, le législateur prévoit une obligation de résultat.

Autrement dit, le titre de séjour pluriannuel est délivré aux ressortissants étrangers qui justifient d'un niveau devant lui permettre « *de comprendre des*

---

[5] Art. L. 413-7, CESEDA.

expressions fréquemment utilisées dans le langage courant, de communiquer lors de tâches habituelles et d'évoquer des sujets qui correspondent à des besoins immédiats », à savoir le niveau A2 du cadre européen commun de référence pour les langues du Conseil de l'Europe[6].

Suivant cette même logique, le niveau requis pour la naturalisation française est désormais élevé à la réussite à un examen civique et à un examen de niveau de langue B2 (au lieu de B1 jusque-là), ce qui suppose une compétence avancée dans des contextes complexes. Il correspond au niveau de français requis pour entrer à l'université en France. À l'écrit, une synthèse de différents textes peut notamment être demandée pour certifier ce niveau de maîtrise de la langue.

La maîtrise de la langue française influe également la délivrance des titres de séjour temporaires.

Déjà, les motifs de la loi n°2007-1631 du 20 novembre 2007 relative à la maîtrise de l'immigration, à l'intégration et à l'asile expliquaient que l'intégration des membres de famille dans la société française passait « *par la connaissance de la langue et des valeurs de la République* » et que la maîtrise de la langue française « *peut favoriser, dans certains cas, l'égalité entre les hommes et les femmes* » ou encore que « *le français, langue de la République, est associé dans notre culture aux valeurs fondatrices de celle-ci, parmi lesquelles la liberté et l'égalité* [sic] ».

Cette loi imposait aux candidats au regroupement familial et aux conjoints de ressortissants français de se soumettre, dans leur pays de résidence, à l'évaluation de leur « *degré de connaissance de la langue et des valeurs de la République* » et, si l'évaluation en démontre le besoin, de suivre une formation conditionnant l'obtention du visa long séjour.

L'admission exceptionnelle au séjour est également concernée. La circulaire dite Sarkozy du 13 juin 2006 relative à l'admission exceptionnelle au séjour des parents d'enfants scolarisés demande de prendre en compte la « *réelle volonté d'intégration de ces familles caractérisée notamment par* [...] *leur maîtrise du français* ». La circulaire dite Valls du 28 novembre 2012 relative aux conditions d'examen des demandes d'admission au séjour déposées par des ressortissants étrangers en situation irrégulière dans le cadre des dispositions du Code de l'entrée et du séjour des étrangers et du droit d'asile, fait aussi de la « *maîtrise orale au moins élémentaire de la langue française* » un critère nécessaire de toute régularisation, que ce soit sur la base des liens personnels et familiaux, ou du travail.

---

[6] Art. L. 433-4, CESEDA.

B. Au prix de discriminations

Le Conseil d'État a eu l'occasion de se prononcer le 26 janvier 2023 sur les effets du rehaussement des certifications requises en matière d'accès au séjour avec la loi n°2024-42 du 26 janvier 2024.

Il notait à ce titre que : « *le choix qui sera en définitive retenu [sur le niveau de langue retenu entre A1, A2 et B1] aura un impact fort sur le nombre de cartes de séjour pluriannuelles délivrées chaque année, le dimensionnement de l'appareil de formation pour permettre aux étrangers engagés dans un parcours d'intégration d'atteindre le niveau requis et la cohérence de l'échelle des exigences linguistiques existantes en matière de délivrance de titres* » et insistait sur « *l'importance toute particulière qui s'attache, pour atteindre l'objectif d'intégration poursuivi et éviter de précariser la situation des intéressés au bon calibrage des formations linguistiques offertes en fonction du niveau qui sera retenu, dans le cadre du contrat d'intégration républicaine et au-delà*».

En outre, de multiples travaux de chercheurs et chercheuses attestent que le niveau de maîtrise de la langue n'est pas un facteur absolu de l'intégration ni, encore moins, un indicateur fiable.

Plusieurs centaines de chercheurs et chercheuses ont récemment souligné dans un texte commun que de nombreuses études montrent : « *que l'apprentissage de la langue officielle du pays dit "d'accueil" n'est pas une condition à une "intégration", laquelle passe aussi et surtout par d'autres voies, notamment emploi, logement, relations sociales, les habitants du pays n'étant pas, la plupart du temps, monolingues en langue officielle* »[7].

D'ailleurs, la Cour constitutionnelle belge, a déclaré inconstitutionnelle l'exigence de diplôme de français à l'écrit pour l'obtention de la nationalité en Belgique en mettant en avant le respect des droits fondamentaux et la nécessité de ne pas créer des barrières excessives à l'accès à la nationalité[8].

Il est certain que conditionner l'obtention d'un titre de séjour à la justification d'une connaissance de la langue française, et non pas seulement à une assiduité à poursuivre une formation, caractérise un risque de discrimination.

---

[7] « Projet de loi immigration et intégration : une alerte sur les conséquences inversées des exigences en langue française », Tribune des chercheurs spécialistes de sociolinguistique et de didactique des langues, *Le Club de Mediapart*, 11 déc. 2023 (https://blogs.mediapart.fr/les-invites-de-mediapart/blog/111223/projet-de-loi-immigration-et-integration-une-alerte-sur-les-consequences-inversees-des).

[8] Communiqué de presse de la Cour Constitutionnelle belge, arrêt 53/2023 / Arrêt n°53/2023 du 23 mars 2023 de la Cour Constitutionnelle de Belgique.

Pareille exigence ne peut qu'affecter les personnes étrangères analphabètes, celles peu ou pas scolarisées ainsi que les allophones.

En effet, si l'exigence de connaissance de la langue française conditionnant la délivrance d'une carte de résident comporte une exception au profit des étrangers de plus de 65 ans, la nouvelle loi ne prévoit aucune exception liée à l'âge, à l'état de santé, au handicap ou à la particulière vulnérabilité économique concernant les titres de séjour pluriannuel.

Il est pourtant constant que l'âge, l'état de santé, le handicap ou la particulière vulnérabilité économique pourraient constituer un obstacle à suivre les formations requises et à acquérir un niveau de français suffisant.

La Défenseure des droits a d'ailleurs alerté à deux reprises sur les effets disproportionnés et discriminatoires de ces dispositions[9].

En outre, l'obligation de résultat consacrée pour les titres de séjour pluriannuel est à confronter avec l'absence de possibilité de renouveler plus de trois fois le titre de séjour pluriannuel portant la même mention.

Concrètement, cela signifie que si, à l'issue du troisième renouvellement de son titre, le ressortissant étranger ne remplit toujours pas les exigences requises pour l'obtention d'un titre plus pérenne, il perdra son droit au séjour.

Enfin, de telles exigences se heurtent également à la réalité du terrain puisque les nouvelles dispositions de la loi ne se sont accompagnées d'aucune ouverture de formations, de centres, de places pour l'apprentissage linguistique.

Pour conclure cet exposé, il semble pertinent de citer Danièle Lochak, professeure émérite de droit public à l'université Paris-Nanterre, qui explique : « *La connaissance de la langue française est devenue au fil des législations et de leur durcissement non seulement une condition pour devenir français·e, mais aussi pour avoir une chance d'obtenir un droit au séjour. C'est pour trier et non pour intégrer que la maîtrise du français est aujourd'hui exigée* »[10].

---

[9] Avis du défenseur des droits n°23-02 et n°23-07.

[10] D. LOCHAK, « Intégrer ou exclure par la langue ? », *Plein droit*, n°98, oct. 2013.

Droit et accès à l'éducation et à l'apprentissage de la langue française pour les élèves allophones

Bozena BILLEREY
Maîtresse de conférences en sciences du langage – FLE
Institut Catholique de Toulouse, Laboratoire CERES
Directrice de l'Institut Universitaire de Langue et de Culture Françaises

L'accueil des élèves allophones[1] en France constitue un des enjeux majeurs pour le système éducatif français, tant d'un point de vue humain que sociétal. Ces élèves, qui arrivent de divers horizons culturels et linguistiques, font face à des défis multiples : la maîtrise de la langue française, la compréhension des codes de la vie scolaire, et l'intégration dans un environnement souvent très différent de celui qu'ils ont connu dans leurs pays d'origine. Il s'agit d'offrir à ces élèves les moyens d'accéder à une éducation qui correspond à leurs besoins et de réussir dans un pays (avec notamment l'accès à une qualification) dont la langue, la culture et les pratiques scolaires sont éloignées de leur vécu (Dugros, Saez, Cévènes, 2023).

En effet, il ne faut pas oublier que l'un des principes fondamentaux de l'école républicaine est l'égalité des chances pour tous. Cette égalité passe nécessairement par un accès à l'éducation, quelle que soit l'origine linguistique, sociale ou géographique des élèves. Pour les élèves allophones, l'école est un lieu de rencontre avec la culture française ce qui constitue un vecteur d'intégration dans la société. Elle leur permet non seulement d'acquérir les savoirs et les compétences nécessaires à leur avenir que ce soit pour la réussite scolaire ou l'insertion dans la vie professionnelle, mais aussi d'être partie prenante d'un projet commun de cohésion sociale. C'est un moyen de lutter contre les discriminations, les préjugés et les inégalités sociales. C'est une question de justice sociale et de solidarité (Auger, 2010).

Mais comment cela se passe réellement ? Quels sont les textes réglementaires qui régissent l'accueil des élèves allophones à l'école ? Quelle est la politique globale à ce sujet au niveau international et français ? Nous allons tenter de répondre à ces questions en évoquant d'abord la position d'organisations internationales et européennes (I) et de la France (II) à travers les différents textes réglementaires. Nous terminerons par le rapport de la Cour des comptes, réalisé en 2023, sur la scolarisation des élèves allophones, qui démontre que la réalité est tout autre (III)...

---

[1] Définition de l'élève allophone selon Cherqui et Peutot (2015 :11) : « *l'allophone désigne celui qui n'a pas pour langue première (ou maternelle) le français, et qui apprend le français comme langue seconde* ».

I. Politiques internationale et européenne sur l'accueil des élèves étrangers

L'accueil des élèves étrangers dans les systèmes éducatifs des pays étrangers est une question cruciale qui touche à des enjeux de droits de l'homme, d'égalité des chances, d'inclusion sociale et de citoyenneté. Face à des flux migratoires de plus en plus importants et à une diversité culturelle croissante, les institutions internationales et européennes ont mis en place un certain nombre de principes et de recommandations pour garantir une scolarisation de qualité pour tous les enfants, quel que soit leur statut migratoire ou leur langue d'origine. Ces politiques visent à assurer que les enfants étrangers, qu'ils soient réfugiés, migrants ou venant de familles qui s'installent en France pour des raisons professionnelles, aient accès à une éducation qui favorise leur intégration et leur inclusion dans la société.

Dès 1960, l'UNESCO édite une convention concernant la lutte contre les discriminations dans le domaine de l'enseignement. Cette convention : « *a pour objet non seulement la lutte contre la discrimination dans le domaine de l'enseignement, mais aussi l'adoption de mesures visant à promouvoir l'égalité de chances et de traitement dans ce domaine* ». En effet, l'UNESCO proscrit tout forme de discrimination et demande la promotion « *de l'éducation pour tous* », car il s'agit d'« *empêcher les différences de traitement et d'interdire les préférences et les restrictions dans divers domaines* ».

Dans le même esprit, l'ONU édite la Convention internationale des droits de l'enfant (CIDE) le 20 novembre 1989. Parmi les 54 articles, on trouve : « *le droit d'avoir un nom, une nationalité, une identité* », « *le droit d'aller à l'école* », « *le droit d'être protégé contre toutes les formes de discrimination* ». Tout enfant a les mêmes droits que les autres « *sans distinction aucune, notamment de race, de couleur, de sexe, de langue, de religion, d'opinion politique ou de toute autre opinion, d'origine nationale ou sociale, de fortune, de naissance ou de toute autre situation* ». Il s'agit d'un texte fondamental qui protège les droits des enfants, y compris ceux des enfants migrants et réfugiés. L'article 28 de la convention garantit à tous les enfants le droit à l'éducation sans discrimination et l'article 22 précise que les enfants réfugiés doivent bénéficier de la même protection et des mêmes droits que les autres enfants, notamment en matière d'accès à l'éducation.

À cela s'ajoute la question de l'éducation inclusive qu'évoque la Déclaration de Salamanque et Cadre d'action pour l'éducation et les besoins spéciaux, adoptée en 1994 par l'UNESCO et le gouvernement espagnol. Les représentants de 92 gouvernements et de 25 organisations internationales affirment « *notre engagement en faveur de l'Éducation pour tous, conscients qu'il est nécessaire et urgent d'assurer l'éducation, dans le système éducatif normal, des enfants, des jeunes et des adultes ayant des besoins éducatifs spéciaux* ». L'inclusion scolaire (l'adaptation de l'école aux besoins des élèves en situation de handicap) est devenue incontournable afin que ces élèves soient scolarisés et sociabilisés dans le milieu dit ordinaire. Concernant les élèves allophones, comme le disent Cherqui et Peutot (2015 : 15), « *il ne s'agit pas de décréter une similitude entre les allophones (et même les élèves issus de familles itinérantes et de voyageurs) et les élèves handicapés* », « *mais de s'emparer de cette notion appliquée aux élèves handicapés pour l'appliquer aux élèves allophones arrivants* ». En effet, l'école est inclusive car elle s'adapte aux élèves avec tout type de difficultés : handicap, décrochage scolaire, la non-maîtrise de la langue du pays d'accueil, *etc.*

Ces aspects ont également été présents dans la Convention relative aux droits des personnes handicapées, qui a été adoptée par l'ONU le 13 décembre 2006 (entrée en vigueur en France le 20 mars 2010 (décret n°2010-356 du 1er avril 2010)).

L'UNESCO continue à jouer aujourd'hui un rôle central dans la promotion du droit à l'éducation pour tous. Dans son agenda 2030 pour le développement durable, adopté en 2015, l'UNESCO inscrit l'éducation comme objectif fondamental, et c'est l'objectif 4 qui est le plus explicite : « *assurer l'accès de tous à l'éducation, à tous les niveaux, et favoriser l'égalité des chances* ». Cela inclut l'accès à l'éducation pour les enfants réfugiés, migrants et autres enfants étrangers, en mettant l'accent sur l'égalité de traitement et l'inclusion. L'UNESCO affiche sur sa page principale du site web l'objectif d'« *assurer une éducation de qualité inclusive et équitable et promouvoir les possibilités d'apprentissage tout au long de la vie pour tous* ».[2]

Au niveau européen, le Conseil de l'Europe a suivi cette politique internationale en proposant, en 1977, une directive concernant la scolarisation des enfants des travailleurs migrants. Comme l'évoque Auger (2010 : 9) : « *l'objectif direct n'est pas l'accueil et l'enseignement aux enfants migrants mais l'amélioration des conditions de circulation des travailleurs étrangers* ». Pour cela, les États membres doivent s'engager à « *organiser un apprentissage accéléré de la langue du pays d'accueil et à faciliter, si possible dans le cadre de l'école et en liaison avec le pays d'origine, un enseignement de leur langue maternelle et de leur culture* ». La perspective de l'accueil des élèves allophones change : ces élèves ont la possibilité de suivre des cours de leurs langues maternelles à l'école, dispensés par des enseignants natifs venant des pays d'origine. L'enfant a l'opportunité de développer le bilinguisme ou le plurilinguisme en

[2] https://www.unesco.org/sdg4education2030/en.

continuant à apprendre la langue maternelle tout en apprenant la langue du pays d'accueil. L'enfant se construit dans un cadre pluriculturel et plurilingue.

De nombreux d'autres textes réglementaires ont vu le jour au niveau européen depuis les années 70 en poursuivant les recommandations internationales de l'UNESCO et de l'ONU.

L'Union européenne a développé plusieurs politiques pour favoriser l'intégration des élèves étrangers et garantir l'accès à l'éducation pour tous les enfants dans ses États membres. Ces politiques s'inscrivent dans une démarche d'inclusion et de lutte contre les inégalités. Dans le cadre de sa Stratégie pour l'éducation 2024-2030, l'UE a réaffirmé son engagement en faveur de l'inclusion de tous les élèves dans les systèmes éducatifs européens. Cette stratégie met l'accent sur l'amélioration des systèmes d'éducation en tenant compte des défis posés par la diversité, y compris les élèves issus de l'immigration. L'UE encourage ses États membres à améliorer l'inclusion scolaire, notamment en développant des dispositifs adaptés aux élèves étrangers, à promouvoir la langue et la culture (en soutenant l'apprentissage de la langue du pays d'accueil tout en respectant les langues et les cultures d'origine des élèves), à accueillir les enfants réfugiés et migrants dans des conditions dignes, en veillant à la mise en place de dispositifs d'intégration scolaire adaptés à leurs besoins.

La politique internationale et européenne en matière d'accueil des élèves étrangers repose sur des principes solides de droit à l'éducation, d'inclusion et non-discrimination. Si des progrès ont été réalisés, des défis demeurent en matière de mise en œuvre concrète des dispositifs d'accueil et d'accompagnement. Il reste essentiel de continuer à développer des politiques et des pratiques éducatives qui garantissent l'égalité des chances pour tous les élèves, quel que soit leur statut migratoire ou leur langue d'origine.

II. Politique française

L'intégration des élèves allophones dans le système scolaire français repose sur un cadre juridique précis qui vise à garantir leur droit à l'éducation. Depuis plusieurs décennies, la France s'est engagée à assurer l'accès à l'école pour tous les enfants, indépendamment de leur origine ou de leur statut migratoire. Toutefois, les élèves allophones, qui ne parlent pas le français, nécessitent une attention particulière afin de faciliter leur intégration et leur réussite scolaire. À cet égard, plusieurs lois et circulaires encadrent leur scolarisation.

Il est important de souligner que la scolarisation et la dénomination des élèves allophones ont surtout beaucoup évolué depuis les années 1960. La volonté de leur proposer un dispositif particulier date de 1965 avec l'ouverture des premières classes d'initiation (CLIN). On parle alors d'enfants étrangers ou d'enfants de migrants. La circulaire n° IX-70-37 du 13 janvier 1970 explique que l'objectif est que ces élèves intègrent le plus rapidement une classe ordinaire pour poursuivre leur scolarisation. On parlera ensuite d'élèves primo-arrivants jusqu'en 1986 où on adopte le sigle ENAF (enfant nouvellement arrivé en France) avant de les appeler les enfants non francophones.

Le gouvernement français continue sa politique scolaire avec la loi du 22 juillet 1983 : loi d'orientation pour l'éducation. Cette loi pose un principe fondamental : l'obligation scolaire de 3 à 16 ans, qui s'applique à tous les enfants vivant en France, qu'ils soient citoyens français ou étrangers. Elle garantit ainsi l'accès à l'éducation pour tous, sans distinction de nationalité ou de statut administratif. Cette loi met l'accent sur le droit à l'éducation et pose le principe d'égalité des chances, principe qui inclut l'accueil des élèves allophones.

La publication en 1986 des circulaires n°86-120 (Accueil et intégration des élèves étrangers dans les écoles, collèges et lycées) et n°86-119 (Apprentissage du français pour les enfants étrangers nouvellement arrivés en France) officialise la prise en compte de la spécificité de ces jeunes non francophones. Selon ces textes, les élèves allophones du premier degré (écoles maternelle et primaire) peuvent suivre les CRI (cours de rattrapage intégrés) « *qui s'adressent, quelques heures par semaine, à de petits groupes d'enfants scolarisés dans les classes ordinaires* » ou être intégrés dans les CLIN (classes d'initiation), des « *structures ouvertes sur les autres classes de l'école.* ». Dans le second degré (collèges et lycées), ils intègrent les classes d'accueil et chaque élève « *doit pouvoir suivre, dans d'autres classes, selon son évolution propre, les enseignements qui lui sont profitables* ». Les deux circulaires ont clarifié les modalités de scolarisation des élèves allophones, en insistant sur la nécessité d'une prise en charge adaptée à leurs besoins spécifiques. Elles ont permis de définir les dispositifs d'accueil comme les classes d'accueil (CLA), les unités d'enseignement pour allophones arrivants (UEA), et les sections internationales, en précisant les conditions d'intégration et d'accompagnement des élèves non francophones. Ces circulaires ont été un jalon essentiel dans la mise en place de mesures concrètes pour faciliter l'insertion scolaire des élèves étrangers.

Quant à la circulaire n°2002-063 du 20 mars 2002, elle rappelle qu'en France, tout enfant de 6 à 16 ans doit être obligatoirement scolarisé qu'il soit français ou étranger. Cette circulaire précise également que « *la convention internationale relative aux droits de l'enfant du 20 novembre 1989, ratifiée par la France, garantit à l'enfant le droit à l'éducation en dehors de toute distinction qui tienne à sa nationalité ou à sa situation personnelle* ».

Ainsi, tout enfant habitant sur le territoire français doit être inscrit dans une école ou justifier d'une instruction à domicile et sa situation familiale ne peut le soustraire à ce droit.

L'année 2012 voit la publication de 3 circulaires différentes :

- La circulaire du 2 octobre 2012 relative à l'organisation de la scolarité des élèves allophones nouvellement arrivés.

Elle indique les directives pour l'accueil et l'intégration des élèves allophones dans le système éducatif français. Cette circulaire met en avant des principes de scolarisation rapide et adaptée, encourageant des dispositifs spécifiques pour favoriser l'apprentissage du français et l'intégration sociale. Elle insiste sur l'importance de l'évaluation des compétences linguistiques et des besoins éducatifs individuels des élèves, ainsi que sur la coordination entre les différents acteurs du milieu éducatif et le suivi régulier de leur parcours. Afin de permettre une meilleure visibilité de l'ensemble de l'organisation, une dénomination générique commune à toutes les structures spécifiques de scolarisation des élèves allophones arrivants est adoptée : « *unité pédagogique pour élèves allophones arrivants* », « UPE2A ». Il s'agit des classes de français spécialement créées pour les élèves allophones, que ces élèves suivent en plus du cursus ordinaire.

- La circulaire du 2 octobre 2012 relative à la scolarité des élèves issus de familles itinérantes et de voyageurs.

Elle établit les lignes directrices pour l'accueil et l'éducation des élèves provenant de familles itinérantes ou de voyageurs. Elle vise à garantir l'accès à une éducation de qualité en accord avec leur mode de vie particulier. Cette circulaire met l'accent sur la flexibilité des parcours éducatifs, l'adaptation des méthodes d'enseignement et la prise en compte des spécificités culturelles et linguistiques de ces élèves. Elle encourage également la collaboration entre les établissements scolaires et les services sociaux pour favoriser leur intégration scolaire et sociale.

- La circulaire du 20 mars 2012 relative à l'organisation des CASNAV

Elle met en avant les directives pour la mise en place et le fonctionnement des CASNAV[3]. Ces centres visent à fournir un soutien spécifique aux élèves allophones nouvellement arrivés et aux enfants du voyage, en vue de faciliter leur intégration dans le système éducatif français. La circulaire précise les missions des CASNAV, notamment l'évaluation des compétences linguistiques et scolaires des élèves, la mise en œuvre de dispositifs d'accompagnement adaptés et la coordination avec les établissements scolaires. Elle souligne l'importance de la collaboration entre les différents

---

[3] Centre académique pour la scolarisation des enfants allophones nouvellement arrivés et des enfants issus de familles itinérantes et de voyageurs.

acteurs éducatifs et sociaux pour assurer une scolarisation réussie de ces élèves.

Une autre loi a été adoptée par le gouvernement français : la loi du 28 juillet 2013, loi pour la refondation de l'école de la République. Elle a renforcé l'obligation de scolarisation des élèves allophones. Elle a permis la création de dispositifs spécifiques pour l'accueil des élèves allophones dans le cadre scolaire. Le texte prévoit notamment une attention particulière à l'enseignement du français et la mise en place de classes d'accueil ou de dispositifs de soutien linguistique.

S'en est suivi la loi n° 2019-791 du 26 juillet 2019 pour une école de la confiance afin de définir les conditions de scolarisation des élèves allophones. Elle précise les dispositifs à mettre en place, comme les réseaux d'enseignement pour l'inclusion scolaire (REI), qui visent à organiser la prise en charge des élèves allophones dans le cadre d'une scolarisation ordinaire ou en dispositif spécifique.

L'application des lois et circulaires relatives à la scolarisation des élèves étrangers en France repose sur des principes d'égalité des droits et d'inclusion. L'accès à l'éducation est un droit fondamental garanti par la loi, et la mise en place de dispositifs spécifiques permet d'assurer une intégration réussie des élèves allophones dans le système éducatif. Cependant, il reste des défis à relever en termes de financement des dispositifs d'accueil, de formation des enseignants et d'accompagnement personnalisé des élèves, afin que tous puissent bénéficier des mêmes chances de réussite. L'objectif ultime est de permettre à chaque élève, quel que soit son parcours, de s'épanouir et de réussir dans un environnement scolaire qui respecte sa diversité.

Nous verrons dans la dernière partie de ce texte que dans la réalité, il reste encore beaucoup à faire …

III. Rapport de la Cour des comptes

Nous avons vu précédemment que dans le cadre de la politique internationale et française, l'inclusion scolaire des élèves étrangers repose sur l'accès universel à l'éducation car l'accès à l'éducation doit être garanti à tous les enfants, quel que soit leur nationalité, leur statut migratoire ou leur situation familiale. Cela inclut les enfants en situation irrégulière, comme le souligne la jurisprudence de la Cour européenne des droits de l'homme.

Cependant, le rapport de la Cour des comptes sur la scolarisation des élèves allophones, publié en mars 2023, montre un état des lieux mitigé des dispositifs mis en place en France pour l'accueil et l'intégration des élèves allophones dans le système éducatif.

Ce rapport met en lumière plusieurs défis persistants dans l'accueil de ces élèves, tout en proposant des recommandations pour améliorer l'efficacité des politiques publiques en matière de scolarisation des enfants non-francophones.

A. Un nombre croissant d'élèves allophones

La Cour des comptes souligne l'augmentation significative du nombre d'élèves allophones en France, due principalement aux flux migratoires et à l'arrivée de réfugiés. Ces élèves, qui ne maîtrisent pas ou peu la langue française, représentent aujourd'hui une part croissante de la population scolaire, en particulier dans les académies de Paris, Lyon et Marseille.

Le rapport met en avant l'importance de ces élèves, tant du point de vue de leur nombre que de leurs besoins spécifiques, qui nécessitent une prise en charge adaptée pour favoriser leur intégration scolaire.

B. Les dispositifs d'accueil : des inégalités d'accès et d'efficience

Les dispositifs mis en place pour accueillir ces élèves, comme les classes d'accueil (CLA), les unités pédagogiques pour élèves allophones arrivants (UPE2A), et les cours de français langue étrangère (FLE), sont jugés inefficaces ou insuffisamment développés par la Cour des comptes. En particulier :

- Manque de places et de répartition des dispositifs : le rapport indique que l'offre de classes et d'unités d'accueil n'est pas homogène sur le territoire, certains départements ou académies ayant une capacité d'accueil insuffisante[4]. La répartition des élèves dans ces dispositifs n'est pas toujours optimale, ce qui entraîne parfois une surcharge de certaines classes d'accueil et un manque d'accompagnement dans d'autres.
- Inégalités selon les territoires : les écarts entre les académies en matière d'accueil des élèves allophones sont flagrants. Alors que certaines régions (comme l'Île-de-France) disposent de dispositifs plus structurés et de meilleures ressources, d'autres régions moins urbanisées ou éloignées rencontrent des difficultés dans la mise en œuvre des dispositifs adaptés[5].

---

[4] C'est notamment le cas des académies des grandes métropoles comme Lyon, Grenoble, Bordeaux, Montpellier, *etc.*, qui se trouvent en tension car elles n'ont pas assez de dispositifs d'accueil des élèves allophones par rapport à la demande.

[5] Comme l'indique le rapport de la Cour des comptes : « *Les chiffres témoignent de la difficulté de mettre en place des dispositifs UPE2A en primaire dans les territoires ruraux à habitat dispersé* » (2023, p. 8).

- Dispositifs mal adaptés aux besoins : le rapport déplore que les dispositifs existants ne soient pas toujours adaptés aux besoins spécifiques des élèves, notamment en termes de personnalisation de l'enseignement du français et de suivi pédagogique. Les élèves allophones n'ont pas toujours accès à un enseignement intensif et à un accompagnement suffisant pour faciliter leur intégration dans une classe ordinaire.

C. Des enseignants mal formés sur l'accueil des élèves allophones

L'un des points principaux du rapport concerne la formation des enseignants. La Cour des comptes critique le manque de préparation des enseignants à l'accueil des élèves allophones. Elle souligne qu'il existe une formation initiale insuffisante pour les enseignants en matière de prise en charge des élèves allophones et des méthodes d'enseignement du français langue étrangère (FLE). Bien que des formations continues existent, elles sont jugées insuffisantes et inégales selon les académies et les établissements.

Le rapport recommande de renforcer la formation des enseignants, notamment en leur fournissant des outils pédagogiques adaptés, des formations sur les spécificités culturelles et linguistiques des élèves allophones, et des méthodes plus efficaces pour enseigner le français langue étrangère.

D. Des insuffisances dans le suivi des élèves allophones

Le rapport souligne également l'absence de suivi personnalisé des élèves allophones tout au long de leur parcours scolaire. Bien que des évaluations initiales soient réalisées à leur arrivée, elles sont souvent trop superficielles et ne permettent pas de suivre leur progression de manière continue et régulière.

La Cour des comptes recommande d'améliorer le suivi des élèves allophones en mettant en place des outils d'évaluation plus précis et en renforçant l'accompagnement personnalisé. Cela inclut un meilleur suivi de leur intégration dans les classes ordinaires et une réévaluation régulière de leur niveau de français pour ajuster les dispositifs d'accompagnement en fonction de leurs besoins.

E. Des dispositifs de soutien à renforcer

La Cour des comptes met également en évidence les limites du soutien linguistique apporté aux élèves allophones. L'enseignement du français langue étrangère, bien qu'important, est souvent dispensé en dehors des heures de cours classiques ou dans des groupes trop grands pour que l'apprentissage soit véritablement efficace. De plus, le rapport indique que le français est parfois enseigné uniquement à travers des approches linguistiques de base, sans intégrer suffisamment de matières scolaires essentielles pour l'intégration des élèves dans le cursus classique.

Le rapport recommande de renforcer l'intégration du FLE dans le cursus scolaire en allégeant les matières non linguistiques pour permettre aux élèves de suivre l'ensemble des enseignements nécessaires. Il suggère également un accompagnement plus ciblé, notamment en matière de culture scolaire, afin de faciliter l'intégration des élèves allophones dans un environnement éducatif qui peut leur sembler étranger.

F. Des recommandations pour une meilleure scolarisation des élèves allophones

La Cour des comptes formule plusieurs recommandations pour améliorer l'accueil et la scolarisation des élèves allophones en France :

- Développer des dispositifs d'accueil plus adaptés et mieux répartis sur le territoire, en particulier dans les académies et les départements les plus touchés par l'afflux d'élèves allophones.
- Renforcer la formation initiale et continue des enseignants afin de les préparer efficacement à l'accueil des élèves allophones, notamment en matière de didactique du français langue étrangère et de gestion de la diversité culturelle.
- Améliorer le suivi des élèves allophones, en établissant des outils d'évaluation plus fins et en mettant en place un accompagnement individualisé tout au long de leur parcours scolaire.
- Encourager l'intégration des élèves allophones dans les classes ordinaires, en adaptant les programmes scolaires et en fournissant des ressources spécifiques pour faciliter leur inclusion dans la scolarité classique.
- Renforcer les dispositifs de soutien linguistique, en intégrant davantage le FLE dans le programme scolaire des élèves allophones, notamment en allégeant leur emploi du temps afin de leur permettre de suivre un enseignement complet.
- Garantir une plus grande équité territoriale dans l'accès aux dispositifs d'accueil et aux moyens de soutien, afin de lutter contre les inégalités observées entre les régions.

En somme, le rapport de la Cour des comptes souligne que, malgré les progrès réalisés ces dernières années, la scolarisation des élèves allophones reste marquée par des disparités territoriales, des inégalités d'accès aux dispositifs d'accueil et un manque de ressources humaines et pédagogiques. Pour garantir une meilleure réussite de l'intégration scolaire des élèves allophones, des ajustements sont nécessaires, tant en termes de formation des enseignants que d'amélioration des dispositifs d'accueil et de suivi personnalisé.

Conclusion

Malgré les avancées des politiques internationales et européennes, plusieurs défis demeurent pour garantir une intégration réussie des élèves étrangers dans les systèmes éducatifs.

Dans ce contexte, il est essentiel que les États membres de l'Union européenne continuent d'investir dans des politiques éducatives inclusives et adaptées aux besoins des élèves étrangers. Les recommandations européennes et internationales appellent également à un renforcement de la coopération entre les pays européens et à un partage des bonnes pratiques pour mieux intégrer ces élèves et garantir leur réussite scolaire.

En définitive, l'accueil des élèves allophones représente un investissement pour l'avenir de tous. Il est essentiel de leur offrir une chance d'accéder à une éducation de qualité, de leur enseigner la langue française et de les aider à s'intégrer dans la société. L'école doit être un lieu où chaque enfant, qu'il soit français de souche ou d'origine étrangère, trouve sa place et puisse développer son potentiel. C'est ainsi que la France pourra, à la fois, relever le défi de l'intégration et enrichir son patrimoine culturel et humain.

***

Bibliographie

Textes de référence

- Conseil de l'Europe, *Stratégie pour l'éducation* 2024-2030
- Cour des comptes, *La scolarisation des élèves allophones*, mars 2023.
- Directive européenne n°77-486 du 25 juill. 1977, NO 77486 visant la scolarisation des enfants des travailleurs migrants.
- Loi n°2019-791 du 26 juill. 2019 du 26-07-2019 pour une école de la confiance.
- Art. L. 321-4 et L. 332-4, C. éduc.
- Loi n°2013-595 du 8 juill. 2013 d'orientation et de programmation pour la refondation de l'école de la République.
- Ministère de l'Education nationale :
  - Circ. n°2012-143 du 2 oct. 2012, *Organisation des CASNAV.*
  - Circ. n°2012-141 du 2 oct. 2012, *Organisation de la scolarité des élèves allophones nouvellement arrivés.*
  - Circ. n°2002-063 du 20 mars 2002, *Modalités d'inscription et de scolarisation des élèves de nationalité étrangère des premiers et seconds degrés.*
  - Circ. n°86-119 du 13 mars 1986, *Apprentissage du français pour les enfants étrangers nouvellement arrivés en France.*
  - Circ. n°86-120 du 13 mars 1986, *Accueil et intégration des élèves étrangers dans les écoles, collèges et lycées.*
  - Circ. n° IX-70-37 du 13 janv. 1970, *Classes expérimentales d'initiation pour enfants étrangers.*

- ONU, *Convention internationale des droits de l'enfant, Convention des Nations-Unis,* 1989.
- ONU, *Convention relative aux droits des personnes handicapées (CIDPH) et son Protocole facultatif,* 2006
- UNESCO, *Déclaration de Salamanque et Cadre d'action pour l'éducation et les besoins spéciaux,* 1994.
- UNESCO, *Convention concernant la lutte contre la discrimination dans le domaine de l'enseignement,* 1960.

Ouvrages

- AUGER N., *Elèves nouvellement arrivés en France. Réalités et Perspectives pratiques de classe*. Editions des archives contemporaines, 2010.
- AUGER N., *Accueillir les élèves nouvellement arrivés : Mon compagnon quotidien pour faire réussir les élèves allophones à l'école*, ESF Sciences Humaines, 2024.
- BRULEY C., CADET L., *Enseigner le français en contexte migratoire : ingénieries, littératie, inclusion*, Peter Lang, 2024.
- DUGROS H., SAEZ F., CEVENES I., *J'enseigne le FLE-FLS 1er et 2nd degrés*, DUNOD, 2023.

TITRE 2 : LE DROIT DE LA LANGUE

Les langues non-territoriales, « Langues [oubliées] de France »*

Victor GUSET
Maître de conférences en droit public
Université de Rouen Normandie, CUREJ

Qualifiées de « Langues de France » depuis 25 ans, les langues non-territoriales, à savoir les langues minoritaires pratiquées traditionnellement sur l'ensemble du territoire métropolitain par des nationaux français, n'ont pas fait l'objet d'une intervention notable de l'État. À la différence des langues régionales, autre composante de la notion de « Langue de France », qui ont vu leur protection se renforcer, les langues non-territoriales, oubliées[1], suscitent néanmoins des interrogations relatives à leur identification et à leurs modalités de protection. Pourtant, cette qualification des langues non-territoriales s'inscrivait dans une démarche qui entendait provoquer un développement important de la protection de la diversité linguistique en France. En 1999, il s'agissait de la volonté de ratifier la Charte européenne des langues régionales ou minoritaires. Ce traité consacre des obligations qui visent à promouvoir l'utilisation de ces langues dans le domaine de l'enseignement, de la justice ou encore des médias. La Partie II de la Charte contient un certain nombre d'obligations qui s'applique à l'ensemble des langues régionales ou minoritaires alors que la Partie III a une structure « à la carte » qui autorise les États à choisir leurs engagements et les langues qui en bénéficieront.

Pour préparer la ratification du traité, le Gouvernement avait demandé un rapport au linguiste Bernard Cerquiglini dont l'objectif était d'identifier les langues susceptibles d'entrer dans le champ d'application de la Charte. En effet, il appartient aux États Parties, sous le contrôle du Comité d'experts chargé de veiller au respect du traité, d'identifier les idiomes qui répondent aux critères de définition prévus par l'article premier du traité. Selon ce dernier, la Charte protège des « *langues régionales ou minoritaires* », « *langues territoriales* » pratiquées traditionnellement sur des territoires spécifiques de l'État par ses nationaux. Elle protège également des « *langues dépourvues de territoire* », « *langues non-territoriales* » pratiquées traditionnellement sur l'ensemble du territoire par des nationaux. Sont

---

* Je tiens à remercier Pauline Brücker pour ses précieuses remarques qui ont été d'un secours pour la réalisation de cette contribution.

[1] À notre connaissance, un seul auteur a utilisé ce qualificatif dans l'intitulé d'une présentation sociolinguistique relative au berbère. S. CHAKER, « Berber a "long-forgotten" language of France », *in Language and (im) migration in France, Latin America, and the United States: Sociolinguistic perspectives*, Paper presentation, University of Texas, Austin, 2004.

exclues de son champ d'application les « *dialectes de la ou des langue(s) officielle(s) de l'État* » et les « *langues des migrants* ».

Remis en 1999, le rapport Cerquiglini va identifier 75 langues pouvant bénéficier des mesures de la Charte sous la notion des « Langues de la France », devenue par la suite « Langues de France ». Cette notion englobe les langues territoriales, connues en France sous l'appellation de « langues régionales », et les langues non-territoriales. Le rapport a retenu le yiddish[2], le rromani[3], le berbère[4], l'arabe dialectal maghrébin[5], l'arménien occidental[6] et la langue des signes française[7] comme langues non-territoriales. La Délégation générale à la langue française et aux langues de France (DGLFLF), service rattaché au ministère de la Culture, a rajouté le judéo-espagnol[8] à cette catégorie en 2002. Même si la Charte n'a toujours pas été ratifiée par la France[9], la liste « Cerquiglini », qui a été ensuite précisée par la DGLFLF, constitue toujours la référence pour l'identification des composantes de la diversité linguistique en France[10].

---

[2] Langue parlée « *par le plus grand nombre de Juifs dans la longue histoire de ce peuple* », le yiddish est une langue germanique qui a été très présente dans la partie occidentale et orientale du continent européen. A. ASTRO, « Le yiddish en France », *in* G. KREMNITZ (dir.), *Histoire sociale des langues de France*, PUR, 2013, p. 547 s.

[3] Le rromani désigne une variété de parlers qui portent plusieurs dénominations dont le rromani lui-même, le Sinto et le Kalé. M. COURTHIADE, « Le rromani et les autres langues en usage parmi les Rroms, Manouches et Gitans », *in* G. KREMNITZ (dir.), *Histoire sociale des langues de France*, *op.cit.*, p. 567 s.

[4] Le berbère, ou tamazight, est une langue pratiquée notamment en Algérie (Kabyles), au Nord (Rifain) et au Sud-Ouest du Maroc (Chleuh). Le nombre de locuteurs est estimé à environ 1,5 million. S. CHAKER, « Le berbère », *in* G. KREMNITZ (dir.), *Histoire sociale des langues de France*, *op.cit.*, p. 597 s.

[5] L'arabe dialectal maghrébin concerne des langues pratiquées en Algérie (arabe algérien), Maroc (arabe marocain) et en Tunisie (arabe tunisien). D. CAUBET, « L'arabe maghrébin », *in* G. KREMNITZ (dir.), *Histoire sociale des langues de France*, *op.cit.*, p. 581 s.

[6] L'arménien occidental est une langue pratiquée initialement dans l'Empire ottoman contrairement à l'arménien oriental qui était pratiquée dans l'Empire russe et qui est aujourd'hui devenue la langue officielle de la République d'Arménie. L'arménien occidental est pratiqué au sein de la diaspora arménienne qui a quitté l'Empire ottoman après le génocide. A. DONABEDIAN, « L'arménien occidental », *in* G. KREMNITZ (dir.), *Histoire sociale des langues de France*, *op.cit.*, p. 609 s.

[7] La langue des signes française ne fera pas l'objet de développements supplémentaires car un chapitre particulier de cet ouvrage lui est consacré. V. *supra* M. CARESSA, « Droit et LSF : une relation triangulaire ».

[8] Le judéo-espagnol est la langue des Juifs expulsés d'Espagne en 1492. M-C. BORNES VAROL, P. MAVROGIANNIS, « Le judéo-espagnol, djudyó, djidyó, ladino », *in* G. KREMNITZ (dir.), *Histoire sociale des langues de France*, *op. cit.*, p. 559 s.

[9] CC, 15 juin 1999, *Charte européenne des langues régionales ou minoritaires*, 99-412 DC.

[10] L'importance de ce rapport est mise en évidence dans G. KREMNITZ, « La problématique initiale de la liste *Cerquiglini* et ses effets ultérieurs », *Glottopol*, 34/2020, p. 37 s.

La reconnaissance de ces 75 langues territoriales et non-territoriales reflète un changement certain de la politique de l'État à l'égard de cette diversité. À partir de la Révolution française, et plus spécifiquement de la Terreur[11], l'État a mis en place une politique hostile à l'égard de ces langues. Fondée sur l'idée que l'unité linguistique conditionne l'unité politique de l'État, cette approche de l'État a provoqué le déclin des langues régionales[12] et a progressivement permis d'établir la domination du français en tant que langue majoritaire. Une politique plus favorable relative aux langues régionales émerge à partir de la Seconde Guerre mondiale. Récemment, celle-ci s'est manifestée par l'introduction de l'article 75-1 dans la Constitution, lors de la révision constitutionnelle du 23 juillet 2008, qui dispose que « *les langues régionales appartiennent au patrimoine de la France* ». La mise en place du « forfait scolaire » et la généralisation de l'enseignement des langues régionales par la Loi relative à la protection patrimoniale des langues régionales et à leur promotion, la loi « Molac », adoptée en 2021, sont le dernier exemple de ce changement d'approche. Malgré les obstacles constitutionnels qui s'opposent toujours au développement de la protection des langues régionales[13], les pouvoirs publics déploient de nombreuses mesures en faveur de ces dernières[14] sur la base d'un corpus normatif devenu assez dense.

Or ces éléments ne concernent que les langues régionales. La manière dont l'État s'est saisi des langues non-territoriales diffère largement. Progressivement devenues les « Langues [oubliées] de France », leur reconnaissance reste fondée sur des textes dénués de valeur normative, à l'instar des rapports « Cerquiglini » et « Carcassonne », du rapport établi en

---

[11] Et plus spécifiquement à partir de la Terreur comme l'illustrent les deux rapports établis par par Bertrand Barère de Vieuzac et par l'abbé Grégoire illustrent cette hostilité, B. BARERE DE VIEUZAC, *Rapport du Comité de salut public du 8 pluviôse an II sur les idiomes*, https://www.axl.cefan.ulaval.ca/francophonie/barere-rapport.htm, 1794 ; H.-B. GREGOIRE, *Rapport du Comité d'instruction publique du 16 prairial an II sur la nécessité et les moyens d'anéantir le patois, d'universaliser l'usage de la langue française*, https://www.axl.cefan.ulaval.ca/francophonie/gregoire-rapport.htm, 1794.

[12] O. DUBOS, V. GUSET, « Les langues, miroir des figures de l'État », *in* A. GOGORZA, W. MASTOR (dir.), *Les langues régionales et la construction de l'État en Europe*, LGDJ, 2019, p. 271 s.

[13] V. la décision du Conseil constitutionnel relative à la loi « Molac », CC, 21 mai 2021, *Loi relative à la protection patrimoniale des langues régionales et à leur promotion*, 2021-818 DC. V. BERTILE, « Jurisprudence du Conseil constitutionnel », *RFDC*, 129, p. 143 s. ; V. GUSET, « L'ambivalence de l'État français à l'égard de la diversité linguistique – A propos des développements récents relatifs à la protection des langues régionales », *Revista de Llengua i Dret / Journal of Language and Law*, n°79, 2023, p. 193 s.

[14] Il s'agit plus particulièrement de l'existence d'un enseignement *des* ou *dans* les langues régionales et des mesures qui incitent les locuteurs à utiliser ces langues (par ex., l'utilisation d'une toponymie bilingue ou à l'information des possibilités offertes d'un enseignement *des* ou *dans* les langues régionales).

2013 par un Comité consultatif pour la promotion des langues régionales et de la pluralité linguistique interne à la demande de la ministre de la Culture[15] et de plusieurs documents issus de la DGLFLF. Ces textes identifient les langues non-territoriales sur la base de critères appliqués de façon imprécise et aléatoire. Cela reflète une hésitation quant au choix des langues initialement retenues qui n'a pas encore été dissipée (I). À cette reconnaissance hésitante s'ajoute la faiblesse des mesures de protection adoptées depuis (II). Exclues du régime de protection des langues régionales, seuls quelques textes dotés d'une valeur normative s'appliquent à certaines des langues non-territoriales, généralement dans le domaine de l'enseignement. De surcroît, aucun ne mentionne, à notre connaissance, la notion de « langues non-territoriales ». Le lien établi entre ces langues et les phénomènes d'immigration, les faibles revendications linguistiques des locuteurs, les situations différentes des langues concernées peuvent expliquer les modestes développements intervenus dans ce domaine depuis 1999.

I. L'hésitation persistante de la reconnaissance des langues non-territoriales

La reconnaissance des langues non-territoriales a supposé l'établissement des critères de définition susceptibles de justifier l'inclusion des idiomes dans cette catégorie. Les textes évoqués (voir *supra*) mobilisent des critères présentés comme cumulatifs relatifs à la pratique traditionnelle des langues sur le territoire de l'État (A) et à leur situation de vulnérabilité (B). Si l'application du premier critère ne soulève pas des difficultés majeures, il n'en est pas de même du second, rempli d'une manière aléatoire par les langues concernées. Dès lors, ces critères ne correspondent que partiellement aux langues retenues. Cela pourrait justifier l'inclusion d'autres idiomes dans les « Langues de France » ou, à l'inverse, justifier l'exclusion de certaines langues de cette notion. Toutefois, aucun développement n'est intervenu pour actualiser la liste des langues non-territoriales ou leurs critères de définition.

A. La pratique traditionnelle des langues sur le territoire de l'État

La pratique des langues non-territoriales ne peut être rattachée à des zones géographiques précises au sein de l'État, mais « *[u]ne relation serait en revanche reconnue avec l'ensemble indivis de ce territoire* »[16]. Elles

---

[15] Rapport *Redéfinir une politique publique en faveur des langues régionales et de la pluralité linguistique interne*, 2013.

[16] A. Viaut, « La Charte européenne des langues régionales ou minoritaires : particularités sociolinguistiques et configuration française », *Barcelone : Mercator-législation*, WP n°15, p. 38

doivent donc y être pratiquées traditionnellement. Leur reconnaissance révèle que la définition de cette pratique traditionnelle peut mobiliser des données historiques objectives (1) mais qu'elle a davantage utilisé des éléments subjectifs (2), liés aux locuteurs.

1. La pratique historique objective

Le Rapport explicatif de la Charte affirme que l'objet du traité « *couvre seulement des langues historiques, c'est-à-dire celles qui sont parlées depuis une longue période dans l'État en question* »[17]. Cette dimension temporelle est présente dans la définition adoptée par la DGLFLF qui précise que les langues non-territoriales sont pratiquées « *depuis longtemps* »[18] sur le territoire de l'État.

Par conséquent, il serait possible d'utiliser des données historiques objectives pour démontrer la présence de ces langues en France. Le yiddish est pratiqué historiquement depuis le XVIIIe siècle[19], le rromani sous différentes formes depuis le XVe siècle[20], l'arménien depuis le début du Xe siècle[21] et le judéo-espagnol depuis le milieu du XIXe siècle[22]. Quant à l'arabe dialectal et au berbère, il s'agit de langues pratiquées dans les anciens départements français d'Afrique du Nord avant la décolonisation mais il s'agit également de langues présentes sur le territoire actuel depuis le XIXe siècle[23].

Or ces données objectives ne sont pas explicitement mobilisées par les définitions des langues non-territoriales. Celles-ci définissent la pratique historique d'une manière subjectivée en se référant davantage à la situation des locuteurs.

2. La pratique historique subjectivée

Le rapport « Cerquiglini » précise que le critère de la pratique traditionnelle exclut les « *langues de l'immigration récente* » du champ d'application de la Charte[24]. La DGLFLF indique également que « *les langues non territoriales sont des langues sans lien géographique avec le territoire de la République, issues de l'immigration mais parlées par des*

---

[17] Rapport explicatif, §31.

[18]https://www.culture.gouv.fr/Thematiques/langue-francaise-et-langues-de-france/Agir-pour-les-langues/Promouvoir-les-langues-de-France/Langues-non-territoriales

[19] *Le yiddish*, Langues et cité, 2015, p. 2.

[20] M. COURTHIADE, *op. cit.*, p. 568.

[21] A. DONABEDIAN, *op. cit.*, p. 611.

[22] M-C. BORNES VAROL, P. MAVROGIANNIS, *op. cit.*, p. 560.

[23] *Le berbère*, Langues et cité, 2013, p. 2 ; D. CAUBET, *op. cit.*, p. 581.

[24] Rapport « CERQUIGLINI », p. 3.

citoyens français depuis plusieurs générations »[25]. Quant au rapport de 2013, il affirme que les langues non-territoriales « *sont parlées [en France] depuis plus d'une génération par des citoyens français* »[26]. Ces définitions établissent un lien entre les langues non-territoriales et les « langues d'immigration »[27], le nombre de générations de locuteurs et la nationalité de ces derniers. Ainsi, une langue « pratiquée traditionnellement » est issue d'un phénomène d'immigration et elle est pratiquée depuis plusieurs générations par des nationaux français.

En ce qui concerne le nombre de générations, il demeure imprécis, le rapport de 2013 se limitant à évoquer « *plus d'une génération* ». Ce critère se cumule néanmoins avec le critère de la nationalité. En effet, les modalités l'acquisition de la nationalité française[28] en raison de la naissance et de la résidence en France[29], fondées sur le *jus soli*, ont des conséquences dans ce domaine. Un enfant de seconde génération issu de l'immigration, né et résidant en France, acquiert de plein droit la nationalité française. Cela veut dire que la pratique traditionnelle d'une langue existe dès la deuxième ou troisième génération. L'ensemble des langues non-territoriales retenues remplissent ces critères car elles sont pratiquées depuis plusieurs générations par des nationaux français. Toutefois, le critère de la nationalité n'a été utilisé explicitement que pour l'inclusion de l'arabe maghrébin et du berbère dans la catégorie. En effet, des nationaux, locuteurs de ces langues, résidant dans les départements français d'Afrique du Nord se sont installés sur le territoire métropolitain après la décolonisation[30]. Cela a permis de justifier leur inclusion dans les « Langues de France » car elles sont pratiquées par des nationaux français.

Or, ces critères pouvaient également être remplis par d'autres langues (le castillan, le portugais ou le polonais par exemple). La reconnaissance des langues non-territoriales a dès lors supposé l'utilisation de critères supplémentaires relatifs à la situation de vulnérabilité des langues concernées.

---

[25] https://www.culture.gouv.fr/Thematiques/langue-francaise-et-langues-de-france/Agir-pour-les-langues/Promouvoir-les-langues-de-France

[26] Rapport 2013, p. 19.

[27] V. A. PASCAUD, *Langues d'immigration et rapport au territoire : le cas des communautés migrantes européennes dans l'agglomération de Bordeaux*, Thèse Bordeaux III, 2014.

[28] V. P. LAGARDE, « Nationalité. Acquisition de la nationalité française », *Répertoire de droit international*, Dalloz, 2013, §167.

[29] Art. 21-7 du C. civ.

[30] Rapport Cerquiglini, p. 3.

B. La situation de vulnérabilité des langues

La situation de vulnérabilité des langues concerne deux aspects. Il s'agit d'une vulnérabilité due, d'une part, à leur caractère menacé (1) et d'autre part, à l'absence d'un statut d'officialité dans un autre État (2). Ces deux critères présents dans les définitions des langues non-territoriales sont appliqués d'une manière aléatoire aux langues retenues, ce qui reflète finalement une reconnaissance fondée davantage sur des considérations politiques (3).

1. Des langues menacées

Ce critère s'inscrit dans la logique de la Charte qui entend protéger les langues historiques de l'Europe « *en tant qu'aspect menacé du patrimoine culturel européen* »[31]. Il est également évoqué par les rapports Carcassonne et Cerquiglini pour justifier l'inclusion ou l'exclusion de certaines langues du champ d'application de la Charte[32].

Plusieurs des langues non-territoriales retenues remplissent ce critère. Deux d'entre elles, le yiddish et le judéo-espagnol sont dans une « *condition de grande fragilité* »[33] depuis la Shoah. Il n'existe aujourd'hui « *qu'un nombre infime d'ultimes locuteurs* » de yiddish et plusieurs centaines de locuteurs de judéo-espagnol[34]. L'arménien occidental peut également être considéré comme menacé car la transmission familiale de la langue devient rare et la diminution du nombre de locuteurs inéluctable[35]. Quant au rromani, plusieurs facteurs ont pu freiner la transmission de la langue en France dont les persécutions subies au cours du XXe siècle[36]. Par ailleurs, pour les Rroms et Manouches de France, leur langue ne constitue plus un « *trait identitaire fondamental* » puisque « *les autorités françaises ont réussi à [les] convaincre, au moins en apparence [...] qu'ils n'existent pas comme tels, mais seulement en tant que "gens du voyage", y compris s'ils ne circulent pas. Par conséquent, ils n'ont pas de langue à eux* »[37]. Une telle configuration ne peut qu'avoir un effet négatif sur la pratique de la langue.

L'appréciation de ce critère est plus délicate concernant l'arabe maghrébin et le berbère. La menace pesant sur ces langues peut interroger

---

[31] Rapport explicatif, §10.
[32] §177 s. et pp. 3 et 4.
[33] Rapport 2013, p. 19.
[34] A. ASTRO, *op. cit.*, p. 556 ; M-C. BORNES-VAROL, P. MAVROGIANNIS, *op. cit.*, p. 564.
[35] A. DONABEDIAN, *op. cit.*, pp. 611-612, 614. Nombre de locuteurs actifs estimé à 80.000.
[36] M. COURTHIADE, *op. cit.*, p. 570 s.
[37] *Ibid.*, p. 577.

compte tenu du nombre estimé de locuteurs en France[38], allant jusqu'à 4 millions pour le premier et 1,5 million pour le second[39]. Dans le contexte de la Charte, l'influence de ce critère en matière de reconnaissance a été précisée en Espagne. En effet, le tamazight (ou berbère) est pratiqué dans la ville autonome de Melilla et le darija (arabe dialectal marocain) est parlé dans la ville autonome de Ceuta. L'État a refusé de reconnaître ces langues en tant que langues régionales ou minoritaires sur le fondement de plusieurs critères dont l'absence de menace qui pèse sur elles[40]. Or, le Comité d'experts de la Charte a considéré que la reconnaissance d'une langue régionale ou minoritaire n'était pas dépendante du risque de disparition de celle-ci mais de sa présence traditionnelle au sein de l'État[41]. Par ailleurs, plusieurs États ont décidé de reconnaître des langues régionales ou minoritaires qui sont majoritaires dans un autre État et qui ne sont par conséquent pas menacées[42]. La définition des langues non-territoriales semble s'inscrire dans cette tendance puisque le critère n'a eu qu'une influence variable sur leur reconnaissance. Dès lors, il ne s'agirait pas d'un aspect indispensable pour cette qualification. Toutefois, cela pourrait permettre l'inclusion d'autres langues dans la catégorie des langues non-territoriales (castillan, portugais, *etc.*). L'absence de statut d'officialité est censée faire obstacle à cette extension de la catégorie.

2. Des langues non-officielles

L'absence d'un statut d'officialité de la langue dans un autre État entend exclure certaines langues de la notion de « Langues de France ». Néanmoins, son application est variable dans le cas des langues non-territoriales.

Ce critère est vérifié pour le yiddish, le judéo-espagnol, l'arménien occidental[43], le rromani[44] et l'arabe dialectal maghrébin[45]. En ce qui concerne le berbère, il dispose d'un statut d'officialité au Maroc depuis 2011[46] et en Algérie depuis 2016[47]. L'application stricte du critère supposait

---

[38] Cela étant, le nombre de locuteurs n'est pas nécessairement le seul élément qui traduit le caractère menacé d'une langue. Sa situation sociale et politique, sa « minoration » entre également en jeu. V. A. PASCAUD, *op.cit.*, p. 238 s.

[39] D. CAUBET, *op. cit.* ; S. CHAKER, *op. cit.*, pp. 583 et 601. Cela étant, les deux langues, malgré leur vitalité, amènent les chercheurs à considérer que leur transmission se trouve désormais freinée.

[40] Rapport Espagne, 3ème cycle de suivi, pp. 172 et 180.

[41] Rapport CE Espagne, 3ème cycle de suivi, §18.

[42] Par ex., le Danois est reconnu en tant que langue régionale ou minoritaire en Allemagne.

[43] L'Arménie reconnaît l'arménien oriental comme langue officielle et non l'arménien occidental.

[44] Même si le rromani peut disposer d'un statut d'officialité à un niveau local dans certains États, comme en Slovaquie (Rapport CE Slovaquie, 4ème cycle de suivi, 2015, §466.).

[45] L'arabe classique est la langue officielle de l'Algérie, du Maroc et de la Tunisie.

[46] Art. 5 de la Constitution du 17 juin 2011.

l'exclusion du berbère de la catégorie des « langues non-territoriales ». Or, une telle exclusion n'a pas eu lieu. Cela peut signifier que le critère n'est plus nécessaire pour identifier les langues non-territoriales. La conséquence serait cependant une extension de la notion qui inclurait un nombre important d'idiomes dans les « Langues de France » (toutes les langues qui seraient majoritaires et officielles dans d'autres États et qui seraient pratiquées depuis plusieurs générations par des nationaux français). L'absence de modification de la liste des « Langues de France » et la pérennité du critère dans les définitions retenues par la DGLFLF ne permettent pas d'éclairer l'influence du critère.

3. Des considérations politiques expliquant l'application aléatoire du critère

L'application variable de ces derniers critères illustre que la reconnaissance des langues non-territoriales n'a pas été fondée sur des considérations purement linguistiques. L'auteur du rapport « Cerquiglini » entendait « *tirer le plus grand profit possible du texte de la* Charte *[pour] proposer une autre vision linguistique de la France que celle qui prévaut (toujours) dans les cerveaux du personnel politique et administratif* »[48]. Il a « *opté pour une liste maximale afin de montrer à quel point la situation légale et la situation réelle du pays divergent* »[49]. De plus, il faut évoquer les pressions politiques qui ont pu influencer l'identification de certaines langues non-territoriales. Le Gouvernement estimait qu'il fallait retenir une interprétation large[50] de la Charte pour y inclure notamment l'arabe dialectal et l'arménien occidental. Cette position était dictée par la volonté d'éviter des revendications de la part de nationaux français locuteurs d'arabe « *qui auraient pu se sentir discriminés* » ou par des revendications existantes provenant de la communauté arménienne[51].

Cette tension entre la volonté d'inclure certaines langues dans les « Langues de France » (l'arménien occidental, l'arabe dialectal et le berbère) et la volonté d'en exclure d'autres (italien, castillan ou polonais) peut expliquer l'application imprécise et variable des critères d'identification. L'hésitation qui en résulte traverse toujours la reconnaissance de ces langues

---

[47] Actuellement, Art. 4 de la Constitution du 30 déc. 2020.

[48] G. KREMNITZ, « La problématique initiale de la liste *Cerquiglini* et ses effets ultérieurs », *op. cit.*, p. 41.

[49] *Ibid.*, p. 42.

[50] J. SIBILLE, « Réception de la *Charte européenne des langues régionales ou minoritaires* dans les milieux gouvernementaux sous le gouvernement Jospin et patrimonialisation des langues régionales », *in* A. VIAUT (dir.), *Catégories référentes des langues minoritaires*, MSHA, 2021, pp. 250-251.

[51] *Ibid.*

non-territoriales. La faiblesse persistante de l'intervention déployée en faveur de ces langues se rajoute à cette hésitation.

II. La faiblesse persistante de la protection des langues non-territoriales

La qualification des langues non-territoriales en tant que « Langues de France » pouvait potentiellement se traduire par un renforcement de leur protection. L'adoption de mesures dans le domaine de l'enseignement[52], essentiel pour leur utilisation, pouvait y contribuer car l'ensemble des langues non-territoriales est confronté, à des degrés divers, au défi de la transmission. Or, contrairement aux évolutions relatives à la protection des langues régionales, la considération des langues non-territoriales dans ce domaine est particulièrement faible (A). Plusieurs raisons peuvent expliquer d'une manière plus générale ce faible développement de la protection (B) et la progressive transformation de ces langues en « Langues [oubliées] de France ».

A. La considération faible des langues non-territoriales dans le domaine de l'enseignement

Même si elles font partie des « Langues de France » comme les langues régionales, les langues non-territoriales sont exclues du régime davantage protecteur applicable aux premières (1). Cette exclusion ne peut être compensée par les faibles et imprécises possibilités d'enseignement qui existent (2).

1. L'exclusion du régime de protection des langues régionales

Les différentes mesures adoptées par l'État dans le domaine de la diversité linguistique se réfèrent à la notion de « langues régionales » et non à la notion de « Langues de France ». L'analyse des débats au sein du Parlement concernant ces mesures démontre « *qu'on n'y traite presque exclusivement que des "langues régionales" de France et jamais des "langues de France" (...) ; aucune mention n'est faite des langues dites "minoritaires sans territoire" [...] prises également en compte par la DGLFLF* »[53]. Lorsqu'elles sont évoquées, la « *préoccupation face à*

[52] Il faut cependant noter les nombreuses activités mises en place par la société civile dans ces langues (cours, médias, diffusion des cultures respectives) ainsi que plusieurs travaux incités par la DGLFLF (https://www.culture.gouv.fr/Thematiques/langue-francaise-et-langues-de-france/Agir-pour-les-langues/Promouvoir-les-langues-de-France/Langues-non-territoriales).

[53] P. MARTEL, M-J. VERNY, « Les langues régionales au Parlement ou l'éternel retour », *Glottopol*, 34/2020, p. 69.

l'étranger » irrigue les propos de certains membres de partis d'extrême droite qui portent sur les « langues d'immigration », notamment l'arabe[54].

Cette indifférence et la présence ponctuelle de la notion de « Langues de France » dans le droit positif[55] expliquent l'exclusion des langues non-territoriales du régime de protection qui est réservé par la Constitution et par les textes législatifs aux langues régionales. L'article 75-1 de la Constitution se réfère uniquement aux langues régionales en affirmant qu'elles appartiennent *« au patrimoine de la France »*. Les textes législatifs, notamment la loi « Molac », consacrent exclusivement des mesures aux langues régionales et non aux « Langues de France ».

La conséquence de cette omission des langues non-territoriales est que les mesures relatives au domaine de l'enseignement ne leur sont pas applicables. Dans l'enseignement scolaire public, la mise en place du « forfait scolaire », la possibilité d'un enseignement *dans* les langues régionales et la généralisation de l'enseignement *des* langues régionales n'ont pas vocation à bénéficier aux langues non-territoriales. Si des interventions de l'État en faveur de l'enseignement de ces dernières ne sont pas totalement absentes, elles ne sont pas fondées sur les dispositions relatives à la protection des langues régionales.

2. La faiblesse des possibilités d'enseignement des langues non-territoriales

L'ensemble des langues non-territoriales n'est pas présent dans l'enseignement scolaire. Certaines langues en sont absentes comme le yiddish, le judéo-espagnol et le rromani[56], à la fois dans les établissements d'enseignement publics que privés.

Les autres langues non-territoriales sont présentes sous différentes formes. Pour ce qui est de l'arabe maghrébin, il n'est pas proposé dans l'enseignement scolaire contrairement à l'arabe classique. Toutefois, dans la pratique, il semblerait que les enseignants ont recours à l'arabe dialectal pendant les enseignements d'arabe classique[57] sans qu'il y ait des informations précises relatives à cette possibilité.

Quant au berbère, les textes confirment sa présence dans l'enseignement scolaire et ses trois variantes (berbère chleuh, berbère kabyle, berbère rifain) peuvent être choisies en tant que langues vivantes étrangères C au

---

[54] *Ibid.*, p. 86.
[55] Arrêté du 15 mars 2017 modifiant l'arrêté du 28 déc. 2009 fixant les sections et les modalités d'organisation des concours de l'agrégation créant la section d'agrégation « Langues de France », Décret du 24 janv. 2024 relatif aux attributions du ministre de la culture, Art. 2.
[56] Rapport 2013.
[57] *L'arabe en France*, Langues et cité, 2009, pp. 6-7.

baccalauréat[58] à la condition que les candidats aient suivi cet enseignement dans un établissement d'enseignement public ou privé sous contrat[59]. Or, à notre connaissance, il n'existe ni d'informations sur le nombre d'élèves qui suivent un tel enseignement ni sur les académies dans lesquelles un tel enseignement est possible.

Enfin, les textes prévoient que l'arménien occidental peut être choisi en tant que langue vivante étrangère A, B ou C au baccalauréat même si peu d'informations sont disponibles quant à sa présence effective dans les établissements d'enseignement publics. Toutefois, plusieurs établissements privés bilingues sous contrat d'association existent, à l'instar de l'école Hamaskaïne de Marseille[60].

Si la présence des langues non-territoriales au sein de l'enseignement scolaire est aléatoire, toutes ces langues sont présentes dans l'enseignement supérieur. L'Institut National des Langues et Civilisations Orientales (INALCO) propose des formations en Licence et en Master pour l'arabe dialectal, le berbère, l'arménien. Le yiddish et le judéo-espagnol sont présents dans la licence et le Master d'hébreu alors que plusieurs enseignements relatifs au rromani sont proposés dans les licences de l'INALCO. Les langues non-territoriales sont également présentes au sein des formations proposées par plusieurs Universités, comme l'Université Paris 8 pour ce qui est du berbère et Sorbonne Université en ce qui concerne le yiddish.

L'intégration des langues non-territoriales dans les « Langues de France » n'a eu que peu d'influence sur les possibilités d'enseignement de ces langues. Le faible développement de leur protection par rapport au renforcement de la protection des langues régionales peut être expliqué d'une manière plus générale par plusieurs facteurs qui se conjuguent.

B. Les raisons de la faible protection des langues non-territoriales

L'approche différente de l'État à l'égard des langues non-territoriales par rapport à celle déployée en faveur des langues régionales peut être expliquée

[58] Ministère de l'éducation nationale, Note de service « Choix et évaluation des langues vivantes étrangères et régionales et des disciplines non linguistiques à compter de la session 2022 », 29 juill. 2021, MENE2121395N ; Rectorat de l'Académie de Marseille, Note « Baccalauréat général et technologie – Session 2025. Inscription au cycle terminal pour les candidats de la classe de première de l'année scolaire 2023-2024 », Bulletin académique, 11 déc. 2023, p. 5 (https://bulacad.ac-aix-marseille.fr/uploads/BA/BA991/DIEC991-1728.pdf?ts=1702899197).

[59] Arrêté du 16 juill. 2018 relatif aux épreuves du baccalauréat général à compter de la session de 2021, Art. 5 et 6.

[60] https://hamaskainemarseille.com/.

par deux séries de raisons. La première tient aux locuteurs des langues non-territoriales (1) alors que la seconde est relative aux difficultés de conception des mesures de protection visant ces langues (2).

1. Les raisons liées aux locuteurs

Un lien est établi en France entre la catégorie des langues non-territoriales et celle des « langues d'immigration ». Plusieurs langues, par exemple le berbère ou l'arabe dialectal, sont également pratiquées aujourd'hui par des locuteurs issus de phénomènes d'immigration récents. Ainsi, l'établissement d'un tel lien avec ces phénomènes n'est pas anodin. La protection des langues non-territoriales pourrait être considérée comme un obstacle à l'intégration de certains de leurs locuteurs[61], des « étrangers »[62], dans l'État d'accueil. La connaissance de la langue majoritaire, le français, est alors considérée comme une condition de cette intégration. Cet objectif d'intégration peut exercer une double influence. Tout d'abord, une influence sur l'ampleur de l'intervention de l'État. Celui-ci mettra davantage l'accent sur cet objectif[63] que sur la préservation des différences linguistiques de ces locuteurs. Ensuite, il peut influencer le comportement des locuteurs qui sont amenés à préférer l'utilisation de la langue majoritaire au détriment de leurs propres langues, freinant ou arrêtant ainsi le processus de transmission[64].

La question du comportement des locuteurs renvoie à une deuxième raison qui peut expliquer l'approche de l'État à l'égard des langues non-territoriales. En effet, l'évolution de la protection des « langues territoriales » ou des « langues régionales » en France est liée aux revendications linguistiques de leurs locuteurs. Affirmées à partir des années 1960 et 1970 par certains mouvements régionalistes[65], elles ont progressivement pénétré le

---

[61] G. EXTRA, D. GORTER, « Comparative perspectives on regional and immigrant minority languages in multicultural Europe », *in* G. EXTRA, D. GORTER (dir.), *The Other Languages of Europe*, Multilingual Matters, 2001, p. 3. Même si la définition de la notion d'« intégration » reste délicate (J. PHILLIMORE, « Implementing Integration in the UK : Lessons for Integration Theory, Policy and Practice », *Policy and Politics*, 2012, p. 525 s. et littérature citée pp. 2-4).

[62] *Ibid.*, p. 4.

[63] V. par ex. Arrêté du 25 avril 2023 fixant la liste des diplômes et certifications attestant du niveau de maîtrise du français requis pour l'obtention d'une carte de résident, d'une carte de résident permanent ou d'une carte de résident portant la mention « résident de longue durée-UE » et la formation linguistique obligatoire qui peut être prescrite dans le cadre du « Contrat d'intégration républicaine », art. R413-2 et s. du CESEDA.

[64] C'est le cas par exemple du judéo-espagnol, de l'arménien occidental ou de l'arabe dialectal, M-C. BORNES VAROL, P. MAVROGIANNIS, *op. cit.*, p. 561, A. DONABEDIAN, *op. cit.*, p. 611, D. CAUBET, *op. cit.*, pp. 584-585.

[65] V. J. TOUTOUS, *Les univers de l'action collective en faveur des langues régionales ou minoritaires. Une sociologie de l'engagement pour les langues de Bretagne et de Lusace*, Thèse Université de Rennes 1, 2022 ; L. JALABERT, « "Vivre au pays", les régionalismes en

discours politique et les textes juridiques[66]. De plus, ces revendications reçoivent aujourd'hui un appui de la part des collectivités territoriales et de leurs élu(e)s. Les réactions suscitées par la décision du Conseil constitutionnel relative à la loi « Molac » de 2021 illustrent cet appui[67]. Il en est de même de l'utilisation des langues régionales par certaines collectivités pour construire leur propre « récit régional »[68].

Or, si les revendications des locuteurs des langues non-territoriales ne sont pas inexistantes[69], elles n'exercent pas la même influence que celles qui concernent les langues régionales. L'absence d'une implantation historique de ces langues dans des territoires précis de l'État peut expliquer l'absence d'un appui politique, notamment local, en leur faveur. Surtout, d'une manière générale, les langues non-territoriales « *ne sont pas revendiquées par leurs locuteurs comme "langues de France"* »[70]. Les locuteurs de l'arabe dialectal dévaluent même leur langue par rapport à « *la langue mythique, l'arabe classique* »[71]. L'absence de revendications linguistiques et d'un appui politique peut freiner le développement de l'intervention étatique en faveur de ces langues.

2. Les raisons liées à la conception des mesures de protection

Une autre série de raisons peut expliquer le faible développement de l'intervention de l'État. Il s'agit de la difficulté de concevoir des mesures de protection visant ces langues du fait de leurs caractéristiques. D'une part, contrairement aux langues régionales, il s'agit de langues non-territoriales. En ce qui concerne les premières, un certain nombre de mesures de protection s'applique dans les territoires où elles sont pratiquées sur la base du principe de territorialité. Celui-ci a vocation à faciliter l'application des mesures d'un point de vue organisationnel. Or, l'absence d'une implantation territoriale spécifique des langues non-territoriales peut rendre complexe

---

France dans les années 1960- 1970 », *in* M. PIGENET, D. TARTAKOWSKY (dir.), *Histoire des mouvements sociaux en France. De 1814 à nos jours*, Paris, La Découverte, 2014, p. 563 s.

[66] G. KREMNITZ, « La problématique initiale de la liste *Cerquiglini* et ses effets ultérieurs », *op. cit.*, p. 38.

[67] V. GUSET, « Les collectivités territoriales et la protection des langues régionales », *in* C. GARBAR (dir.), *Décentralisation et territoire(s)*, PUJP, 2025, et références citées en note de bas de page n°5.

[68] *Ibid.*

[69] Par ex., « *La France doit reconnaître et enseigner la langue berbère. Entretien avec Tassadit Yacine, Anthropologue, Directrice d'études à l'Ecole des hautes études en sciences sociales* », *Le Club de Mediapart*, 2020.

[70] Rapport 2013, p. 19.

[71] D. CAUBET, *op.cit*, p. 585.

l'adoption de mesures qui auraient vocation à s'appliquer sur l'ensemble du territoire national.

D'autre part, ces langues sont placées dans des situations très différentes. Sont qualifiées comme telles des langues qui ont un nombre de locuteurs très variable, des langues qui soulèvent des débats au sein des groupes de locuteurs, des langues qui sont menacées à des degrés variés, des langues qui bénéficient ou non d'un statut d'officialité dans un autre État, des langues standardisées et non-standardisées ... Ces différences[72] peuvent également freiner un développement de l'intervention de l'État en leur faveur.

La *Charte* prend en compte ces caractéristiques spécifiques des langues non-territoriales en prévoyant que les mesures de protection prévues par la Partie II ne leur sont applicables que d'une manière adaptée[73]. Or, l'adoption de ces mesures est rendue complexe dans les États parties. Une focalisation sur le domaine de l'enseignement scolaire révèle qu'ils sont nombreux à rencontrer des difficultés dans la mise en place d'un enseignement des langues non-territoriales[74]. Le nombre limité de locuteurs, l'absence de matériel pédagogique, d'enseignants ou l'insuffisante standardisation sont autant de facteurs qui expliquent ces difficultés. Même si certains États déploient des mesures dans ce domaine, comme les Pays-Bas[75] ou Chypre[76], la faible intervention constatée en France est loin d'être un exemple isolé en Europe.

Cependant, même si les caractéristiques des langues non-territoriales influencent incontestablement l'intervention étatique, le peu d'évolutions constaté en France depuis 1999 est révélateur d'un certain embarras concernant ces langues. L'hésitation qui a traversé leur reconnaissance en tant que « Langues de France » n'a pas été dissipée. L'incertitude qui en résulte quant aux langues finalement retenues a pu avoir des conséquences sur l'ampleur des mesures adoptées par la suite. Dans ce contexte, l'actuel Délégué général de la DGLFLF considère que la décision d'identifier certaines langues en tant que langues non-territoriales, notamment l'arabe

[72] Elles peuvent aussi concerner certaines langues régionales, comme les variations du nombre de locuteurs.

[73] Art. 7§5 de la Charte.

[74] G. ANDRÁSSY, M. VOGL, « Non-territorial languages », *in* I. URRUTIA LIBARONA, A. N. LOPEZ, E. J. RUIZ VIEJTEZ (dir.), *Shaping language rights – Commentary on the European Charter for Regional or Minority languages in light of the Committee of Experts' evaluation*, Council of Europe Publishing, 2012, pp. 89 et s.

[75] Rapport CE Pays-Bas, 7ème cycle de suivi, 2024, §42 pour le yiddish.

[76] Rapport CE Chypre, 4ème cycle de suivi, 2014, §§42 et s. pour l'arménien et l'arabe maronite.

dialectal et le berbère, « *devrait sans doute être reconsidérée* »[77]. « Langues [oubliées] de France », certaines pourraient ainsi devenir des « Langues [éphémères] de France ».

[77] C. LAGARDE, « Entretien avec M. Paul de Sinety, délégué général à la langue française et aux langues de France », *Glottopol*, 34/2020, p. 32.

L'enseignement *des* et *en* langues régionales : vers une révision constitutionnelle ?

Yoann FERNANDEZ
Doctorant en droit public
Université Toulouse 1 Capitole, IDETCOM

L'enseignement des langues régionales constitue un support indispensable à la protection et à la valorisation de celles-ci. En effet, sur le territoire métropolitain, les langues régionales ne font pas l'objet d'une transmission intergénérationnelle. L'enseignement est le principal vecteur[1] de transmission des connaissances linguistiques essentielles à l'apprentissage des langues régionales aux générations présentes et futures. La survie de ces idiomes, et plus largement leur protection et leur valorisation, sont principalement garanties par leur enseignement notamment car la découverte de ces langues se fait, dans l'hexagone, presque toujours dans le milieu scolaire.

La possibilité juridique d'enseigner les langues régionales s'inscrit dans un processus d'assouplissement d'une longue tradition d'unification linguistique, corollaire de l'unité et de l'indivisibilité de la République. En effet, si la Constitution du 4 octobre 1958 proclame l'indivisibilité de la République[2], ce principe est bien plus ancien dans l'histoire de France. Dès la proclamation de la République[3], ce principe a notamment eu pour objectif d'instituer l'unité de la nation française. L'indivisibilité de la République *« repose sur l'unicité du souverain qui ne peut être que le peuple français, selon les termes des alinéas 1 et 2 de l'article 3 de la Constitution de 1958 »*[4] *et « l'un des liens qui permet, en effet, de cimenter l'unicité du peuple peut être la langue parlée par ce groupe, tant l'unité nationale peut être associée à l'unité linguistique »*[5].

Toutefois, l'officialité de la langue française en tant que langue de la République n'est intervenue que bien plus tard, dans le contexte de la

---

[1] E. GEFFRAY, « L'enseignement, vecteur essentiel des langues régionales », *in Rapport au Parlement sur la langue française*, Délégation générale à la langue française et aux langues de France, 2023, p. 69.

[2] Art. 1er, Constitution du 4 oct. 1958.

[3] Le 25 sept. 1792, la Convention nationale proclame l'unité et l'indivisibilité de la République française.

[4] M. VERPEAUX, « L'unité et la diversité dans la République », *in* dossier : Le Conseil constitutionnel et les collectivités territoriales, *Nouveaux Cahiers du Conseil constitutionnel* n°42, janv. 2014.

[5] *Ibid.*

signature du Traité de Maastricht[6]. S'il semblerait que ce principe « *n'était nullement dirigé contre les langues régionales (...) force est de constater que (...) l'alinéa échappe, au moins en partie, aux intentions de ses auteurs et s'applique indépendamment de celles-ci* »[7]. En vertu de ce principe, la langue française est la langue officielle dans la sphère publique. Elle est donc imposée aux personnes morales de droit public et aux personnes privées dans l'exercice d'une mission de service public mais ne s'impose pas à la sphère privée[8]. Elle ne peut non plus contraindre les enseignants et chercheurs[9].

L'inscription à l'article 75-1 de la Constitution des langues régionales intégrant le patrimoine de la France ne remet pas en question l'officialité du français. Tout d'abord, parce qu'elle intègre le Titre XII relatif aux collectivités territoriales et non le Titre Ier consacré à la souveraineté. Ensuite, parce que ces dispositions ne répondent pas à la même logique que les dispositions relatives à la langue officielle. Si les dispositions de l'article 2 de la Constitution imposant une langue officielle contraignent et obligent, notamment en consacrant le moyen normal de communication interne des institutions publiques et des services publics, l'article 75-1 « *consacre l'existence d'un patrimoine linguistique diversifié, faisant entrer dans le droit le constat d'une réalité sociologique en matière des langues en France issue de l'exercice de la liberté d'expression* »[10]. Il s'agit là d'une simple nuance apportée à l'unité linguistique et non une véritable exception. Le Conseil constitutionnel a ainsi jugé que l'article 75-1 « *n'institue pas un droit ou une liberté que la Constitution garantit [et] que sa méconnaissance ne peut donc être invoquée à l'appui d'une question prioritaire de constitutionnalité* »[11]. Partant, il est difficile de déceler de véritables effets juridiques dans ces dispositions, notamment en ce qui concerne l'attribution d'un droit linguistique même minimaliste. Toutefois, le Conseil constitutionnel a précisé que « *pour concourir à la protection et à la promotion des langues régionales, leur enseignement peut être prévu dans les établissements qui assurent le service public de l'enseignement ou sont*

[6] Art. 1er de la loi constitutionnelle n°92-554 du 25 juin 1992 ajoutant à la Constitution un titre : « Des communautés européennes et de l'Union européenne », *JORF* 26 juin 1992, p. 8406.
[7] G. CARCASSONNE, « Étude sur la compatibilité entre la Charte européenne des langues régionales ou minoritaires et la Constitution », *La documentation Française*, p. 24.
[8] CC, 29 juill. 1994, n°94-345 DC, cons. 13.
[9] *Ibid*, cons. 24.
[10] J. ARLETTAZ, « Le Conseil constitutionnel et les normes constitutionnelles linguistiques », le blog de *Jus Politicum, Revue internationale de droit constitutionnel*, 9 juin 2021.
[11] CC, 20 mai 2011, n°2011-130 QPC, *Mme Cécile L. et autres*, cons. 3.

associés à celui-ci »[12] dans le cadre contraignant de l'article 2 de la Constitution.

Pourtant, la reconnaissance constitutionnelle de langues régionales devait permettre la ratification de la Charte européenne des langues régionales ou minoritaires qui, à ce jour, ne l'est toujours pas. Par ailleurs, la loi relative à la protection patrimoniale des langues régionales et à leur promotion[13] a essayé de donner un cadre législatif plus solide à l'enseignement des langues régionales en précisant, de manière lacunaire, les modalités de l'enseignement dit immersif. Dispositions partiellement censurées, le Conseil constitutionnel n'a pas su concilier le principe de la primauté de la langue française découlant de l'unité et de l'indivisibilité de la République, aboutissement de l'ordonnance de Villet-Cotterêts, et le principe de patrimonialité des langues régionales.

Ces propos introductifs révèlent la tension existante entre deux principes constitutionnels à concilier. D'un côté, une longue tradition d'unité linguistique matérialisant l'indivisibilité de la République et de l'autre, la patrimonialisation des langues régionales matérialisant une réalité sociologique. Dans un contexte de revendication d'un droit à pratiquer la langue régionale dans certains territoires, véhicule de l'identité et de la culture locale, la survie, la protection et la transmission sont assurées par l'enseignement de ces idiomes. Or, les modalités d'enseignement, au premier rang desquelles figure l'enseignement immersif, sont limitées par la Constitution dont les gardiens censurent les dispositions législatives trop permissives. Dès lors, comment dépasser ces limites constitutionnelles afin de favoriser un enseignement garant de la protection et de la valorisation des langues régionales ? Une révision constitutionnelle, souvent proposée, est-elle nécessaire pour sécuriser et pérenniser les pratiques existantes?

Le dépassement de ces limites ne peut rationnellement s'envisager que par une voie intermédiaire entre un souverainisme excessif à l'origine d'une interprétation sclérosante de l'unité de l'État et un régionalisme fantasmé qui mènerait inexorablement à un État indépendant. En effet, l'unité de la République n'est plus aussi fragile qu'elle l'était et l'intégrité du territoire est bien affirmée[14]. Par ailleurs, les langues régionales répondent à un besoin

[12] CC, 21 mai 2021, n°2021-818 DC, *loi relative à la protection des langues régionales et à leur promotion*, cons. 18.

[13] Loi n°2021-641 du 21 mai 2021 relative à la protection patrimoniale des langues régionales et à leur promotion, *JORF* n°0119 du 23 mai 2021.

[14] Rapport au Premier ministre, *L'enseignement des langues régionales. État des lieux et perspectives après la décision du Conseil constitutionnel du 21 mai 2021*, juill. 2021, p. 1.

d'appartenance à la République plutôt qu'à une pensée d'opposition. Elles constituent un pont entre les générations, les populations et les territoires[15].

Dès lors, après avoir exposé les limites constitutionnelles à l'enseignement *des* et *en* langues régionales issues d'une prépondérance de l'unité linguistique (I), il sera proposé quelques moyens de concilier monolinguisme juridique et multilinguisme sociologique afin de dépasser ces limites constitutionnelles qui circonscrivent l'enseignement (II).

I. Les limites constitutionnelles à l'enseignement : la prépondérance de l'unité linguistique

La reconnaissance juridique de l'enseignement des langues régionales s'est réalisée progressivement (A). Du passage de l'enseignement *des* langues régionales à l'enseignement *en* langues régionales, un certain degré d'immersion de ces langues dans l'enseignement est aujourd'hui incompatible avec la Constitution (B).

A. La reconnaissance juridique progressive de l'enseignement des langues régionales

L'histoire de l'enseignement des langues régionales est marquée par l'idée selon laquelle elles remettraient en question l'unité républicaine. La loi Ferry du 28 mars 1882[16] avait pour objectif l'apprentissage du français par « *[l'] immersion forcée en français, puisqu'il est interdit aux élèves de s'exprimer dans la langue régionale (très souvent leur langue maternelle), aussi bien dans le cadre strict de l'apprentissage que dans leurs rapports entre eux* »[17]. Ce n'est qu'à partir de 1951 avec la loi Deixonne[18] que l'enseignement des langues et des dialectes locaux est rendu possible.

Acte fondateur de l'enseignement des langues régionales, la loi Deixonne impose tout de même un caractère facultatif à cet enseignement qui doit s'effectuer en dehors des programmes et des horaires normaux et sur la base du volontariat tant des élèves que des enseignants. Par ailleurs, le législateur ne reconnait initialement que quatre langues régionales à savoir le basque, le breton, le catalan et l'occitan. Néanmoins, d'autres langues se verront attribuer le statut de langue régionale progressivement comme le corse, l'alsacien ou encore le créole. Cette loi marque donc la possibilité juridique

---

[15] *Ibid.*

[16] Loi du 28 mars 1882 portant sur l'organisation de l'enseignement primaire.

[17] Rapport au Premier ministre, *L'enseignement des langues régionales…*, *op. cit*, p. 22.

[18] Loi n°51-46 du 11 janv. 1951 relative à l'enseignement des langues et dialectes locaux, JORF n°12 du 13 janv. 1951, p. 483.

d'enseigner les langues régionales. Très sommairement[19], sans dresser un inventaire à la Prévert, d'autres textes développent progressivement la possibilité d'enseigner les langues régionales puis d'enseigner en langues régionales. Par exemple, plusieurs circulaires, dont celle du 7 septembre 1971 qui prévoit trois heures d'enseignement hebdomadaires au lycée et aligne les modalités de cette épreuve au baccalauréat sur les autres épreuves facultatives ; ou encore la circulaire Savary[20] qui tout en réitérant le principe du volontariat des élèves et des enseignants, autorisent les expérimentations pédagogiques comme les classes bilingues dans l'enseignement public. Elles marquent alors le passage de l'enseignement des langues régionales à l'enseignement en langues régionales puisque d'autres disciplines peuvent être enseignées dans ces autres langues que le français. De même, la loi du 23 avril 2005 d'orientation et de programmes pour l'avenir de l'école prévoit la signature de conventions intégrant en leur sein des dispositions fixant les modalités relatives à l'enseignement des langues et cultures régionales entre l'État et les collectivités territoriales où ces langues sont en usage. Enfin, la loi du 8 juillet 2013 d'orientation et de programmation pour la refondation de l'école de la République dispose que l'enseignement des langues régionales est prioritairement favorisé dans les régions où elles sont en usage. En outre, ce texte élève au rang législatif la faculté d'un enseignement bilingue sans toutefois contraindre à une répartition horaire.

Certaines modalités d'enseignement des et en langues régionales sont désormais inscrites dans le Code de l'éducation. Par exemple, l'article L. 121-3 dispose que « *la maitrise de la langue française et la connaissance de deux autres langues font partie des objectifs fondamentaux* », et l'une d'elles peut être une langue régionale. L'article L. 312-10 prévoit que les langues et cultures régionales peuvent faire l'objet d'un enseignement facultatif bilingue avec la langue française. Néanmoins, aucune parité horaire n'est prévue alors que le Conseil d'État a suspendu en 2002 deux circulaires relatives à la mise en place d'un enseignement bilingue par immersion en langue régionale qui ne définissaient pas la répartition des enseignements entre le français et la langue régionale tout en précisant qu'aucune discipline ne pouvait être enseignée uniquement en langue régionale[21]. C'est finalement l'arrêté du 12 mai 2003 relatif à l'enseignement bilingue qui détermine la parité horaire de l'enseignement bilingue entre le français et la langue régionale tout en ne faisant pas mention de l'enseignement immersif.

---

[19] Pour une description plus exhaustive de l'évolution du cadre juridique de l'enseignement des et en langues régionales, v. le rapport : *L'enseignement des langues régionales…, op. cit.*, juill. 2021.
[20] Circ., n°82-261 du 21 juin 1982 dite « Circulaire Savary », *BOEN*, n°26, 1er juill. 1982.
[21] CE, 29 nov. 2002, *SNES et autres*, n°238653.

Les modalités de mise en œuvre de l'enseignement immersif ne sont donc pas le sujet de dispositions spécifiques du Code de l'éducation. Seul l'article D. 312-34 relatif au conseil académique des langues régionales prévoit que ce dernier « *veille notamment à la cohérence et la continuité pédagogique des enseignements bilingues, dont celui dispensé par la méthode dite de l'immersion* ». Cette méthode pédagogique est alors mise en œuvre sur la base d'une expérimentation prévue par le Code de l'éducation[22] et par le biais de conventions entre l'État et les collectivités territoriales dans lesquelles une langue régionale est usitée.

C'est cette carence que la loi n°2021-641 du 21 mai 2021 relative à la protection patrimoniale des langues régionales et à leur promotion a voulu combler, insuffisamment, subissant alors la censure prévisible du Conseil constitutionnel.

B. Les limites constitutionnelles de l'enseignement en langues régionales

L'article 4 de la loi relative à la protection patrimoniale des langues régionales et à leur promotion légalisait « *un enseignement immersif en langue régionale, sans préjudice de l'objectif d'une bonne connaissance de la langue française* ». Mis en œuvre depuis de nombreuses années sur la base des dispositions législatives relatives à l'expérimentation, l'enseignement immersif trouvait dans cet article un socle légal sécurisant la pratique existante. Toutefois, cet article a subi la censure prévisible du Conseil constitutionnel conformément à sa jurisprudence précédente. Pourtant, les soixante députés n'ont pas saisi le Conseil constitutionnel afin de déclarer l'article 4 contraire à la Constitution mais seulement l'article 6.

Après avoir rappelé que les particuliers ne peuvent se prévaloir d'un droit à l'usage d'une autre langue que le français dans leurs relations avec les administrations et les services publics qui se voient imposer l'usage du français en vertu de l'article 2 de la Constitution et que « *les langues régionales appartiennent au patrimoine de la France* », le Conseil constitutionnel déclare contraire à la Constitution l'enseignement immersif tel qu'il le définit au regard des travaux préparatoires. En effet, il déduit de ces travaux que « *l'enseignement immersif d'une langue régionale est une méthode qui ne se borne pas à enseigner cette langue mais consiste à l'utiliser comme langue principale d'enseignement et comme langue de communication au sein de l'établissement* »[23].

---

[22] Art. L. 314-1, L. 312-2, D. 314-2 et D. 314-4, C. éduc. modifiés par la loi n°2019-791 du 26 juill. 2019 pour une école de la confiance et par le décret n°2019-1388 du 18 déc. 2019.

[23] CC, 21 mai 2021, n°2021-818 DC, cons. 19.

Bien que le Conseil constitutionnel rappelle la constitutionnalité de l'enseignement des langues régionales, il conclut que l'enseignement immersif tel qu'il est prévu dans la loi a pour objet de substituer la langue locale à la langue nationale tant dans l'enseignement que dans les relations avec l'administration, ce qui est contraire à l'article 2. Au regard de l'interprétation que le Conseil constitutionnel fait de l'enseignement immersif, cette décision s'inscrit parfaitement dans la lignée de sa jurisprudence antérieure[24]. En effet, dès 1999, dans sa décision sur la Charte européenne des langues régionales ou minoritaires[25], il rappelle que le principe d'unicité du peuple et d'indivisibilité de la République s'oppose à l'attribution de droits spécifiques à des locuteurs de langue régionale. Dans sa décision de 1991 sur la loi portant statut de la collectivité territoriale de Corse, il juge que l'enseignement de la langue régionale dans le temps scolaire doit être facultatif et qu'il ne peut « *soustraire les élèves scolarisés dans les établissements de la collectivité territoriale de Corse aux droits et obligations applicables à l'ensemble des usagers des établissements qui assurent le service public de l'enseignement ou sont associés à celui-ci* »[26]. Par ailleurs, l'enseignement des langues régionales ne peut être imposé ni aux élèves, ni aux enseignants et doit revêtir un caractère facultatif[27]. Le Conseil constitutionnel a étendu le respect de ces règles à l'enseignement immersif, notamment dans sa décision n°2001-456 DC du 27 décembre 2001.

Enfin, cette décision ne concerne que les établissements publics et les établissements privés dans l'exercice d'une mission de service public c'est-à-dire les établissements privés sous contrat. Partant, l'enseignement immersif reste possible pour les établissements privés hors contrat d'association.

Dans sa décision de 2021, le Conseil constitutionnel déclare donc contraire à la Constitution un enseignement immersif faisant l'objet d'une définition trop extensive. Alors que le législateur a précisé que cette méthode d'enseignement doit s'effectuer « *sans préjudice d'une bonne connaissance de la langue française* », apportant une certaine souplesse à l'enseignement immersif, c'est ce caractère trop permissif qui n'est pas conforme à l'article 2. Dès lors, l'inconstitutionnalité pourrait être levée en précisant certains éléments de définition, ce qui aurait pour effet de sécuriser cette pédagogie d'enseignement grandement fragilisée par le Conseil constitutionnel.

---

[24] T. BERTHOUMIEUX, « Conseil constitutionnel, 15 juin 1999, n°99-412 DC », *Les grandes décisions de la jurisprudence constitutionnelle – Approche politique*, LGDJ – Lextenso, éd., 2024, pp. 404-441.

[25] CC, 15 juin 1999, décision n°99-412 DC.

[26] CC, 9 mai 1991, n°91-290 DC.

[27] CC, 17 janv. 2002, n°2001-454 DC.

II. Le dépassement des limites constitutionnelles : la conciliation entre particularisme régional et unité linguistique

L'évolution des pratiques pédagogiques vers des méthodes d'enseignement immersif ne peut être mise en œuvre à Constitution constante. Néanmoins, si une révision constitutionnelle n'apparait pas nécessaire (B), une conciliation entre l'enseignement en langue régionale et les principes constitutionnels peut voir le jour à la fois dans une définition restrictive de l'enseignement immersif[28] et dans l'interprétation plus permissive de la Constitution qui présente la souplesse nécessaire pour ce faire (A).

A. La conciliation de l'enseignement en langue régionale avec les normes constitutionnelles

Sans présager d'une constitutionnalité certaine, une définition plus claire et précise de l'enseignement immersif permettrait de lever les obstacles de l'inconstitutionnalité actuelle de cette méthode pédagogique. Cependant, concilier nécessite parfois des concessions. Ainsi, une définition maximaliste de l'enseignement immersif nous parait difficilement conciliable avec le caractère contraignant de l'officialité de la langue française. Par ailleurs, une interprétation trop restrictive de l'article 75-1 de la Constitution et du principe d'unité et d'indivisibilité de la République ne permet pas d'attribuer un véritable contenu juridique audit article 75-1. En effet, bien qu'il ne constitue pas un droit ou une liberté garantis par la Constitution dans le cadre d'une question prioritaire de constitutionnalité[29], ces dispositions ne sont pas pour autant vidées de tout contenu juridique et ne doivent pas être renvoyées à un rang symbolique. Son insertion dans la Constitution est un appel au législateur de combler une carence concernant la protection et la valorisation des langues régionales notamment par l'enseignement *des* langues régionales mais aussi par l'enseignement *en* langue régionale.

Le Conseil constitutionnel considère tout d'abord que la langue régionale a vocation à se substituer à la langue française dans l'exercice de l'enseignement immersif. Plusieurs conditions doivent donc être clairement rappelées dans la définition de cette méthode d'enseignement. Premièrement, le caractère nécessairement facultatif de cette pratique qui ne peut être imposée ni aux élèves ni aux enseignants[30]. Deuxièmement,

[28] Circulaire « Langues et cultures régionales – Cadre applicable et promotion de leur enseignement » du 14 décembre 2021, MENJS-DGESCO-C1-3, Bulletin officiel de l'éducation nationale, de la jeunesse et des sports, n°47, 16 décembre 2021.

[29] CC, 20 mai 2011, n°2011-130 QPC, *Mme Cécile L. et autres*.

[30] CC, 17 janv. 2002, n°2001-454 DC.

l'objectif essentiel de maitrise des deux langues, dont le français[31]. En effet, la maitrise du français doit *in fine* être équivalente à celle des élèves dans les établissements dits classiques. Cet objectif pose la question de la répartition horaire entre l'usage du français et de la langue régionale. Alors que le Conseil d'État a rappelé la nécessité de la parité horaire de l'enseignement bilingue pour être conforme à la Constitution, l'enseignement immersif n'a d'intérêt que s'il se distingue des modalités de ce type d'enseignement bilingue notamment en dépassant la répartition paritaire sans toutefois devenir la langue principale d'usage. Pour ce faire, la répartition horaire pourrait se réfléchir en fonction des cycles d'enseignement[32] dans lesquels une des deux langues serait progressivement introduite. En outre, quel sens donner à la notion de « langue principale d'enseignement » ? Une appréhension quantitative est-elle préférable à une appréhension qualitative ? Au demeurant, cette définition prendrait en considération les particularités linguistiques des territoires d'outre-mer dans lesquels les enjeux de la langue régionale sont inversés par rapport aux enjeux des régions métropolitaines[33]. En effet, dans les territoires d'outre-mer, la langue régionale est souvent la langue maternelle. Ainsi, l'introduction progressive de l'apprentissage du français bénéficierait à la réussite scolaire des élèves et *in fine* a un meilleur accès au droit, à l'éducation, à la justice et à tous les services publics dans lesquels le français est la langue officielle de communication. C'est, dans cette hypothèse, le principe même d'égalité qui est en jeu dans ces territoires.

Ensuite, le Conseil constitutionnel considère que la langue régionale est la langue de communication des établissements pratiquant l'enseignement immersif. Or, « *l'usage du français s'impose aux personnes morales de droit public et aux personnes de droit privé dans l'exercice d'une mission de service public ; [et] les particuliers ne peuvent se prévaloir dans leurs relations avec les administrations et les services publics, d'un droit à l'usage d'une langue autre que le français, ni être contraint à un tel usage* »[34]. L'application de ce principe est plutôt stricte car il exige que la langue de vie de l'établissement reste le français. Sauf à infléchir cette interprétation découlant de l'article 2 de la Constitution, l'enseignement immersif sera difficilement conciliable avec la norme suprême. Pourtant, une nuance pourrait y être apportée. Le caractère facultatif de l'usage de la langue régionale en tant que langue de vie de l'établissement additionné à

---

[31] Art. L. 121-3, C. éduc.

[32] Rapport au Premier ministre, *L'enseignement des langues régionales…*, *op. cit.*, p. 48.

[33] Rapport fait au nom de la Commission des affaires culturelles et de l'éducation sur la proposition de loi, *Pour une meilleure réussite scolaire des jeunes ultramarins grâce à l'apprentissage des langues régionales*, 22 mai 2024.

[34] CC, 27 déc. 2021, n°2001-456 DC, cons. 48.

une interprétation moins exigeante de l'article 2. La définition de l'enseignement immersif doit rappeler avec force que la langue régionale n'a pas vocation à se substituer au français qui doit rester la langue de communication du service public mais que la langue régionale peut être utilisée dans le cadre de l'enseignement immersif sans être imposée ni aux élèves, ni aux enseignants, ni aux personnels de l'établissement. L'objectif de cette mesure doit uniquement être pédagogique et les élèves peuvent donc toujours communiquer en français au sein de l'établissement sans jamais être contraints d'user de la langue locale. Au demeurant, il existe des nuances à la primauté de la langue française pour le service de communication audiovisuelle[35] et les enseignants et chercheurs.

Cette définition de l'enseignement immersif s'accompagne nécessairement d'une inflexion de l'interprétation de l'article 2 de la Constitution et du principe de l'unité et de l'indivisibilité de la République sans pour autant les remettre en question. Le risque parait minime, la pratique expérimentale de l'enseignement immersif depuis de nombreuses années ne semble pas avoir fait trembler la République.

B. Vers une révision constitutionnelle ?

À défaut d'adopter une voie médiane qui consisterait en un assouplissement de l'interprétation des principes constitutionnels restreignant l'enseignement immersif des langues régionales et une définition claire de cette pratique pédagogique afin de les concilier pour offrir à l'enseignement en langue régionale un cadre juridique sécurisé, une révision constitutionnelle pourrait voir le jour. L'absence de compromis, notamment de l'abandon d'une définition maximaliste de l'enseignement immersif, pourrait inciter une révision constitutionnelle, souvent proposée[36], elle-même maximaliste afin de ranger la France au côté des États européens qui laissent une place plus importante aux langues régionales dans leur norme suprême rendant alors les pratiques d'enseignement compatibles avec la Charte européenne des langues régionales ou minoritaires.

Cette révision pourrait notamment consister à l'intégration de langues régionales co-officielles matérialisée par une modification de l'article 2 sans nécessairement amender l'article 1er. Cette révision pourrait alors conférer à des locuteurs des droits subjectifs à utiliser une langue régionale par priorité à la langue française. Par exemple, l'Espagne a instauré le castillan comme langue espagnole officielle de l'État[37] tout en officialisant les autres langues

---

[35] CC, 29 juill. 1994, n°94-345 DC.

[36] Rapport au Premier ministre, *L'enseignement des langues régionales…*, *op. cit.*, p. 5.

[37] Art. 3, Constitution espagnole du 27 déc. 1978.

espagnoles dans leurs communautés autonomes respectives[38] sans toutefois porter atteinte à l'unité de la nation espagnole[39]. Par ailleurs, la France a une position singulière en Europe et le refus d'une véritable promotion et protection des langues régionales pourrait l'isoler un peu plus.

Finalement, procéder à une révision constitutionnelle n'apparait que peu pertinent. La Constitution détient d'ores et déjà tous les ingrédients suffisants pour conformer les pratiques de l'enseignement *des* et *en* langues régionales au droit constitutionnel pour autant que le Conseil constitutionnel accepte que le législateur attribue un véritable contenu législatif à l'article 75-1 de la Constitution.

---

[38] *Ibid.*

[39] Art. 2, Constitution espagnole du 27 déc. 1978.

Langue(s) et droits culturels

Jean-Marie PONTIER
Professeur émérite de droit public
Aix-Marseille Université, Centre de recherches administratives

Précision préalable – et indispensable : le sujet est envisagé sous l'angle juridique. *A priori*, l'analyse juridique n'est pas première pour tout ce qui concerne les langues. On attend d'abord, dans ce domaine, les linguistes, les mieux à même de dire ce qu'est une langue, ensuite les ethnologues, qui nous expliquent comment les langues sont utilisées dans les groupes sociaux, les sociologues, qui étudient le fonctionnement de notre société.

Les juristes, eux, sont légitimes à s'exprimer à partir du moment où l'on parle de « droit » ou de « droits », et même lorsque ces notions sont invoquées à tort, quelquefois, par des locuteurs. À partir du moment où l'on parle de « droits culturels », le juriste peut émettre une parole, qui sera différente de celle tenue par des spécialistes d'autres disciplines, à plus forte raison par des non-spécialistes. Par contre-coup, le fait d'associer les langues et les droits culturels autorise les juristes à s'interroger sur les premières sous l'angle juridique.

Mais ce n'est pas la seule raison d'une légitimité à s'exprimer sur un tel sujet. Les langues sont toujours l'expression d'une culture (prise au sens large), le droit est également une forme de culture, il est ce qu'il est, à un moment donné, en vertu de considérations multiples que l'on peut qualifier de « culturelles ». Les langues rencontrent nécessairement le droit parce que le droit s'exprime à travers les mots d'une langue, et que les mots retenus n'ont rien d'anodin. De plus, le juriste doit répondre parce qu'il y a, tout simplement, une « demande » de droit de la part des citoyens. Cela vaut particulièrement dans le domaine qui nous intéresse.

Un autre choix est fait dans cette contribution : la limitation du champ territorial de l'étude. *A priori*, là encore, une telle limitation peut apparaître comme une amputation : d'une part, les droits culturels sont reconnus dans un certain nombre de pays, ils ont fait l'objet de réflexions approfondies, dès lors pourquoi se priver d'une telle comparaison ? ; d'autant que, d'autre part, et du fait de cette antériorité apparente d'autres pays sur le nôtre dans une telle appréhension de ce thème, leur expérience pourrait être utile pour penser et développer les droits culturels en France.

Une telle approche comparative ne pourrait apporter que confusion, pour la raison principale, suffisante à elle seule, qui est la suivante : selon la formule d'un grand économiste aujourd'hui disparu, J. Fourastié, « *on ne peut comparer que ce qui est comparable* ». Cette formule est faussement tautologique. En effet, tout d'abord, les pays dans lesquels des droits culturels ont été proclamés ou revendiqués présentent des caractéristiques très différentes du nôtre. Ces différences peuvent être liées au degré de développement économique, et elles sont essentielles : une revendication de droits (cela ne vaut pas seulement pour les droits culturels) ne peut avoir la même signification, le même contenu, la même portée, selon qu'il s'agit d'un pays très développé ou en développement avec, au surplus, une grande variété de situations dans ces derniers. Une autre différence, tout aussi importante, tient au caractère plus ou moins démocratique du pays, la reconnaissance aux citoyens, non seulement de droits, mais de droits effectifs, étant inséparable de la nature démocratique ou non d'un régime. La manière dont est structurée une société est également un facteur de différenciation : certaines sociétés sont plus homogènes que d'autres. Enfin, l'histoire passée, surtout si elle s'étale sur une longue durée, constitue un facteur décisif de différenciation et, en ce qui concerne la France, avec le rôle particulier majeur qu'a joué et que continue de jouer l'État.

L'exclusion d'une comparaison n'empêche pas de prendre en compte les instruments juridiques internationaux qui parlent de langues et de droits culturels. Cela est même indispensable dans la mesure où ceux qui, en France, ont revendiqué et revendiquent la consécration de droits culturels, se réclament de ces instruments, dont certains ont été signés et ratifiés par la France, et les invoquent à l'appui de leurs demandes.

Comment analyser juridiquement les liens entre « langue(s) et droits culturels » ? Cette question conduit à une interrogation et à une affirmation.

L'affirmation serait celle selon laquelle une langue, ou des langues, peuvent probablement être reconnues comme des droits culturels. L'interrogation reviendrait à se demander si la reconnaissance de droits culturels pourrait avoir une incidence sur le statut d'une langue déterminée, ou de plusieurs langues. Une telle approche serait réductrice, se traduisant par un raisonnement circulaire qui ne serait pas satisfaisant. Il paraît préférable de prendre un peu plus de distance, ou de hauteur, en s'interrogeant sur la manière dont le droit appréhende les langues et les droits culturels dans notre pays.

Une telle approche implique alors inéluctablement de ne pas s'en tenir à la simple analyse de règles. Le droit applicable à ce domaine particulier qu'est le domaine culturel, est inséparable de ce que l'on a pu qualifier, de manière tout aussi large, de « politique culturelle », le recours par les autorités publiques au droit manifestant, également, les ambiguïtés et les limites de ce dernier.

Les choix effectués conduisent alors d'abord à un constat, celui d'un traitement juridique paradoxalement dissymétrique de ces notions (I), ensuite à une explication, celle d'une limitation logique d'une consécration juridique (II).

I. La paradoxale dissymétrie de traitement juridique

Il s'agit de s'interroger sur la manière dont le droit appréhende les langues et des droits qualifiés de « culturels » par ceux qui s'en réclament, mais dont le statut juridique n'est pas aussi clair que pour d'autres droits. Le paradoxe vient de là : si l'on peut observer effectivement une prise en compte juridique, le traitement juridique des unes et des autres est différencié.

A. Une problématique juridique paradoxale

Est-il possible de développer une problématique juridique autour des langues et des droits culturels ? L'existence de dispositions à caractère juridique invite à se poser la question. Mais cette problématique se révèle paradoxale par les réponses apportées.

1. La question des rapports entre les langues et le droit

Les rapports entre les langues et le droit sont loin d'être évidents, mais avant même de les examiner il faut se poser la question suivante : qu'est-ce qu'une langue ?

La réponse ne va pas de soi et les débats entre linguistes sur cette réponse sont extrêmement vifs. Sans les évoquer, ce qui nous éloignerait trop de nos préoccupations, retenons une définition qui soit, au moins grammaticalement, la moins contestable possible, celle donnée par l'Académie française dans son dictionnaire (9ème éd.). Selon l'Académie, une langue est un : « *Système d'expression verbale qui est d'emploi conventionnel dans un groupe humain et permet à ses membres de communiquer entre eux* ».

De nombreux qualificatifs peuvent – et doivent, si l'on veut en parler sans rester à des généralités – être accolés au terme de « langue ». On peut parler de « langue nationale », celle-ci étant, toujours selon l'Académie, « *celle qui est commune à toute une nation* », ainsi que « langues régionales ». Mais on peut parler également de « langue vernaculaire », l'expression désignant, au départ, la langue locale par opposition au latin et, aujourd'hui, en opposition à la langue nationale, de « langue véhiculaire », celle-ci étant la langue utilisée pour communiquer par des communautés dont les idiomes sont différents[1], de « langue officielle », celle-ci étant la

[1] C'est le cas, par ex., d'un certain nombre d'États d'Afrique.

langue, et la seule langue, admise pour la rédaction des textes législatifs et réglementaires (et l'on voit naître ici, déjà, une opposition entre la langue nationale et les langues régionales), de « langue diplomatique », celle qui est choisie par un État dans ses relations internationales[2], de « langue de travail », langue qui est utilisée dans les travaux d'organisations internationales ou adoptées par accord dans les colloques et congrès.

Deux déductions peuvent en être tirées. D'une part, la définition d'une langue est extérieure au droit, ce n'est pas ce dernier qui peut dire ce qu'est une langue. D'autre part, et cependant, le droit n'est pas étranger aux langues, il apparaît en filigrane, lorsque des dispositions existent, et qu'elles peuvent être respectées, ou pas.

Si l'on s'en tient au seul cadre français, on pourrait, s'agissant des langues, distinguer entre les langues parlées et ce que l'on peut appeler les « langues de France »[3]. Les premières, les langues parlées, sont la simple expression d'un constat de fait : les étrangers qui se trouvent sur le territoire français (on pense, notamment, aux touristes) peuvent parfaitement utiliser, entre eux, leur langue. Toutes les langues du monde sont donc susceptibles d'être utilisées sur le sol de notre pays.

L'expression « langues de France » appelle, en revanche, des précisions, car elle emporte, au moins pour partie, un contenu normatif, et elle figure dans de nombreuses propositions de loi déposées et, parfois, discutées, depuis plusieurs décennies. Cette notion de « langues de France » paraît recouvrir trois sous-ensembles.

Le premier est naturellement constitué par la langue française. Celle-ci est la langue de la République française, c'est-à-dire de la forme juridique que s'est donnée l'État, lui-même expression juridique de la nation. Mais il ne peut y avoir coïncidence complète entre la langue de la République, qui est unique comme la République est une, et la langue de la nation, caractérisée, d'une part, dans la définition traditionnelle, par le fait qu'elle englobe les hommes[4] du temps présent, mais aussi ceux du temps passé et des temps à venir, d'autre part, par sa diversité et la pluralité des langues utilisées.

---

[2] Rappelons que, du temps de son rayonnement, au XVIIIe siècle, la langue française fut la langue diplomatique de plusieurs États, elle demeure, aujourd'hui, la langue diplomatique de l'État du Vatican.

[3] V. J.-M. Pontier, *Droit de la langue française,* Dalloz Connaissance du droit, 1996, p. 44 s.

[4] Précisons une fois pour toutes pour éviter tout malentendu, que le masculin, dans la langue française (qui ne comporte pas de neutre) a un sens générique et désigne, au sens restreint du terme, les femmes et les hommes.

Les langues régionales constituent le deuxième sous-ensemble des langues de France. Une difficulté sémantique se présente, en restant sur le plan juridique, sans envisager le plan linguistique : on parle aussi, en France, de « langues locales », c'est ce que faisait la « loi Deixonne »[5], non abrogée. La question est donc la suivante : faut-il assimiler les langues régionales aux langues locales, la région n'existant évidemment pas en 1951, mais ces deux notions ne paraissant pas pouvoir coïncider entièrement ?

Un troisième sous-ensemble est celui des « autres langues », c'est-à-dire des langues autres que le français, et qui ne peuvent pas être considérées comme des langues régionales, tout en étant parlées de manière continue sur le territoire français. Ce fut le cas, autrefois, de l'arabe, du temps de l'Union française[6], c'est le cas, aujourd'hui, de certaines langues qui, dans les parties du territoire français où elles sont parlées, « *sont strictement l'équivalent du français* », selon la formule du ministre de la Culture. C'est le cas du créole, plus exactement *des* créoles, puisqu'il en existe plusieurs. Il y aurait également le cas de certaines langues qui, parce qu'elles sont parlées par des communautés installées sur tout le territoire français avant que n'existât une nation française, et peuvent être enseignées dans certaines écoles, sont plus que des langues *en* France sans être des langues *de* France[7].

2. *La question des droits culturels*

A priori on se trouve, avec les droits culturels, et du point de vue juridique, sur un terrain beaucoup plus sûr que le précédent : puisqu'il s'agit de parler de « droits », le juriste semble devoir être à l'aise, quelle que soit l'appréciation à porter sur les droits culturels. En utilisant (fréquemment) le terme « culturel », on peut dire que les pouvoirs publics admettent une légitimité de l'intervention dans ce domaine.

Un second indice, plus solide, est l'inscription de l'affirmation des droits culturels dans une logique historique de développement des droits. Deux facteurs vont dans le sens d'une reconnaissance de droits culturels. Le premier est institutionnel, c'est l'existence d'un ministère de la culture. La France a été le premier pays au monde, semble-t-il, à se doter d'un ministère spécifique de la culture et, depuis, de nombreux pays ont suivi cette voie.

---

[5] Loi ainsi appelée du nom du parlementaire qui en prit l'initiative par une proposition de loi (loi n°51-46 du 11 janv. 1951 relative à l'enseignement des langues et dialectes locaux, *JO*, 13 janv. 1951, p. 483).

[6] La langue arabe fut reconnue dans le statut de l'Algérie du 20 sept. 1947 (loi n°47-1853 portant statut organique de l'Algérie, *JO*, 21 sept. 1947, p. 9470, art. 57).

[7] C'est le cas, par ex., du yiddish, de l'arménien, du tzigane.

Un autre facteur, dont le précédent découle, est le rôle reconnu à l'État. Le pouvoir politique s'intéresse depuis longtemps à la « culture »[8] : avec l'affirmation du pouvoir royal les artistes sont invités à célébrer la gloire du prince, et des institutions « culturelles » sont créées, en particulier les académies. Ces académies, à commencer par la plus prestigieuse l'Académie française, sont une spécificité de la France, on ne les trouve dans aucun autre pays au monde (bien que certains pays aient cherché à en créer en s'inspirant du modèle français). Quel que soit le régime, par la suite, la tradition d'interventionnisme dans le domaine culturel va perdurer, sous des formes diverses. Tout ceci ne pouvait que favoriser la demande de droits culturels.

B. Un traitement juridique différencié

Il faut entendre par là que la distinction doit être faite entre, d'un côté, la langue française et, d'un autre côté, les autres langues et les droits culturels.

1. Le cas de la langue française

La langue française est à mettre à part, parce que c'est la langue nationale, la langue officielle, la langue qui est parlée (plus ou moins bien) par, sinon la totalité[9], du moins la grande majorité de la population et qu'il existe, depuis longtemps, une sensibilité particulière à cette question. De nombreuses dispositions normatives s'appliquent à la langue française, qu'il s'agisse des normes constitutionnelles ou des normes de valeur inférieure, à commencer par la loi.

La reconnaissance constitutionnelle de la langue française découle de l'article 2 de la Constitution, dont le premier alinéa dispose : « *la langue de la République est le français* ». Cette disposition a été introduite à l'article 2 lors de la réforme constitutionnelle de 1992[10]. Cette formulation, très sobre, appelle les observations suivantes.

L'affirmation constitutionnelle est un énoncé de principe, encore faut-il que, concrètement, cette disposition reçoive application. C'est l'objet de plusieurs lois. La loi du 4 août 1994 dite « loi Toubon »[11] peut être considérée comme une mise en œuvre de l'affirmation constitutionnelle et elle est cohérente avec celle-ci, le Conseil constitutionnel en ayant annulé, de

---

[8] Ainsi qu'on peut l'imaginer, le terme « culture », s'il existait, n'était pas entendu dans le sens où nous l'entendons aujourd'hui, il était réservé aux champs (Littré, dans son dictionnaire, ne retient encore que cette définition), on parlait alors des « Beaux-Arts ».

[9] Un certain nombre d'étrangers arrivant sur le territoire français (de manière régulière ou irrégulière) en vue d'y demeurer ne parlent pas français, ou mal, et les enfants ne le parlent souvent pas du tout.

[10] Loi constitutionnelle n°92-554 du 25 juin 1992 ajoutant à la Constitution un titre : « Des Communautés européennes et de l'Union européenne ».

[11] Loi n°94-665 du 4 août 1994 relative à l'emploi de la langue française.

manière très critiquable, certaines dispositions. Sa mise en œuvre s'est révélée délicate, elle n'est pas toujours respectée, une nouvelle loi serait souhaitable en la matière pour la compléter.

2. *Le cas des langues régionales et des droits culturels*

Si la langue française doit être mise à part, il convient de distinguer, de nouveau, les langues régionales des droits culturels, car les seconds ne peuvent pas, sur le plan juridique, être placés à égalité, ils sont en position d'infériorité, ce que démontrent les normes en présence.

En ce qui concerne les langues régionales, les revendications en leur faveur sont très anciennes. Après la lutte impitoyable menée par la IIIème République contre les langues et patois régionaux, des demandes de reconnaissance ont été faites avec insistance, certaines régions (au sens non administratif) ayant conservé la pratique d'une ou plusieurs langues locales et le courant régionaliste.

Après la guerre, la seule loi, mais importante, qui fut adoptée, fut la loi Deixonne précitée, une loi adoptée sans débat. Il s'agissait de « *favoriser l'étude des langues et dialectes locaux dans les régions où ils sont en usage* », les instituteurs qui en faisaient la demande pouvaient être autorisés à consacrer, chaque semaine, une heure d'activités dirigées à l'enseignement de notions élémentaires de lecture et d'écriture du parler local et à l'étude de morceaux choisis de la littérature correspondante, cet enseignement étant facultatif pour les élèves. Des épreuves facultatives de langue ou dialecte local (mais rapportant des points…) pouvaient être passées au baccalauréat. Un contentieux s'est développé à propos de l'application de cette loi Deixonne.

Les langues régionales soulèvent quelques difficultés délicates, en dehors de celle évoquée plus haut. L'une des difficultés est celle de l'inventaire des langues régionales. La loi Deixonne citait seulement quatre langues régionales : le breton, le basque, le catalan et l'occitan. Mais, d'une part, certaines de ces langues sont parlées hors de France, d'autre part, et surtout, la loi faisait silence sur d'autres langues régionales, notamment l'alsacien et le corse. Des rapports ont été commandés pour établir une liste de ces langues « régionales ». Le résultat peut surprendre : le rapport Cerquiglini[12] en dénombre 75[13] et l'une des questions, à la fois juridique et, encore plus

---

[12] B. CERQUIGLINI, Rapport au ministre de l'éducation nationale et au ministre de la culture, *Les langues de France*, avril 1999.

[13] Cela s'explique par l'existence d'un grand nombre de langues locales (voire d'idiomes, la distinction n'étant pas aisée à faire) outre-mer, certaines langues n'étant parlées, selon le rapport, que par quelques centaines de personnes.

politique, est de savoir si l'on peut mettre toutes ces langues régionales sur le même plan.

Une constitutionnalisation *a minima* a été faite à la suite de multiples demandes. L'article 75-1 de la Constitution dispose : « *les langues régionales appartiennent au patrimoine de la France* ». Cette formule un peu bancale comme sa position dans le texte constitutionnel (dans le titre XII relatif aux collectivités territoriales) montrent, d'une part, que, sur le plan juridique, les langues régionales sont bien secondes par rapport à la langue française, d'autre part, que la teneur juridique de la reconnaissance des langues régionales est actuellement faible, de nouveaux développements pouvant intervenir dans l'avenir.

Si l'on éprouve, du point de vue juridique, des difficultés pour les langues régionales, combien plus en est-il ainsi pour les droits culturels. La rareté des dispositions normatives sur les droits culturels peut s'expliquer, dans une première approche, pour les raisons suivantes.

En premier lieu, le terme « culturel » pose problème parce que la définition de la « culture » fait débat, qu'il y a de multiples conceptions de ce qu'est la culture, que ces définitions ne coïncident pas entre elles, que les débats sont vifs sur le contenu de la culture, sur ce qui peut en relever et ce qui doit en être exclu et, par conséquent, ce flou ne peut que retentir sur une traduction juridique éventuelle[14].

En second lieu, il faut relever une absence, qui peut être considérée, selon les points de vue, comme une cause ou comme une illustration, c'est celle d'un code qui inclurait les droits culturels. Ce point est rarement soulevé, mais il est important. La plupart des lois, innombrables, sont réunies dans des codes, la nécessité de ceux-ci découlant du nombre de celles-là. Dans le domaine de la culture il y a bien un code, c'est le Code du patrimoine, et une disposition fait référence à la langue française et aux langues régionales[15]. Mais ce n'est pas en termes de patrimoine que l'on peut penser des droits culturels. En fait, c'est dans un « Code de l'action culturelle » que devraient figurer ces droits, et l'on a bien pensé, un temps, à adopter un tel code, mais on y a finalement renoncé en raison des difficultés rencontrées à la fois quant à son contenu et quant à sa structure.

Les dispositions relatives aux droits culturels sont à la fois récentes et rares. Ces droits apparaissent pour la première fois dans la loi NOTRe, à

---

[14] On trouvera un exposé de ces difficultés à la fois conceptuelles, politiques et juridiques dans J.-M. PONTIER, J.-C. RICCI, J. BOURDON, *Droit de la culture,* Dalloz 2ème éd. 1996.

[15] C'est le premier article de ce code, l'article L. 1, détaché du reste du code, et qui fait référence, dans son second alinéa, au « *patrimoine linguistique, constitué de la langue française et des langues régionales* ».

l'article 103, de manière incidente, à propos des responsabilités en matière culturelle de l'État et des collectivités territoriales[16]. Une seconde disposition est l'article 3 de la loi du 7 juillet 2016 relative à la liberté de création, à l'architecture et au patrimoine (dite loi CAP)[17]. Toute la question est de savoir quelle est la portée de ces dispositions, dont la rédaction même présente un caractère laborieux. Cela montre l'écart entre des revendications, compréhensibles et sans doute légitimes, et ce qu'est et ce que peut le droit.

II. Facteurs explicatifs

Il convient de tenter d'apporter une réponse au paradoxe analysé ci-dessus, et à la situation, qui paraît assez particulière, qui est celle de notre pays.

A. Les questionnements sur la langue française

Une double série de questionnements peut être repérée, un questionnement sur les autorités compétentes, éventuellement, pour se prononcer sur la langue, et un questionnement sur la forme de la langue.

1. Les questionnements sur les autorités compétentes pour intervenir sur la langue

En premier lieu, et parce que la France fait partie d'un ensemble qui est l'Union européenne, il convient de s'interroger sur la possibilité qu'auraient les autorités de l'Union d'intervenir en matière de langue. La question est moins saugrenue qu'il ne paraît car, dans les années 1990, des voix se sont élevées au sein de la Commission de ce qui était alors la Communauté européenne pour contester, sur le fondement de la libre circulation des biens et des services au sein de l'espace unique européen, le droit des États membres à imposer l'usage de leur langue nationale sur leur territoire[18], certains étant prêts à assimiler de telles dispositions nationales à une mesure d'effet équivalent à une restriction quantitative d'importation, prohibée par le Traité de Rome.

---

[16] Cet article 103 est ainsi rédigé : « *La responsabilité en matière culturelle est exercée conjointement par les collectivités territoriales et l'État dans le respect des droits culturels énoncés par la convention sur la protection et la promotion de la diversité des expressions culturelles du 20 octobre 2015* ».

[17] Cet article est ainsi rédigé : « *L'État, à travers ses services centraux et déconcentrés, les collectivités territoriales et leurs groupements ainsi que leurs établissements publics définissent et mettent en œuvre, dans le respect des droits culturels énoncés par la convention sur la protection et la promotion de la diversité des expressions culturelles du 20 octobre 2005, une politique de service public construite en concertation avec les acteurs de la création artistique* ».

[18] V. J. LEGENDRE, *Rapport sur le projet de loi relatif à l'emploi de la langue française*, Doc. Parl. Sénat 1993-1994, n°309.

Les juridictions communautaires n'ont pas eu à traiter directement cette question. Cependant, la Cour de justice des communautés européennes (CJCE, avant que celle-ci ne devienne la CJUE) a d'abord rendu un arrêt, ne concernant pas la France, et selon lequel il n'est pas possible à un pays d'imposer le recours exclusif à une langue déterminée sans reconnaître la possibilité d'assurer l'information du consommateur par d'autres mesures[19]. Puis, dans un autre arrêt concernant, lui, la France, la Cour a fait beaucoup mieux, c'est-à-dire pire. Dans une affaire où, en application de la loi de 1994, les autorités françaises avaient sanctionné un supermarché parce que les indications sur les produits n'étaient pas en langue française, la Cour, saisie sur question préjudicielle, désavoue les autorités françaises, déclarant (point 28) qu'il ressort de sa jurisprudence que les articles 30 du Traité et 14 de la directive 79-112 « *s'opposent à ce qu'une réglementation nationale (...) impose l'utilisation d'une langue déterminée pour l'étiquetage des denrées alimentaires, sans retenir la possibilité qu'une autre langue facilement comprise par les acheteurs soit utilisée ou que l'information de l'acheteur soit assurée par d'autres mesures* ». On se demande, à la lecture de cette disposition, si les juges font preuve de naïveté ou de duplicité.

En second lieu, à l'échelon national, on peut s'interroger sur les autorités éventuellement compétentes pour intervenir en matière de langue. Y en a-t-il une, d'ailleurs ? Une langue n'est-elle pas faite d'abord par l'usage ? Cependant cela ne fait que déplacer la question : de quel usage s'agit-il ? La langue française est le produit, historiquement, d'un usage, celui de la Cour et, aujourd'hui, argueront certains, c'est l'usage populaire qui fait la langue. Mais y a-t-il un usage populaire ? Que peut signifier une telle formule ? Il y a *des* usages, selon les milieux, selon les lieux, selon les moments, *etc.* De fait, les pouvoirs publics sont intervenus, comme nous l'avons vu avec les diverses dispositions adoptées.

Trois catégories d'autorités sont susceptibles d'intervenir en matière de langue française. La première est le constituant et le pouvoir législatif. L'un et l'autre sont intervenus. Mais, outre que l'autorité au fond la plus légitime à intervenir, même sur le plan juridique, est l'Académie française, à supposer que l'on admette la légitimité de l'intervention des pouvoirs publics, ce qui n'est pas vraiment discuté, la véritable question est de savoir quelle est l'étendue de leurs compétences en ce domaine.

2. Les questionnements sur la forme de la langue

Les autorités publiques françaises doivent intervenir pour protéger la langue française, puisque celle-ci est la langue de la République, mais le

[19] CJCE 18 juin 1991, *Piageme c/ Peeters,* aff. C 369/89, Rec. I, p. 2971.

font-elles, et quels sont véritablement leurs pouvoirs ? La question s'est posée sur plusieurs plans.

Un premier plan est celui de l'orthographe. Celle-ci est une véritable querelle nationale, que l'on ne rencontre pas dans les autres pays. Sur le plan juridique, on peut se demander si les pouvoirs publics sont compétents pour changer la langue, étant sous-entendu que ce changement ne peut consister qu'en une simplification. Des tentatives de simplification ont été engagées par certains gouvernements, notamment en 1990. Les suggestions retenues étaient loin d'être heureuses, et l'on peut toujours se demander quels ont été ceux qui ont été les (mauvais) conseillers du gouvernement. Mais la question est de savoir si ce dernier était compétent, juridiquement, pour opérer une telle simplification. On peut fortement en douter, le gouvernement ne dispose d'aucune compétence à cette fin, aucun texte ne lui donne une telle compétence.

Un second plan est celui, non de l'orthographe proprement dite, mais de la forme de l'écriture. Depuis quelques années, une nouvelle lubie a commencé à se répandre, sous des influences diverses, celle de « l'écriture inclusive ». On peut se demander comment des personnes qui ont soutenu l'idée d'une simplification de la langue française peuvent être favorables à l'écriture inclusive, qui est strictement incompréhensible pour des étrangers. Il est encore plus étonnant de constater que des universités, influencées par des minorités, se sont lancées dans l'écriture inclusive. S'il appartient à chacun d'écrire, pour lui, de la manière qu'il entend et qu'il préfère, les pouvoirs publics ne pouvaient, pour les correspondances officielles et dans l'administration, admettre cette « écriture ». D'où une circulaire du Premier ministre, qui a fait l'objet d'un recours, lequel a été rejeté[20].

B. L'inconsistance juridique des droits culturels

Ce n'est pas seulement un écart mais un abîme qui sépare les aspirations, les revendications, de droits culturels, d'un côté, de leur effectivité juridique de l'autre. Il convient d'expliquer ce malentendu, et suggérer quelques pistes de réflexion[21].

---

[20] V. J.-M. Pontier, « Le Conseil d'État et l'écriture inclusive », note sous CE 28 févr. 2019, *AJDA*, 2019, p. 994.

[21] Sur tous ces points, et pour une démonstration plus développée, je renvoie à deux précédents articles que j'ai écrits : « Sur des notions évanescentes. Droit à la culture, droits culturels », *RDP*, 2018, p. 1089 ; « Les droits culturels peuvent-ils permettre de penser une nouvelle politique culturelle ? », *in* L. Corbion-Conde (dir.), *Culture : sortie(s) de crise(s) ?*, *IFJD*, 2023, p. 173-207.

1. Les raisons de l'inconsistance juridique

Ceux qui revendiquent des droits culturels entendent s'appuyer, pour fonder leurs revendications, sur des textes. Mais il ne suffit pas de trouver une référence textuelle pour que, pour autant, il y ait une effectivité juridique de l'affirmation.

Il existe bien un texte, voire deux textes (mais le second n'ajoute rien au premier, il le relativise un peu plus) évoquant les droits culturels, ils ont été cités précédemment. Mais ces dispositions, dont il a été souligné au Parlement qu'elles n'avaient aucune portée juridique et étaient seulement proclamatoires, se réfèrent, et les tenants d'une reconnaissance officielle des droits culturels également, à des textes internationaux, qui semblent bien consacrer les droits culturels, mais qui sont des références trompeuses.

La Déclaration universelle des droits de l'homme évoque, dans son article 22, les droits culturels mais, en dépit de cette formulation, cette disposition ne peut guère être retenue en faveur d'une reconnaissance des droits culturels[22]. Le Pacte international relatif aux droits économiques, sociaux et culturels, qui est une explicitation de la Déclaration universelle, et qui est plus utilisable que cette dernière pour notre sujet, précise, en son article 13, que cette disposition vise à favoriser la participation à la vie culturelle de manière à « *assurer le maintien, le développement et la diffusion de la science et de la culture* », ce qui est une perspective différente de celle des droits culturels. En revanche, le rapport final de la conférence de Mexico sur les politiques culturelles, de 1982, affirme : « *il faut reconnaître l'égalité en dignité de toutes les cultures et le droit de chaque peuple et de chaque communauté culturelle d'affirmer, de préserver et de voir respecter son identité culturelle* ». Cette notion d' « identité culturelle » se retrouve également en droit interne, et est une des raisons du succès de l'idée de « droits culturels » dans notre pays.

Un autre texte international est la convention du 20 octobre 2005. Celle-ci porte comme intitulé « Convention sur la protection et la promotion de la diversité des expressions culturelles ». La formulation montre que nous nous trouvons dans une perspective différente de celle du législateur français. Les « droits culturels », qui sont la préoccupation des auteurs de la disposition, et la revendication de ceux qui veulent voir reconnaître les droits culturels, ne peuvent être assimilés aux droits énoncés dans la convention sur la

[22] Cet article 22 dispose : « *Toute personne, en tant que membre de la société, a droit à la sécurité sociale ; elle est fondée à obtenir la satisfaction des droits économiques, sociaux et culturels indispensables à sa dignité et au libre développement de sa personnalité, grâce à l'effort national et à la coopération internationale, compte tenu de l'organisation et des ressources de chaque pays* ». Cette formulation très vague ne permet pas de dire ce que peuvent être ces droits ainsi affirmés.

« diversité des expressions culturelles », convention dont il est clair qu'elle répond à d'autres préoccupations, ce qui est confirmé par la Déclaration universelle sur la diversité culturelle de 2001. Les principes directeurs de cette convention sont très larges, dépassent largement la question des droits culturels tels qu'ils sont entendus en France, répondent à des préoccupations réelles, mais de pays qui ne disposent pas de l'arsenal législatif qui existe en France.

L'expression « droits culturels » ne figure qu'une seule fois dans la convention, c'est dans le préambule, dans lequel il est dit que la Conférence générale de l'Organisation des Nations Unies pour l'éducation, la science et la culture, se réfère « *aux dispositions des instruments internationaux adoptés par l'UNESCO ayant trait à la diversité culturelle et à l'exercice des droits culturels, et en particulier à la Déclaration universelle sur la diversité culturelle de 2001* ». On est donc renvoyé, pour comprendre ce que sont les droits culturels, à ladite Déclaration.

La Déclaration universelle sur la diversité culturelle, adoptée à l'unanimité par la 31ème session de la Conférence générale de l'UNESCO, à Paris, le 2 novembre 2001, comporte une seule disposition sur les droits culturels, l'article 5. Ce dernier est intitulé « *Les droits culturels, cadre propice à la diversité culturelle* », les auteurs de la Déclaration distinguant donc, et à juste titre, les droits culturels de la diversité culturelle. L'article déclare que les droits culturels sont partie intégrante des droits de l'homme, qui sont universels, indissociables et interdépendants. Il ajoute : « *L'épanouissement d'une diversité créatrice exige la pleine réalisation des droits culturels, tels qu'ils sont définis à l'article 27 de la Déclaration universelle des droits de l'homme et aux articles 13 et 15 du Pacte international relatif aux droits économiques, sociaux et culturels* »[23]. On est donc de nouveau renvoyé à un autre texte pour avoir cette « définition ».

L'article 27 de la DUDH à laquelle renvoie la Déclaration universelle sur la diversité culturelle déclare : « *1- Toute personne a le droit de prendre part librement à la vie culturelle de la communauté, de jouir des arts et de participer au progrès scientifique et aux bienfaits qui en résultent. 2- Chacun a droit à la protection des intérêts moraux et matériels découlant de toute production scientifique, littéraire ou artistique dont il est l'auteur* ». Cette disposition a un caractère relativement vague, sauf pour ce que nous

[23] La suite de l'article, qui explicite cette formule, est la suivante : « *Toute personne doit ainsi pouvoir s'exprimer, créer et diffuser ses œuvres dans la langue de son choix et en particulier dans sa langue maternelle ; toute personne a le droit à une éducation et une formation de qualité qui respectent pleinement son identité culturelle ; toute personne doit pouvoir participer à la vie culturelle de son choix et exercer ses propres pratiques culturelles, dans les limites qu'impose le respect des droits de l'homme et des libertés fondamentales* ».

appelons la propriété littéraire et artistique, ou la propriété intellectuelle, qui est bien assurée dans notre pays.

Le Pacte international relatif aux droits économiques, sociaux et culturels, adopté le 16 décembre 1966, a été signé, ratifié et publié en France, donc est applicable dans notre pays. L'article 13, auquel renvoie la Déclaration universelle sur la diversité culturelle, est assez long, il est relatif au « *droit de toute personne à l'éducation* », ce qui se comprend aisément lorsque l'on sait que dans trop de pays dans le monde, encore, ce droit à l'éducation n'est pas une réalité. L'article 15 dispose que les États parties au Pacte reconnaissent à chacun le droit « *de participer à la vie culturelle* », « *de bénéficier du progrès scientifique et de ses applications* », « *de bénéficier de la protection des intérêts moraux et matériels découlant de toute production scientifique, littéraire ou artistique dont il est l'auteur* », la seconde partie de l'article étant consacrée aux mesures que les États doivent prendre pour assurer le développement et la diffusion de la science et de la culture.

Nous pouvons déduire des développements qui précèdent les points suivants. Premièrement, les instruments internationaux ne peuvent, en aucune manière, fonder les revendications de droits culturels en France. Ils sont imprécis et se renvoient les uns aux autres, sans que l'on dispose d'une notion claire de ce que sont les droits culturels.

Deuxièmement, les droits culturels revendiqués par les autres pays ne sont pas les droits culturels revendiqués en France. Cela tient précisément à l'état de développement des pays. A l'échelon international, pour de nombreux pays, le droit culturel le plus important, qui n'est effectivement pas acquis, est le droit à un enseignement élémentaire pour tous les enfants. Nous en sommes loin, alors que, en France, d'une part, on range plutôt ce droit à l'enseignement parmi les droits sociaux, d'autre part, ce droit est largement acquis, même si, naturellement, il reste encore beaucoup à faire en ce domaine. En France, la revendication de droits culturels ne porte pas sur ces aspects, mais sur un tout autre aspect de la vie culturelle, le spectacle vivant.

Troisièmement, l'un des éléments pouvant expliquer cette incompréhension, ce malentendu, est le fait que nous disposons, en France, de quelque chose que la plupart des pays n'ont pas, le service public. Ce service public se décline de différentes manières et, entre autres, avec les services publics culturels qui, au fil du temps, ont pris de plus en plus d'importance[24]. Ces services publics culturels, qui peuvent être développés, répondent, en partie, à cette demande de droits culturels.

2. *Que faire des droits culturels ?*

Les tenants des droits culturels, dans notre pays, ont tendance à recourir à des déclarations incantatoires, qui ne règlent rien : ce n'est pas parce qu'il est fait référence aux droits culturels que ceux-ci sont effectivement en question et sont effectifs. Pour ne pas en rester à des proclamations de principe, pour avancer dans ce domaine des droits culturels, des précisions doivent être apportées.

Parmi les droits culturels qui paraissent le mieux étayés figure le droit à la langue. Ce droit est d'abord le droit à la langue nationale, ce qui soulève déjà de nombreuses questions, relatives, notamment, à la détermination de ceux qui peuvent s'en prévaloir, dans la mesure où toute la population résidant sur le territoire français n'est pas en mesure de le faire, et les mesures qu'il conviendrait de prendre en vue de rendre ce droit effectif. Le droit à la langue est également le droit à une langue locale ou régionale, avec, certes, une possibilité de le faire, mais avec une reconnaissance qui, selon certains est insuffisante, et encore que des éléments très contradictoires entrent ici en jeu.

Cependant, le champ privilégié des droits culturels semble être, dans un pays tel que le nôtre, et à s'en tenir aux demandes qui sont présentées, celui du spectacle vivant. Ce dernier a pris, en quelques décennies, une importance considérable. Le pourcentage des sommes qui lui sont consacrées par l'État est, depuis quelques années, plus important que celui des sommes consacrées au patrimoine[25] et, à l'échelon local, le spectacle vivant bénéficie de subventions étendues des collectivités territoriales.

Le spectacle vivant est également le champ culturel qui manifeste le plus de capacités de renouvellement, avec une réinvention permanente. Plutôt que de répéter des discours creux sur les droits culturels, il serait préférable de développer une réflexion approfondie sur ce que, aujourd'hui, et dans notre pays, ils peuvent être, afin de pouvoir leur donner un support juridique consistant.

---

[24] Sur les services publics culturels, V. J. LEGER ET J.-M. PONTIER (dir.), *Les services publics culturels*, PUAM, 2012.

[25] Mais, en chiffres absolus, c'est évidemment le patrimoine culturel qui représente les sommes les plus importantes que l'État consacre à la culture.

Pour finir…

Faut-il donner sa langue au(x) droit(s) ?

Mathieu TOUZEIL-DIVINA
Professeur de droit public
École de Droit de Toulouse
Université Toulouse Capitole
Président du Collectif L'Unité du Droit

MERCIS & BRAVOS. On voudrait tout d'abord, et il ne s'agira pas de termes de complaisance ou de convenance, remercier très chaleureusement nos collègues Christophe DOUBOVETZKY et Myriam CARESSA pour l'honneur qu'il et elle nous ont fait de clôturer les actes de ce si bel ouvrage. Pour des raisons personnelles (qui nous ont un temps, même court, fait nous éloigner de l'Université tant les mots de la langue qui y étaient employés étaient devenus des maux), la réflexion qu'ils nous ont proposée de mener à propos des langues et du/des droit(s) s'est avérée être un retour inespéré à la recherche et à l'envie de transmettre ce qui, ici encore ou plutôt, ici déjà, est un parallèle signifiant évident entre langue(s) & droit(s) : la transmission ou communication (qu'il s'agisse d'une idée, d'une émotion, d'une pensée, d'une suggestion ou d'une règle juridique).

Pour mener à bien notre contribution, nous avons d'abord découvert et lu avec attention les écrits précédents et sommes admiratifs non seulement des propositions et des constats qui ont été menés et démontrés par nos collègues mais encore des champs qu'ils et elles ouvrent pour de nouvelles recherches.

Bravo, ou plutôt *bravi* et *brave* à toutes celles et ceux qui y ont ainsi participé créant parfois, en ce qui nous concerne en tout cas, des liens et des connexions auxquels nous n'aurions jamais pu songer seul[1].

DONNER SA LANGUE AU DROIT ? Par suite, s'est posée à nous une question emblématique lorsqu'il est demandé à un universitaire de conclure un ouvrage : doit-on en faire la synthèse (ce serait offenser le lecteur que de résumer pour lui ce qu'il a déjà lu) ou en souligner les meilleures feuilles ou pages (ce qui serait cette fois offensant pour les rédacteurs et bien trop subjectif) ? En accord avec les directeurs de l'*opus*, on a donc décidé de proposer plutôt quelques réflexions libres et ouvertes mais précisément stimulées par la lecture des précédents propos et tous ceux qui nous ont été donnés à lire ont ainsi été cités. Pour ce faire, on a décidé – du point de vue pédagogique – de reprendre trois expressions françaises (car on se contentera comme beaucoup de ne parler que de ce que l'on connaît le moins mal)

---

[1] Il faut lire, il y a déjà un quart de siècle, les formidables travaux qu'avaient réunis les professeurs Geneviève KOUBI et Hervé GUILLOREL, *Langues & Droits*, Bruylant, 1999.

employant le terme de « langue », et ce, en les confrontant à des questionnements juridiques.

On se propose ainsi d'envisager la langue comme outil d'un outil (le Droit) (I) ; la langue comme nouvelle « Loi » (et donc Droit) de Rolland (II) ; et la langue contemporaine du Droit parfois « coupée » ou mutilée au bénéfice recherché d'une efficacité parfois (à nos yeux) trop réductrice (III).

I. « *Avaler sa langue* » : l'outil d'un outil : si le Droit avale sa langue, il n'y a plus de Droit ?

LANGUES & DROITS COMME OUTILS. Premier questionnement proposé et il émane de la plupart des contributions du présent ouvrage : qu'est-ce qu'une langue et/ou qu'est-ce que le droit et quels sont leurs points communs ou évidents de connexion ?

Rapidement, il apparaît, que le langage ou la langue, qu'elle soit verbale, écrite ou par signes, est un mode de communication et de transmission signifiante. La langue[2], si elle appartient aussi à un ensemble culturel et matérialise une telle appartenance culturelle, est avant tout un « outil » au service de la communication ou de l'échange d'idées, d'opinions voire – concernant le Droit – d'ordres, de règles, de comportements. Il appert alors aisément que le Droit, qui est un outil au service d'une société donnée et évolue avec elle, a besoin lui-même d'un outil voire d'un *instrumentum* le matérialisant et il s'agit la plupart du temps de la langue même s'il n'existe pas un « *mais des langages du Droit* » affirme avec raison, dès son introduction à cet ouvrage, notre collègue Marie CORNU.

Partant, non seulement langues et droits sont tous deux des outils au service d'une régulation sociale mais ont aussi en commun d'être tous deux la matérialisation d'une culture[3] et il est alors évident aux praticiens du mouvement *Law as culture*, dont nous sommes, que langue(s) & droit(s) en sont des incarnations parallèles et complémentaires. Ce faisant, si l'on considère que la langue est l'un des outils matérialisant ou concrétisant le Droit, il ne s'agit pas d'affirmer qu'il s'agit du seul outil ou moyen mais de l'un des plus fréquemment usités qu'il s'agisse de l'expression verbale ou orale.

C'est la raison pour laquelle, il paraît évident que les juristes sont des femmes et des hommes de Lettres, de langue, du verbe. Ne dit-on pas de ses

---

[2] Dans sa très belle introduction, Aude BERNARD-ROUJOU DE BOUBEE revient, au présent livre, sur les différents sens et potentialités du terme.
[3] Sur la confrontation des langues aux droits culturels, il faut lire ici la conclusion du toujours exceptionnel Pr. Jean-Marie PONTIER.

défenseurs les plus en verve qu'ils sont comparés à des *ténors* (et donc pour les femmes pourquoi pas à des *soprano*) ?

Pas de Droit(s) sans langue(s). À quelques rares exceptions donc, autrement matérialisées que par la langue verbale, écrite, ou signée par des gestes[4], si le Droit « avale sa langue », il n'est plus. Sans le support linguistique, le Droit n'existe que peu et reste à l'état d'idée ou de vœu pieux. Il en est de même si la langue s'exprime mais ce, sans diffusion, si elle reste confinée, secrète, comme on le fit, sous l'Ancien régime, des règles aujourd'hui dites de droit public, souvent uniquement « révélées » aux puissants, aux seigneurs, à ceux qui devaient seuls *in fine* les connaître et les appliquer et sans prendre le risque que le « commun » des mortels ne puisse s'en saisir ou potentiellement le contester. Et c'est la raison pour laquelle, ici encore comme le savent les partisans du mouvement *Law as Culture*, sans interprète(s) le Droit n'est rien ou presque rien car la règle même linguistiquement instrumentalisée par un ou plusieurs écrits a besoin de la langue verbalisée, oralisée, matérialisée : interprétée[5].

Des globalisations – façon Rivarol – du reel. Autre clef d'entrée[6] entre Droit(s) et langue(s) : celle de la ou plutôt des globalisations. En effet, que le Droit et la langue soient désormais des univers globalisés ou mondialisés en ce qu'ils seraient non universels mais présents – fut-ce différemment – en tous pays de la planète n'est plus à prouver. Il existe même, on le sait, des prétentions de nombreux pays à faire de « leur » langue un « la » langue du commerce ou de la diplomatie globalisés faisant ainsi du pays associé à la langue un État aux pouvoirs forts.

La France, en particulier, dans le passé comme dans le présent, a su imposer sa langue non seulement, on le sait, dans l'art diplomatique longtemps mais encore – par la francophonie – dans tout son ancien empire colonial. Et c'est peut-être le seul aspect qui manque à l'ouvrage qui, s'il confronte langue et économie[7], a peut-être omis cette question de la francophonie et de langue dans les anciens pays ou territoires colonisés. Rappelons-nous à cet égard du célèbre discours d'Antoine de Rivarol (1784) sur la prétendue *universalité de la langue française*.

---

[4] Ce qui est l'objet au présent ouvrage de la contribution de Myriam Caressa.

[5] Sur la force, entre Philosophie et Droit, de ce pouvoir, on lira dans cet opus le texte de Bertrand Quentin.

[6] On reprend ici et dans plusieurs éléments de notre contribution des idées déjà évoquées en introduction à M. Touzeil-Divina (dir.), *Entre Droit & Opéra*, Paris, LexisNexis, 2020.

[7] Ce qui est par exemple l'objet au présent ouvrage de l'approche de Christelle Garrouste.

Par ailleurs, la globalisation linguistique comme enjeu de pouvoir s'est encore récemment faite entendre lorsqu'après le *Brexit*, certains Français ont réclamé que l'anglais ne soit plus « la » langue de l'Union européenne.

DES REPRESENTATIONS DU REEL. Ce que les pages du présent ouvrage ont aussi exploré ce sont bien les parallèles et les comparaisons, les liens et les entrelacs potentiels que connaissent les mondes juridique et linguistique. Or, le premier point commun s'imposant selon nous est leur vocation commune – de façon globalisée avons-nous même insisté ci-avant – à représenter le réel.

La langue est alors l'outil de verbalisation de la pensée juridique et le Droit est l'une des représentations du réel – fut-il idéalisé - d'une société donnée.

DE NECESSAIRES INTERPRETES. Autre point de « contact » entre les deux mondes ici confrontés, le Droit et la Langue et même le Droit par la Langue nécessitent des artistes ou des agents interprètes.

II. De la « langue de Molière » : la langue comme « Droit » de Rolland ?

LE DROIT PEUT FIXER UN GENRE LINGUISTIQUE. De nombreuses contributions l'ont rappelé : c'est le Droit qui non seulement a fixé une forme linguistique particulière, « le français », et a obligé son usage dans tous les actes judiciaires, authentiques puis de l'administration, entre langues d'oïl et d'oc, par l'édit (ou l'ordonnance), bref la norme juridique dite de Villers-Cotterêts et ce, dès le 15 août 1539 en ses articles 110 et 111.

On sait même, ont insisté plusieurs contributeurs, que malgré l'existence et la reconnaissance par la France et sa Constitution (art. 75-1) de langues régionales[8], parties intégrantes de son « patrimoine » et même de langues dites minoritaires, « la » Charte européenne des langues régionales ou minoritaires[9], du 7 mai 1999, bien que signée par la France… n'a toujours pas été ratifiée !

Le Droit peut même, en matière pénale, a bien démontré Mme DEJEAN DE LA BATIE aux présents actes, interdire l'usage de certains termes linguistiques ainsi devenus « tabous ». Droit(s) et langue(s) sont ainsi définitivement bien liés.

---

[8] Objet de la très belle étude de Yoann FERNANDEZ.

[9] Sans omettre, souligne Victor GUSET, dans cet opus, la question des langues non-territoriales mais aussi, ont analysé Philippe BOULA DE MAREÜIL, Albert RILLIARD et Frédéric VERNIER, les possibilités de valorisation(s) de la diversité linguistique par le biais d'un atlas sonore.

De Moliere a la Francite juridique. En outre, insistent plusieurs des contributeurs au présent *opus*, la Constitution, depuis 1992[10], rappelle en son article désormais deuxième mais ce, en son premier alinéa au titre premier « de la souveraineté » que « *la langue de la République est le français* ». Partant, la question de la francité du Droit est-elle donc constitutionnelle et implique-t-elle donc, pour l'administration en particulier (et pas seulement pour celle de la Justice) que s'expriment d'abord et avant tout en langue française (ce qui n'exclut pas[11] des traductions parallèles ou complémentaires, voire supplémentaires, dans des langues étrangères ou minoritaires[12]).

Sauf erreur ou omission, car l'on ne croit pas l'avoir vue rappelée au présent ouvrage, une autre année (que 1539 et Villers-Cotterêts) ou 1992 et sa novation constitutionnelle, mérite l'attention quand on confronte langue française et Droit : c'est 1635 et la création de l'Académie nationale dont l'article 24 des statuts souligne : « *La principale fonction de l'Académie sera de travailler avec tout le soin et toute la diligence possibles à donner des règles certaines à notre langue et à la rendre pure, éloquente et capable de traiter les arts et les sciences* ». Voilà encore que le Droit a décidé de fixer la langue, de l'encadrer, comme s'il avait singulièrement compris que comme toute matérialisation culturelle, même écrite et engoncée dans le premier dictionnaire officiel (de l'Académie française) de 1694, la langue est – heureusement – comme toute création culturelle, libre et vivante. Et plus on voudra la contraindre et l'obliger, plus on entraînera de réactions vives et créatrices de propositions contraires.

Point e Point S. L'exemple de l'écriture inclusive en est topique. Même si le Droit et quelques circulaires en ont interdit l'usage[13] « officiel » de la même manière que certains parents s'émeuvent du « langage SMS » ou de l'argot et pleurent à sa disparition ou à ses dénigrements, c'est bien le propre d'une langue comme de toute expression culturelle que de vivre, d'essayer, de se transformer, de lutter, et même de contester. Et contre cela, même le Droit ne peut et ne pourra rien. Car la langue est plus forte que le Droit et nous permet par exemple ici d'écrire « *merci à tous.tes* » bien que

[10] Et sa mise en œuvre par la Loi dite Toubon du 04 août 1994.

[11] L'une des auteures au présent opus, Amélie Alby Bonardi parle à très juste titre d'une « *impérativité relative* ».

[12] Dans sa contribution, Thomas Perroud résume parfaitement la situation comme suit : il s'agit de « *penser le pluralisme dans l'ordre juridique français, lequel se décline éminemment du point de vue linguistique dans un pays où l'État souhaite contrôler jusqu'aux modes de communications des personnes entre elles* ».

[13] En dernier état positif des lieux, *cf.* CE, 28 février 2019, *Groupement d'information et de soutien sur les questions sexuées et sexuelles* & aliin, n°417128 et CE, 20 décembre 2024, *M. C.* & alii, n°474812 et autres.

l'on soit certain que cela en fera bondir au moins l'un.e d'entre vous mais il ne fait pas, ici encore, se voiler la face : l'enjeu de l'écriture inclusive, comme en témoigne parfaitement Mme MASCARENHAS au présent *opus*, est évidemment, aussi, un enjeu de pouvoir, en l'occurrence patriarcal.

DROIT OU « LOI » DE ROLLAND ? Ce faisant, on peut aussi se demander, poursuivant les entraînants propos du professeur GONOD au présent ouvrage, si la « francité » qui s'impose aux administrations politiques mais aussi étatiques et territoriales (y compris outre-mer ou de façon insulaire) ne révèlerait pas une « nouvelle » des « Lois » de Louis ROLLAND mises à jour pour tout service public : l'obligation – juridique – en France de s'exprimer à un service public, dans un service public et par le service public uniquement en français.

Il existe, on le sait, des exceptions à cette obligation et la présence d'interprètes par exemple dans des hôpitaux ou les Cours de Justice afin d'être efficient et respectueux mais le principe demeure – même si les interprètes sont autorisés – l'expression *in fine* en langue dite de MOLIERE : en français. Ici encore, sauf omission, on ne croit pas avoir vu traitée la question des « clauses MOLIERE » qui avaient pourtant enflammé le contentieux contractuel il y a quelques années et que le Conseil d'État avait questionnées par son arrêt du 4 décembre 2017[14].

JUSTICE & FRANCITE. Ainsi[15], s'appuyant tant sur l'antique ordonnance que sur l'art. 2 précité de la Constitution, les juridictions rappellent que devant elles, on n'écrit et ne parle qu'en langue française et s'il y a des requêtes présentées dans un autre langage, il doit obligatoirement être traduit (et parfois même authentifié). Ainsi déclara le Conseil constitutionnel (décision n°2001-452 DC en date du 6 décembre 2001, *Loi portant mesures urgentes de réformes à caractère économique et financier*) : « *Considérant, en premier lieu, qu'aux termes du premier alinéa de l'article 2 de la Constitution : « la langue de la République est le français » ; qu'en vertu de ces dispositions, l'usage du français s'impose aux personnes morales de droit public et aux personnes de droit privé dans l'exercice d'une mission de service public ; que les particuliers ne peuvent se prévaloir, dans leurs relations avec les administrations et les services publics, d'un droit à l'usage d'une langue autre que le français, ni être contraints à un tel usage ; que l'article 2 de la Constitution n'interdit pas l'utilisation de traductions* ».

On peut en observer trois matérialisations :

- d'abord, au nom des normes précitées, tous les actes de procédure juridictionnels doivent être rédigés « en français », et ce, notamment

[14] CE, 4 décembre 2017, *Ministère de l'intérieur*, n°413366.
[15] On reprend ici des propos développés *in Institutions juridictionnelles*, Dalloz, 2022.

par ce qu'elles sont rendues « au nom » du peuple éponyme. En conséquence, même dans quelques territoires ultramarins comme l'île de saint MARTIN où l'usage de l'anglais est plus répandu que le français, le principe est censé s'imposer. Il en est de même, plus proche de Paris, dans les territoires hexagonaux où se pratiquent encore des langues régionales telles que le corse ou encore le breton et l'occitan. Seul le français s'y impose.

- Par suite, et en conséquence de ce principe, les requêtes des justiciables[16] doivent être rédigées – même lorsqu'elles le sont au bénéfice de non-nationaux ou de Français maîtrisant mal la langue vernaculaire – dans la « *langue de MOLIERE* ». Devant, la juridiction administrative, par exemple, une requête non rédigée en français est rejetée mais peut être régularisée et son auteur doit avoir la possibilité d'y procéder après y avoir été explicitement invité. C'est ce qu'énonce explicitement l'arrêt CE, 22 novembre 1985, *QUILLEVERE* (req. 65105) : « *Considérant que la requête de M. QUILLEVERE n'est pas rédigée en langue française ; qu'elle n'est, dès lors, pas recevable* ».

- On notera que le juge, notamment en matière civile, dispose d'une assez large liberté pour apprécier les documents – notamment traduits – qui lui sont soumis une fois sa saisine engagée. Il peut ainsi souverainement refuser ou accepter un document en langue étrangère mais s'il agit ainsi, retient le rapport public de la Cour de cassation pour 2017[17], « *le juge est tenu d'en préciser la signification en français. Il ne saurait reproduire, dans sa motivation, un texte en langue étrangère. Il lui appartient, dans des motifs en langue française, d'énoncer la signification matérielle et intellectuelle qu'il entend donner au document* (Cass., 2e civ., 11 janvier 1989, n°87-13.860) ». Les auteurs du rapport de conclure : en procédant de la sorte, la décision du juge « *n'encourt pas la censure* ». « *En revanche, s'il reproduit, dans sa motivation, le texte en langue étrangère sans en indiquer la signification en français, sa décision méconnaît les exigences de l'ordonnance de Villers-Cotterêts* » (Cass., 1ère civ., 25 juin 2009, n°08-11.226). Les juges sont donc souverains pour apprécier la force probante des textes présentés devant eux en langues étrangères mais, en tout état de cause, une traduction assermentée lèvera tout risque contentieux.

---

[16] Sur les spécificités du contentieux des ressortissants étrangers demandant accès à la Justice française, il faut lire dans cet ouvrage, la contribution de Maître Laure GALINON.

[17] Cour de cassation, *Étude annuelle : Le juge et la mondialisation dans la jurisprudence de la Cour de cassation*, Paris, La documentation française, 2017.

À titre anecdotique, enfin, revenons sur la présence de la langue anglaise dans la communication réalisée, y compris par le gouvernement français, en matière de service public de la Justice. La « *start-up Nation* », en effet, a totalement intégré les codes de la langue de SHAKESPEARE plus encore que de LAFONTAINE et entend communiquer, pour être visible à l'international, de plus en plus avec des référents ni français ni francophones ce qui peut paraître totalement contraire au principe pourtant constitutionnel rappelé. En ce sens a-t-on déjà lu et entendu des communications ministérielles de la Chancellerie française vanter les « *legal techs* » ou même la Justice « digitale » renvoyant au mot anglais « *digital* » signifiant numérique mais que la plupart des personnes traduisent abusivement par « *digitale* » c'est-à-dire relatif au doigt !

SERVICE PUBLIC & FRANCITE. Pourtant, réaffirmons-nous ici, la francité nous semble bien être, au-delà de la seule Justice, une de ces « nouvelles » « Lois » à consacrer de Louis ROLLAND, c'est-à-dire un principe commun à tous les services publics[18].

C'est ce qui a impliqué en jurisprudence, par exemple, ces décisions sanctionnant des collectivités territoriales ayant essayé d'imposer une langue régionale préalable, supérieure, ou même simplement aussi importante que le Français. En 2011, c'est ainsi la commune de Galeria qui a été sanctionnée[19] pour avoir désiré tenir un conseil municipal sur deux en langue corse ou encore la commune d'Ustaritz, contrainte par une décision du Tribunal administratif de Pau en date du 27 janvier 2015[20] et ce, à la demande du représentant de l'État dans les Pyrénées Atlantiques, à ne pas pouvoir faire du Basque la langue « officielle » de son territoire communal.

III. Ne plus avoir « la langue bien pendue » dans les discours doctrinaux : et si raccourcir le Droit tendait à lui couper la langue ?

MACAREL ! Pour les publicistes, (Louis-Antoine) MACAREL est un grand homme d'État parmi les premiers à avoir, aux côtés du Baron DE GERANDO, enseigné et transmis le droit alors dit public et administratif avant même la Révolution de Juillet 1830. Pour les linguistes occitans, « *Macarel* » est un juron que la décence ne nous permettra pas de traduire dans un aussi prestigieux support scientifique. En tout état de cause, ici encore, s'il fallait

---

[18] Ce qui implique, étudie Bozena BILLEREY, dans ce livre, un accès particulier à l'éducation pour les élèves allophones.

[19] Ce que confirmera CAA de Marseille, 13 octobre 2011, *Commune de Galeria*, n°10MA02330.

[20] Citée par J.-B. COYOS, « Pays Basque » *in Manuel des francophonies*, De Gruyter, 2017, p. 169 s.

en faire la démonstration, langue(s) & droit(s) ont tant encore à exprimer, et à être explorés.

Il faut (encore) en remercier les contributeurs et les initiateurs.

DE LA SIMPLIFICATION DU DROIT A CELLE DE LA DOCTRINE ? En conclusion, cela dit, on voudrait insister sur un point qui nous tient à cœur depuis plusieurs années. Il a été, fort bien documenté et analysé au présent ouvrage la façon dont le Droit savait et désirait même parfois se simplifier non pour être « *simpliste* », souligne Florent TAP, mais pour être « *plus accessible, moins complexe* ». On ne peut qu'en féliciter et en louer l'ambition colossale au nom de la « clarté » et de l'accessibilité, valeur constitutionnelle, du Droit.

Cependant, il nous faut souligner (et râler un peu) une nouvelle contrainte contemporaine que l'économie apporte à la langue et à la doctrine juridique et, partant, à la langue juridique.

INTERPRETER, C'EST CREER ? En effet, voilà explicitement et simplement posée la question qui peut fâcher : l'interprète, comme le croit profondément l'auteur de ces lignes à la suite des tenants du mouvement dit « réaliste » de l'interprétation, est-il un créateur (en Droit comme dans toute fiction) si ce n'est potentiellement « le » créateur le plus important ? Oui, affirmons-nous suivant le professeur Tullio ASCARELLI, dont on aime rappeler la citation selon laquelle hors de l'interprétation, il n'y a pas de norme(s) (« *Fuori dell'interpretazione, non c'è norma* »[21]).

Oui, en Droit, l'interprète est bien celui ou celle qui va *in fine* fixer le sens normatif. Cela ne signifie évidemment pas que le créateur initial n'a aucun pouvoir et qu'il n'existe pas : il est bien le premier créateur mais il n'a pas le dernier « mot » ce qui fait de l'interprète le potentiel dernier (et parfois plus important) créateur. Et pour ce faire, c'est encore la langue qu'il utilise.

« TRADUTTORE (INTERPRETE), TRADITORE » ? Comme nombre de juristes, la plupart des artistes préfèrent nier la fonction ou mission créatrice de l'interprète mettant en avant le rôle effectivement premier du compositeur (ou du librettiste par exemple) tout en affirmant que les chanteurs et musiciens sont à leur « service ». Étymologiquement, cela dit, cela est on ne peut plus vrai puisque *l'interpres* est bien cet agent entre (*inter*) deux parties (*pres*) et au service de la première : seule véritable et officielle créatrice. L'interprète artistique comme juridique ne serait alors qu'un serviteur obligé. Toutefois, admettons-le, si l'interprétation est aussi un « *espace de*

---

[21] (*in* « Giurisprudenza costituzionale e teoria dell'interpretazione » *in Rivista di diritto processuale*, Anno XIII (1957), n° 1-3, p. 10).

création(s) » – pour reprendre la belle expression employée par le *maestro* Christophe ROUSSET (des *Talens Lyriques*) – cela signifie bien que l'interprète – même s'il est au service de l'œuvre qui le dépasse – possède un pouvoir propre et singulier.

S'il existe alors, en Droit par la langue écrite comme dans de nombreuses fictions interprétées et jouées comme à l'opéra, une véritable « première » et officielle création (celle du législateur ou du compositeur par exemple), il en existe nécessairement et potentiellement une ou plusieurs autres (celle des interprètes) ce qui ne signifie, du reste, pas nécessairement que tout interprète va réellement créer ou qu'il va sublimer ou massacrer l'œuvre écrite.

Cela signifie juste que l'interprète – et en l'occurrence en Droit la doctrine par exemple – a aussi un potentiel pouvoir créateur et ce, grâce au même outil que le créateur normatif premier : la langue.

À cet égard, affirmions-nous encore récemment en clôture d'un très beau colloque lyonnais sur le théâtre et le Droit, en Arts comme en Droit, il est certainement rassurant pour de très nombreuses personnes de penser que l'auteur du texte est le créateur de toute chose et que l'interprète ne serait qu'un commis du texte sans aucune volonté. Ainsi, à l'Opéra, nous rappelle ECHENOZ : « *Quand WITTGENSTEIN, vexé, lui écrit en retour que les interprètes ne doivent pas être des esclaves, RAVEL lui répond en cinq mots. Les interprètes sont des esclaves* » (*RAVEL* ; Paris, Ed. de Minuit ; 2006). En Droit, c'est aussi ce que soulignent tous les positivistes qui voudraient que le juge ne soit qu'un automate, une « *bouche de la Loi* » selon la formule consacrée : sans rôle créateur. C'est par exemple ce qu'affirme traditionnellement MONTESQUIEU : « *Les juges de la nation ne sont que la bouche qui prononce les paroles de la loi, des êtres inanimés, qui n'en peuvent modérer ni la force ni la rigueur* » (*De l'esprit des Lois* (Livre XI, chapitre VI). De même, expliquait BODIN (1530-1596) (dans la *République* VI, 6) : « *il n'appartient pas au magistrat de juger la Loi mais selon la Loi* » !

POURQUOI UN TEL OPPROBRE SUR LES INTERPRETES DU DROIT ? Vraisemblablement d'abord parce qu'ils sont indispensables. Savoir que la plupart d'entre nous a besoin, pour accéder aux arts comme au Droit de l'aide d'une ou d'un interprète est parfois frustrant car témoigne de notre impuissance. À l'Opéra, ainsi, le public ne peut la plupart du temps lire la musique et l'entendre dans sa tête, il lui faut un passeur-interprète alors qu'en peinture, et même en théâtre non chanté, elle ne l'est pas : le public peut apprécier seul une œuvre. En Droit, il en est de même : oui la Loi est faite pour tous mais bien souvent sans les hommes et les femmes de Loi, spécialistes et interprètes du Droit, les citoyens sont démunis.

L'interprétation est nécessaire au Droit comme elle l'est dans de nombreux autres arts et la langue en est la matérialisation première.

En outre, comme en matière de traduction, vole comme un mauvais présage au-dessus des interprètes cette maxime des *Pistole Vulgari* de Niccolò FRANCO : « *Ser Traditori miei, se non sapete far'altro che tradire i libri, voi ve ne anderete bel bello a cacare senza candela* » ce qui signifie plus ou moins : « *Mes chers Traîtres, si vous ne savez rien faire d'autre que de trahir les livres, allez donc tranquillement déféquer sans chandelle* » ! : *traduttore, traditore* : les traducteurs (et les interprètes) ne pourraient être que des traitres certains allant même jusqu'à « se » servir au lieu de servir une œuvre.

Et l'on sait à cet égard l'opprobre également jeté sur celles et ceux qui s'osent aux droits comparés[22] sans maîtriser toutes les subtilités d'une langue et d'une culture interprétées et comparées. Seraient-ils nécessairement des traîtres ?

DE L'HUMILITE A LA CREATION. Tout n'est qu'ensuite histoire de personnalités. Certains interprètes acceptent facilement de ne « visiter » qu'une œuvre derrière laquelle ils vont s'effacer quand d'autres estiment important et/ou opportun d'apporter sinon d'ajouter une part personnelle même si, personne n'en disconviendra, la création première non seulement est antérieure à l'interprète mais surtout lui survivra. Par ailleurs, tous les interprètes n'ont pas la même latitude : certains sont des exécutants (ce que sont la plupart des musiciens et des juristes) quand d'autres ont ou prennent la liberté de positions individuelles. C'est aussi ce que ressentait Jean GIRAUDOUX lorsqu'il expliquait (« L'auteur au Théâtre » *in Littérature* ; Paris ; 1941) que « *l'essentiel du Théâtre n'est pas l'auteur, mais le Théâtre lui-même* ». En effet, c'est bien l'interprète en jouant qui peut (ce qui ne signifie pas qu'il le fera en toute occasion) dépasser l'intention première de l'auteur et la sublimer ou la pervertir. Là est le pouvoir (créatif) et ce, y compris en Droit où nous avait (encore) enseigné GIRAUDOUX : « *Nous savons tous ici que le Droit est la plus puissante des écoles de l'imagination. Jamais poète n'a interprété la nature aussi librement qu'un juriste la réalité* » (*La guerre de Troie n'aura pas lieu* (1935), II, 5, *Hector*).

AUTHENTIQUE(S) ? Cela dit, on peut même constater qu'aux arts comme en Droit existent même des interprètes qui se disent ou que l'on dit « authentiques ». Chez les juristes, il s'agirait (mais selon les auteurs la définition varie) des interprétations données par les « *organes d'application du Droit* » c'est-à-dire essentiellement les juges et parfois des autorités

---

[22] Comme s'y livrent avec succès au présent livre, Claire JOACHIM et Yumiko NAKANISHI.

constituées comme un chef d'État. Seules ces interprétations seraient obligatoires selon Hans KELSEN à la différence des autres interprétations (doctrinales ou des justiciables par exemple). Pour la musique lyrique, ne seraient « authentiques » que les formations interprétant des partitions sur instruments anciens ou de l'époque du compositeur joué. Toutefois, constate à fort juste titre selon nous le *maestro* Christophe ROUSSET, « *il ne suffit pas de jouer sur des instruments anciens pour jouer « authentique »* ». Et même si d'aucuns le croient ou, pire, le prétendent, ladite authenticité est sûrement autant à rechercher dans l'esprit et dans la façon de jouer que dans le seul *instrumentum* « *sous couvert d'authenticité* ». Alors, résume le chef d'orchestre, oser modifier une partition multiséculaire, écrire ou réécrire des parties manquantes ou prétendument telles pour ensuite poser un clavecin et un luth du XVIIIe siècle ne rendront pas par magie l'interprétation authentique ! L'instrument comme la langue ne font évidemment pas tout.

DONNEZ-NOUS DU TEMPS ET DE L'ESPACE. Or, pour que l'interprète doctrinal puisse « jouer » avec la langue du Droit et par exemple pour qu'il ou elle puisse la comprendre, l'analyser voire la critiquer et même la contrer, il lui du temps et de l'espace.

Or, regrettions-nous en début de cette dernière partie[23], des justifications purement économiques (le coût de l'encre et surtout du papier) font aujourd'hui que de nombreux éditeurs (et même de collègues) se font les parangons de la vertu simplificatrice au sens d'expression réduite, courte et malheureusement simplifiée et simpliste. Pourtant, certaines démonstrations, au contraire, demandent de l'espace et du temps et non une réaction en 140 caractères sinon… la langue du droit menace d'être « coupée ».

En effet, si l'on perçoit le Droit comme la langue, comme des outils, il nous semble singulièrement néfaste de vouloir absolument (et donc sans aucune exception) normaliser la forme des commentaires et des expressions juridiques notamment doctrinales mais aussi juridictionnelles. Imposer une argumentation à un avocat (comme cela se pratique déjà devant plusieurs juridictions étrangères) en un nombre maximum de signes ou de pages nous semble une mauvaise chose car chaque affaire est singulière. Parfois, fut-ce exceptionnel, il faut permettre plus de place, de temps, d'espaces.

Et, en doctrine, se focaliser sur la forme (le plan en deux parties, un texte en 20.000 caractères espaces comprises quel que soit le sujet, *etc.*) nous semble faire de l'outil une finalité alors qu'il n'est qu'une matérialisation d'une démonstration. On espère donc continuer de lutter contre l'appauvrissement doctrinal suggéré par tant d'éditeurs et de coordinateurs

---

[23] Ce que l'on a également récemment exprimé *in Pop'Droit*, Toulouse, L'Épitoge, 2024.

d'éditions capables de résumer un « bon » article à son nombre de caractères tout en diminuant toujours plus le nombre de celles-ci comme s'il était possible de développer et de démontrer une idée à prétention doctrinale en 15 000 caractères !

JACK ? Enfin, on avouera notre première pensée heureusement non mise en acte pour les coordonnateurs de l'ouvrage qui nous ont accordé leur confiance : faire comme si nous n'avions pas compris l'objet de la confrontation langue(s) & droit(s) en rédigeant des conclusions sur le professeur de Droit, Jack LANG & le(s) droit(s). Cela nous aurait amusé mais peut-être pas le lecteur, même en trente mille et quelques caractères. Cela dit, on trouve dans l'introduction à la thèse de notre collègue les propos suivants[24] : « *il convient de ne jamais oublier cette évidence qu'une norme de droit ne trouve son sens et sa portée que dans son application* ». Autrement dit, le Droit, sans la langue interprétée, n'est pas. Et l'on en est convaincu.

[24] LANG Jack, *L'État et le théâtre*, Paris, LGDJ, 1968, p. 2.

Table des matières

Structures éditoriales du groupe L'Harmattan

L'Harmattan Italie
Via degli Artisti, 15
10124 Torino
harmattan.italia@gmail.com

L'Harmattan Hongrie
Kossuth l. u. 14-16.
1053 Budapest
harmattan@harmattan.hu

L'Harmattan Sénégal
10 VDN SICAP AMITIE 3
BP 45034 Dakar-Fann
direction@senharmattan.com

L'Harmattan Cameroun
Tsinga/Derrière polyclinique FECAFOOT
BP 11486 Yaoundé
Jacques.koukam@harmattan.fr

L'Harmattan Burkina Faso
Villa 281, secteur 23 623, rue 14.32
Ouagadougou
zagbie@outlook.fr

L'Harmattan Guinée
Almamya, rue KA 028 OKB Agency
BP 3470 Conakry
harmattanguinee@yahoo.fr

L'Harmattan RDC
185, avenue Nyangwe
Commune de Lingwala – Kinshasa
matangilamusadila@yahoo.fr

L'Harmattan Congo
219, avenue Nelson Mandela
BP 2874 Brazzaville
deunovmikhael@gmail.com

L'Harmattan Mali
Immeuble Mgr Jean Marie Cissé
Aci Hamadallaye
BP 145 Bamako
syllaka@yahoo.fr

L'Harmattan Togo
Djidjole – Maison Amela
face EPP BATOME
02 BP 20680 Lomé
didieramela11@gmail.com

L'Harmattan Côte d'Ivoire
Résidence Karl – Cité des Arts
Abidjan-Cocody
03 BP 1588 Abidjan
harmattan.ivoire@gmail.com

L'Harmattan Bénin
Rue 604, (Immeuble à l'entrée
de la rue UCAO- Cite de Saint-Jean)
Cotonou
stepcorpus@gmail.com

Nos librairies en France

Librairie internationale
16, rue des Écoles
75005 Paris
librairie.internationale@harmattan.fr
01 40 46 79 11
www.librairieharmattan.com

Librairie des savoirs
21, rue des Écoles
75005 Paris
librairie.sh@harmattan.fr
01 46 34 13 71
www.librairieharmattansh.com

www.ingramcontent.com/pod-product-compliance
Lightning Source LLC
La Vergne TN
LVHW011254061026
849535LV00005B/1255